U0546810

◎本书是2018年度国家社科基金重大项目“中国民间信仰海外传播图谱与功能研究”（项目批准号18ZDA228）的阶段性成果。

华侨华人民间信仰研究丛书

水尾圣娘信仰研究及资料汇编

Research and Compilation on Shuiweishengniang Faith

石沧金　邢寒冬　编著

中国社会科学出版社

图书在版编目（CIP）数据

水尾圣娘信仰研究及资料汇编／石沧金，邢寒冬编著．—北京：中国社会科学出版社，2022.2

（华侨华人民间信仰研究丛书）

ISBN 978－7－5203－9730－8

Ⅰ.①水…　Ⅱ.①石…②邢…　Ⅲ.①神—信仰—民间文化—研究—海南　Ⅳ.①B933

中国版本图书馆 CIP 数据核字(2022)第 027573 号

出 版 人　赵剑英
选题策划　宋燕鹏
责任编辑　林　玲
责任校对　李　硕
责任印制　李寡寡

出　　版　中国社会科学出版社
社　　址　北京鼓楼西大街甲 158 号
邮　　编　100720
网　　址　http://www.csspw.cn
发 行 部　010－84083685
门 市 部　010－84029450
经　　销　新华书店及其他书店

印　　刷　北京君升印刷有限公司
装　　订　廊坊市广阳区广增装订厂
版　　次　2022 年 2 月第 1 版
印　　次　2022 年 2 月第 1 次印刷

开　　本　710×1000　1/16
印　　张　25.25
插　　页　2
字　　数　376 千字
定　　价　139.00 元

总　序

暨南大学石沧金教授主持的国家社科基金重大课题“中国民间信仰海外传播图谱与功能研究”，短短两年时间已经完成四部书稿，取得了可喜的进展。书稿付梓之际，沧金教授执意索序，推辞不过，乃不揣谫陋，略陈数语，聊报沧金教授厚谊于万一。

民间信仰是历史上中国民众最广泛、最深厚的信仰形态。从超自然力崇拜这点来说，民间信仰与制度化宗教并没有本质区别，而且可能比制度化宗教出现更早，只是以极其多样化的弥散型方式存在，尚未完全具备系统的成文经典、严密的科层组织、专门的神职人员。因此，中国学术界早就以“非制度化宗教”称之，将其列入宗教学研究的对象。而所谓制度化宗教，在中国的土地上不但始终是与民间信仰共存共在、并驾齐驱的，更必须依靠民间信仰的观念意识和信众群体作为自己重要的前置条件和生长基盘。即使是某些高扬“一神论”旗帜的外来宗教，面对中国固有的宗教传统、宗教生态，也不能不做出种种调适乃至变形，在许多基层信徒的宗教生活中呈现出具有明显民间信仰色彩的功利性、“造神性”表象及效应。佛教、道教以及明清以降的大量民间宗教，在实践层面与民间信仰的联系则几乎可以用“水乳交融”四个字来形容。其中，佛教、道教又向民间宗教和民间信仰供给或回馈了一系列概念、传说、神祇、仪节，以至活动样式、话语模态，进一步丰富了民间宗教与民间信仰的内涵和面貌；也使同时关注佛道教与民间宗教、民间信仰之间的多重互动，成为无论是社会史视角下的佛道教研究，还是宗教学视角下的民间宗教、民间信仰研究都不应绕开的必要选题。

从近古以迄现代，土生土长的中国民众被迫到海外寻求生计蔚成一种司空见惯的迁徙活动。东南亚国家是中国沿海地区特别是闽粤一些地方民间“下南洋”的主要目的地。在长期的历史过程中，这些国家内部逐渐形成了以若干不同祖籍地为相对集中来源的华人移民族群。由是，中国民间信仰也如影随形般跟着这些华人移民的脚踪，进入异国他乡的山陬海角、市井田畴，在为移民群体提供精神锚地和乡愁寄托的同时，作为华人华裔保持与母体文化的特殊关联从而成为维系自身民族意识与民族特性的重要纽带。因此，如果将海外华人民间信仰作为特定研究对象，就不但要研究前面提到的中国民间信仰领域的普遍性问题，而且要关注超出中国本土民间信仰研究的特殊性问题；要在研究中加入华人群体的文化共性之下因阶层分别、祖籍分别所造成的信仰圈层和地域性区隔，与所在国主体民族、优势宗教的关系等异于中国本土的文化—政治环境，当代世界范围现代化、全球化发展对华人群体传统思想文化格局的影响等诸多因素，也不能不在研究视域中观照当今“一带一路”国际合作、文明之间交流互鉴、人类命运共同体建设这样一些宏大而现实的背景。对于身在中国大陆的研究者而言，如何针对这样一个研究对象，恰如其分而又推陈出新地设定相应的研究框架，无疑比单纯研究中国本土民间信仰更多了一份挑战。

长期以来，石沧金教授一直在主动寻求和回应这份挑战，很早就将源于中国的民间信仰和民间宗教在海外华人社群的历史和现状作为自己的研究方向，表现出一名中国学者的国际眼光和文化担当。2014年，他以在马来西亚为主的东南亚国家数年田野调查为依据撰写的专著《海外华人民间宗教信仰研究》出版，为承担“中国民间信仰海外传播图谱与功能研究”课题打下了良好基础。2018 年，“中国民间信仰海外传播图谱与功能研究”作为国家社科基金重大课题立项，说明他以往的学术成就和最新思路得到我国哲学社会科学工作领导部门的高度认可，也促使他和包括外籍学者在内的他的课题研究团队在海外中国民间信仰研究方面以更高标准要求自己，力求推出观察深度和理论建构都更具特色、更有新意的系列成果。从现已完成的几部著作来看，沧金教授的立项初衷正在得以实现。这几部著作，围绕中国大陆特别是闽粤等地部分传统民间信仰在以东南亚为主各国的历史脉络、活动状况、社会功能、文化价值，进行了多侧面、多维度的描述和探讨，并不同程度地给予宗教学、历史学、人类学、社会学理论和方法的诠解，穷原竟委，图文并茂，勾画出一幅又一幅源远流长的中国民间信仰在海外华人中间保存、传承、发展、嬗变的生动景象，形成了对这个丰富多彩的现象群的一次多学科研究的最新尝试，其成果值得赞许，更值得祝贺！

对于这些成果的时代意义和学术价值，我以为，自己2014年为沧金教授《海外华人民间宗教信仰研究》在马来西亚出版所写的序言当中的一段话，仍然可以用到这里作为参考："近十多年来，东南亚华人民间宗教和民间信仰的研究，在我国宗教学乃至历史学、民俗学、社会学、人类学、国际问题研究等诸多学术领域逐渐成为一个重要方向，一个课题来源。国家社科基金、教育部、中国社科院都对一系列相关项目有所资助，有关的研讨会不断召开，各类成果层出不穷。与此同时，台湾、香港、澳门学界及以马来西亚为代表的'南洋'华人学术文化圈也在东南亚华人宗教信仰研究方面取得了引人注目的新的成绩。一个具有融贯海内外中华宗教文化广阔视野的大的研究格局，正在国际范围和两岸四地相互呼应之间悄然成形。这种状况，实际是伴随着中国和平发展大趋势而出现的中华传统文化复振局面在宗教研究领域的反映，与鲜明地表现在当代'南洋'华人民间宗教和民间信仰当中的民族文化传承有着血脉相连的关系，也体现了活跃于其中的学者群在'大中华'文化共同体的历史框架内所产生的问题意识和责任意识。"

不仅如此，新的这些研究活动和研究成果，又为推进中国民间信仰的普遍性研究及海外华人民间信仰的特殊性研究，开辟了新的认知路径和思考点位，给今后的研究带来一系列值得深入探索的新问题，当然，也还有一些常解常新的"老问题"。譬如：民间信仰的"宗教性"与"世俗性"的关系，中国民间信仰乃至宗教信仰主体"功利性"取向的价值评估，不同神祇在民间信仰功能结构中的地位和作用，民间信仰在多元化宗教生态系统中的作用和意义，民间信仰的社会功能和文化功能在当代中国与海外华人中的异同，海外华人民间信仰与所在地域佛道教、民间宗教的互动关系和发展前景，海外华人民间信仰与“一神论”宗教及土著文化、西方文化的互动关系及发展趋势，海外华人民间信仰跨祖源、跨区隔、跨功能整合演变的动向与形态，海外华人新移民和华裔新生代与老一代华人华裔对于民间信仰的认同度、参与度比较，海外华人民间信仰神祇和宫庙与中国大陆祖神祖庙的关系及“互哺”“反哺”状况，民间信仰向制度化宗教发展的社会条件及可能形式，民间信仰所衍生的联谊组织和社会实体的维持机制、运作模式及社会管理方式，……等等，不一而足。提出这样的问题，并不意味着沧金教授的课题组对这些方面的研究涉入不够，而恰恰是可以借助这次的机会，激发学术界同仁在中国民间信仰和海外华人民间信仰研究中继续有所作为，有所前进。

回到本题。如同中国本土民间信仰形态在现实中多有改变一样，当代海外华人世界的民间信仰形态也在经历着不容忽视的变化。也是在当年《海外华人民间宗教信仰研究》的序言里，我曾写到：“海外华人传统宗教文化包括民间宗教、民间信仰，在现代化、全球化、信息化浪潮的冲刷激荡之下，不能不发生比以往时代更加明显、更加多样的嬗变，这样的嬗变甚至意味着某种衰变或异变。因而，它们似乎比以往更加迫切地需要依靠对其母体文化源头活水的不断探掘开发，维系乃至重构相对稳固的自组织、有依托、可持续的自我营卫体系，以保证在不可避免的嬗变当中坚守不可放弃的文化特质。”“中国大陆学者从学术研究角度对海外华人宗教信仰历史和现状的揭示、探讨，代表了中华民族源远流长的母体文化对海外华人宗教信仰主体的一种特殊的滋养方式和奥援形态，蕴含于其中的象征意义和现实意义，是可以久久耐人寻味的。”时至今日，我依旧秉持相同的观点，也以自己曾经服务三十余年的中国社会科学院世界宗教研究所以 2002 年组团考察泰国、马来西亚、新加坡三国德教会为明确开端（我荣幸地受命联系和参加了这次考察。考察形成的初步成果集中见于 2011 年社会科学文献出版社出版的陈景熙、张禹东主编之《学者观德教》一书），在前任和现任所领导擘画带领下，投入很多努力，持续开展海外华人宗教和民间信仰研究并取得诸多成果而感到鼓舞。因此，在结束这篇总序的时候，我发自内心地祝福石沧金教授及其团队，祝愿宗教学等各学科研究中国本土和海外华人宗教及民间信仰相关课题的学界力量，在中华民族与中华文化共同复兴的伟大历史进程中，相互合作，相互提携，不断承担起新的使命，创造出新的荣光！

张新鹰

夏历辛丑（2021 年）立夏日于北京

目　　录

第一章

水尾圣娘信仰研究

第一节　海南侨乡和东南亚华人的水尾圣娘信仰考察

水尾圣娘信仰是海南岛及东南亚地区华人社会中的重要民间信仰。近几年，我有机会先后在马来西亚、新加坡、泰国及海南岛等地开展了相关考察活动。本书在田野考察基础上，再结合所收集的相关文字资料，对水尾圣娘信仰进行较为系统的探讨。

一　海南岛两种水尾圣娘信仰的来历

水尾圣娘是侨乡海南的重要神祇，再具体而言，水尾圣娘信仰主要在海南岛东北部的文昌、琼海、海口、定安、屯昌等地流行。

水尾圣娘又称“水尾圣母”“南天夫人”“海南神”等。在海南，因为其神祇地位仅次于天后，水尾圣娘又被称为“小天后”。

关于水尾圣娘信仰的来历，根据2016年1月我们在海南的实地考察，有两种说法，即在海南岛有两种不同的水尾圣娘信仰，或者说海南岛有两尊水尾圣娘神，一尊是定安岭口莫氏水尾圣娘，另一尊是文昌东郊水尾圣娘。

定安县岭口镇水尾田村水尾圣娘庙，它是定安水尾圣娘信仰的祖庙。2016年1月中旬，我们专程拜访该庙，看到定安水尾圣娘祖庙为一座小房子，刚重建过，主神水尾圣娘，身旁供奉两名侍从。主神像底座上写有“国泰民安”。神像正上方的墙壁上画有八仙过海像。也有“紫微坐镇”横幅。右上方横梁上挂有八卦图、竹萝、镜子。横梁上也有“登殿大吉”“太乙真人”等红纸字幅。庙中有《修建祠堂子孙名单》，不称姓（他们都姓莫），只有名，约近150人。我们在与相约前来打开庙门的莫氏青年人交谈时，他说泰国有一座（与定安祖庙有关的）水尾圣娘庙。[①]

水尾田村水尾圣娘庙右边为莫氏宗祠。宗祠大门上的对联：“莫氏迁琼于北宋　祖祠创建在明朝”，表明莫氏于北宋时南迁到海南岛，明朝时建成祖祠。

莫氏宗祠中展示有清朝光绪十九年《莫氏族谱》（板藏克昌堂）的其中一页（复印件），内容包括“注明圣旨夫人登仙原由”，实际上是莫氏水尾圣娘信仰的来源，其全文如下：

> 十四世瑚公之女，感公之妹，幼少非常，抱灵含异。眉目清秀，色如桃花。时十二岁，随母涤衣。忽然风雨大作，云蔚霞蒸，水天一色，阴阳不辨。女身不见，散寻无踪。英灵显赫，保佑子孙。后人名为驾云登天□，诰封御　玉封通天圣旨懿德莫夫人。建庙塘曲地，合族奉祀千秋。

上述文字说明，定安水尾圣娘原是南迁入琼的莫氏第14世祖莫瑚[②]的女儿，莫感的妹妹，12岁时，随母外出洗衣，不幸遭遇恶劣天气并失踪。之后因其英灵护佑子孙而被奉祀为神，并被“玉封通天圣旨懿德莫夫人”。

另有说法称，圣娘本名莫丽娘，元末明初年间，出生于琼州府

---

① 实际上，泰国至少有数十座水尾圣娘庙，如果他不是“信手拈来”，所说属实，那么，他提及的这一座泰国水尾圣娘庙应该与水尾田村水尾圣娘庙有渊源，而不是与文昌东郊的水尾圣娘庙有关。

② 海南莫氏的始祖为莫恭万，福建人，据考生于唐昭宗乾宁三年（896）。北宋初年，调任琼州。传至第11世莫宣宝时，已是明太祖时期。16世莫伯恭、莫伯惠等人为永乐癸卯举人。以此推算，14世莫瑚生活年代应为明初时期，或者14世纪后期至15世纪初。参见《海南定安莫氏宗祠》，莫氏宗亲网 http：//www. moszq. com/v－438－1. html。

定安县梅村峒龙马田村（即今定安县岭口镇水尾田村），父亲为莫氏第 14 代祖莫素，母亲刘妹。丽娘 16 岁时，某天去干活，再也没有回来。据言被玉帝选中，肉身归天，成为圣娘，具有神力，敬奉者众。[①]

在定安县城附近的定城镇，建有“海南莫氏合族祖祠”[②]，目前祖祠为新建，规模较大，建筑较华美，木材质地很好。有马来西亚、新加坡、英国等国的华人参与祖祠的建设。海南莫氏合族祖祠旁有一座小的水尾圣娘庙。根据重建碑铭记载，莫氏祖祠在清朝嘉庆二年（1797）重修定址，2009 年 5 月重修，2010 年举行落成典礼。

定安强大的莫氏宗族群体是莫氏水尾圣娘广泛传播的人脉基础。

虽然也在海南岛，但定安县地处内陆，岭口镇及水尾田村更是地处偏远山区，因此，定安水尾圣娘应当属于莫氏的家族神，或祖宗神，而不是海神，其影响主要在海南尤其是定安的莫氏族人中，尤其是早期，目前可能扩散到当地民众。

海南岛的另一尊水尾圣娘神祇则来自文昌，即文昌东郊坡尾村水尾圣娘庙供奉的主神。

2016 年 1 月中旬，我们也专程拜访了位于文昌市东郊镇椰海村委会坡尾村水尾圣娘祖庙。该庙在“文化大革命”时被夷为平地，1982 年由当地群众和海外侨胞捐资重建。正门上有“水尾圣娘庙”匾额。主神龛供奉水尾圣娘，以及其文臣武将（祖庙管理者所言）神像十二

---

① 参见《海南定安莫氏陵园》，莫氏宗亲网 http：//www. moszq. com/v－437－1. html。

② 在定安，莫氏人丁兴旺，宗族势力强盛。单从当地众多的莫氏宗祠，就可“窥出端倪”。根据相关记载，定安的莫氏宗祠有：定城镇莫村莫氏宗祠，始建于明朝崇祯四年（1631），清朝雍正、光绪年间重修，三进式布局，由山门、前殿、后殿组成；仙沟镇（今定城镇）仙屯村莫氏宗祠，始建于清乾隆年间（1736—1795），三进式布局，由山门、前殿、后殿组成；定城镇排坡村莫氏祖祠，明代莫汝栻始建，清朝乾隆、嘉庆、道光年间多次重建，二进式布局；定城镇排坡村莫氏公祠，始建于清道光年间（1821—1850），三进式布局，由山门、前殿、后殿组成；居丁镇（今龙湖镇）淡岭村莫氏宗祠，始建于清朝道光年间（1821—1850），三进式布局，由山门、前殿、后殿组成。参见《海南省志 · 文化志 · 文物编》，海南史志网 http：//www. hnszw. org. cn/data/news/2011/12/51321/。

尊。神像经过新近彩绘，光彩照人。圣娘神像背后的神牌上写“敕赐南天焗电感应火雷水尾圣娘神位”。正殿前有“沐恩亭”。

祖庙内墙上有《水尾圣娘史迹简述》牌匾一块，并有《水尾圣娘史迹简介》碑铭，与前者相比，后者内容简化。

《水尾圣娘史迹简述》牌匾由水尾圣娘文物保护委员会制作，时间在 1998 年（岁次戊寅）十月。其前半部分比较详细说明了文昌水尾圣娘信仰的来历，内容如下：

水尾圣娘史迹简述

南天水尾圣娘，灵神显圣，流传久远，名播海外。然溯源寻根，圣娘刻为金身供奉，当为明末清初。于是时，北港村十二代祖潘世爵令男毓理公，在瓦铺罾纲中拾起异木一块。公玩视良久，后将此木抛于海中。不料此木却又旋返原地。公再抛，木再返，如此抛返数次。公觉奇焉，即许：“若佑吾丰收，必将汝刻为婆祖①供奉。”果然胜意，满载而归。其后，公又被一女将领入殿宇，但见殿宇辉煌壮观，龙舞凤飞，书画锦旗琳琅满目，美不胜览。正殿上坐着一位头戴金冠，颈带璎珞，无量慈悲娘娘，男女四将侍立两旁。公惊之际，不觉醒来，原是一梦。次晨，毓理公向父禀报，老父云：“蒙恩应报，人之大义也！”沐娘恩，尊父命，公依梦境所遇，请巧匠将那异木雕为金身供奉。此后，公家境更为和顺，百事更为享（亨）通，财丁两旺，延绵至今。

婆祖神灵，轰动岛内外，名震于遐迩，祈祷信众纷至沓来，建庙供奉已成人心所愿。初，村西立炉祈求，三日后，香炉失踪。查访中，桃李村众人报讯称，此村荒山古树这（之）上，夜夜睹见香火闪烁，香飘全村。后经各路名师踏探，确认此山乃立庙之莲花宝地也。后传飞炉选庙就缘于此。众力成城，不足一月，一座三进庙宇就地落成。当年十月十五日为婆祖开光登龛之第一吉

---

① 在海南，民众习惯将女性神灵称为“婆祖”，以示亲切。

日，此庙自此遂为水尾圣娘庙，该日为圣诞纪念日。[1]

张岳崧蒙恩高中探花，归琼之日亲临圣庙印证京城蒙遇，随即挥毫“慈云镜海”匾额奉献。返京后，将访集圣娘显灵事迹禀报主皇。嘉庆皇准奏并敕赐封号为“南天闪电感应火雷水尾圣娘”。此后，两广总督张之洞及各地官吏墨客接踵而至，虔诚膜拜，题字献联，不计其数。进士谢宝赠签诗一百首，是为圣娘施德赐恩之据也。不奈时局多变，诸多文物不幸散失，签诗仅存六十有五首。悲夫唉哉。

上述记载说明，文昌水尾圣娘信仰发端于明末清初，和海上渔民生活密切相关。其成神后曾因海南著名历史人物张岳崧[2]上奏神迹而被嘉庆帝敕封[3]。

《水尾圣娘史迹简述》的后半部分记载了有关水尾圣娘信仰的相关仪式，以及水尾圣娘神祇的主要“神职”。内容如下：

每年十月十五日至十七日为圣娘庙会日，俗称发军坡。三日三夜之盛会，神欢人乐，热闹非凡。每逢盛会膜拜，抑或常日焚香祷告，均可达到有求必应之目的。或梦瞻圣颜锦上添花，或迷津指点化险为夷，或茅塞顿开逢凶化吉，或一帆风顺百事如意。

---

① 北港村村民全部为潘氏族人，当时潘氏族人将几户人家迁往水尾地方的树林里守庙，而后渐渐形成村落，是为坡尾村，坡尾村的村民也以潘姓居多。该村位于大海边上，“水尾”即海水之终点，“坡尾”即陆地之尽头。参见《海南人的水尾圣娘信仰》，http：//bbs. tianya. cn/post－224－23451－1. shtml。

② 张岳崧（1773—1842，定安县高林村人），清朝嘉庆己巳年（1809）高中进士，以一甲第三名及第。历任翰林院侍讲、江苏常镇道、两浙盐运使、浙江按察使、大理寺少卿、湖北布政使、护理巡抚等职。著有《钧心堂文集》《钧心堂诗集》《运河北行记》等。参见（清）吴应廉编纂，郑行顺、陈建国点校《光绪定安县志》（下册）卷六《列传志》，海南出版社2004年版，第425—426页。

③ 关于张岳崧因梦见女神相助而高中进士后题字并上奏神迹一事，如果按照中国人浓厚的乡土情节，身为定安人的张岳崧，应当为本县的水尾圣娘庙撰写题记。张岳崧并未给定安的水尾圣娘祖庙题字，说明该庙当时的影响确实不大，更大的可能是定安的水尾圣娘属于莫氏的家族神。

敬神神必报，信神神必保。码头许范某夫妇凡举必祈，经营日旺。许某于羊城轿车被盗，久查未获而返。报知其妇，立至圣庙祷告，指点火速赴穗。依示急追，当其轿车将被改装之时而复得。自此以后，许氏夫妇凡圣庆佳节无不厚礼赞助，于今百事胜意，其业更隆。某日，台湾一渔轮不慎触礁，虽经轮拖船吊，概难排危。万般无奈，船主只好弃船登岸，求告于圣娘。未几，忽见一异浪将船高高托起，立礁而脱险，众曰此圣娘之法力也。北港潘于仪客货船，自越返琼遇风，清澜港口，巨浪密封，水道迷失，危于旦夕。潘公立即焚香祷告于圣娘，忽见一鱼轰然跳起直穿其舟。公顿悟此乃圣娘引路也，遂掌其舟依鱼所向而行，果真化险为夷，不胜自喜。拜山村符某夫人黄秋月凡举先必进圣门，鼎力赞助圣业而万事胜意，财丁两旺。令男入伍对越作战之时，更是庙门踏光。其敬神信神之心之举之行，实非凡人可比。于后其男果能胜利凯旋，立功进爵。而符夫人亦大礼敬奉日加。迈号琼岛咖啡厂陈公，凡为圣示，无不依行，果也事事如意。故公每年必定礼助圣业，岁岁不减。某日，公为护业钻井，不料连钻数口，均无达的，公沉思良久，顿觉此必为未经圣示之故，于是飞赴圣庙祷告，后依圣示行事，果成其井。原海口市委领导林某亲临圣庙为令男求嗣，精诚所至，果得好报。玉坡村庄某妇人，经期失调，久医未愈，垂危之时得圣药而康复。凡此有求必应之实，举不胜举。

南海第一灵神，庇佑海内外先人今人，确是圣德遍施中外，娘恩普照古今。

上述记载说明，水尾圣娘信仰的主要活动是农历十月份的“发军坡”。至于水尾圣娘的“神职”，则非常广泛，不仅可以保佑海上平安，也可求子，求取功名利禄，乃至保佑普通民众的健康平安。《水尾圣娘史迹简述》已经明确将水尾圣娘称为“南海第一灵神”，明显也是以海神来尊奉。

文昌水尾圣娘祖庙正门前的外墙上写有“圣德遍施中外　娘恩普

照古今”，中间是一个很大的红双喜字；内面写有“南天慈圣　莲地灵神”，中间是“麒麟吐瑞”画像。上方写有“星加坡林赞义　高志光联合喜敬”。

正门外墙上悬挂的《慈云镜海》木匾，系由《水尾圣娘史迹简述》牌匾提到的张岳崧题写，但可能原题字已被毁，后人加以复制，所以木匾上写有“原张岳松题词”“敬奉水尾圣娘”。①

庙中也有清朝光绪十四年（1888）仲秋月的《佛生万家》匾额，由约40余人“同奉”。

祖庙中有水尾圣娘文物保护委员会于丙子年（1996）孟冬月刻立的碑铭多块。从捐款人来看，该庙与海外联系密切广泛，有马来西亚、新加坡、印尼、美国、澳大利亚、泰国等国很多华侨华人以及香港侨胞、台湾省同胞的捐款，甚至有日本人捐款给该庙。② 1987年季春月碑记载，旅美华侨、南加州洛杉矶市海南同乡会监事长李业先生暨诸侨胞乐捐重建水尾圣娘庙大门，该碑也记载泰国、新加坡华人和香港同胞的捐款。另外，庙中也有《光绪元年仲夏月吉日重修碑》、1989年、1993年、1995年重建水尾圣娘庙捐款名单碑刻等碑铭多块，上面同样可看到泰国、新加坡、马来西亚等地华侨华人以及台湾等地同胞的捐款。庙中甚至有一块碑铭专列“华侨乐捐”。

祖庙中有2013年9月18日张贴的《捐助水尾圣娘庙芳名榜》，其中有马来西亚华侨华人8人捐款3500元，这些人中6人姓潘。其左边的《乐捐芳名榜》碑不纪时间，其中载明，泰国两名华人各捐款100元，马来西亚吉隆坡崇真堂捐款2000元。庙中墙上碑刻旁有红纸写的《乐捐芳名榜》，其中包括泰国华侨华人10余人。碑刻《二〇〇二年

---

① 根据史料记载，张岳崧进士及第前梦见助他的是南天夫人，而不是水尾圣娘。张氏后来上奏嘉庆帝，获准封赐南天夫人为“敕封南天闪电火雷圣娘”。张岳崧所题“慈云普荫”真迹在海口市旧州镇江前宫婆庙。参见《走近从海南走向世界的婆祖——水尾圣娘》，http：//news.hainan.net/photo/hainan/datu/2015/12/07/2648303_ 5.shtml。

② 碑刻中载明，马来西亚槟城华侨华人9人各捐200元，马来西亚新山华侨华人捐款200元，马来西亚海南会馆永远名誉主席符致逵捐款300元，马来西亚雪兰莪州新市镇两个华侨华人家庭各合家捐款200元，新加坡、印尼、泰国等国多名华侨华人也有捐款。

十月十五日军坡芳名榜》记录了“加拿大安省海南同乡会同仁敬捐人民币一千元”。

文昌水尾圣娘祖庙与海外华侨华人联系广泛，这一点是定安水尾圣娘祖庙不能相“媲美”的。

此外，文昌水尾圣娘祖庙的诗句、楹联也颇引人关注。其门诗包括“圣德巍峩高北斗　娘恩浩荡遍南天”，横幅“娘恩普照”；“一念虔诚神有感　千身变化圣无方”；“万众一心深百年　三年二度祝千秋”。其柱联：“婺星辉海甸　火德耀天南”；对联还包括“梦醒岳崧题匾额　恩荫谢宝赠签诗”等。

祖庙中也有游神用彩轿数顶，上写“水尾圣娘”“肃静”等游神神牌多幅，以及诸兵器。有灵签、卜杯，以及水尾圣娘签诗（共65签）。

根据我们在现场的考察来看，文昌水尾圣娘祖庙历史记载比较明确，文化底蕴深厚。该庙与海外联系密切，并呈现佛教化倾向。

我们还注意到，关于东郊水尾圣娘庙，地方相关文献比较早就有记载。根据清朝康熙《文昌县志》记载：“清澜水尾庙，即祀南天夫人。明正德年间，有石炉飞来水尾地方，因建庙焉。英显特异。又庙滨海港，当往来之冲，祈祷立应，血食不衰。每十月十五军期，四方杂集，殊称盛会。”① 清朝咸丰《文昌县志》也有载：“水尾庙，在清澜所城。祀电神，俗名南天夫人庙。明正德间，有石炉飞来此，因建庙焉。”② 两段记载说明，早在明朝正德年间，清澜水尾庙已建立，而且，南天夫人也称电神，并已在每年农历十月十五日举办重要的宗教仪式——军期。此处记载的清澜水尾庙，一般认为就是目前位于东郊镇坡尾村的水尾圣娘庙。如《文昌县文物志》中就根据《文昌县志》

---

① （清）马日炳组纂修，赖青寿、颜艳红点校：《康熙文昌县志》，海南出版社2003年版，第46页。

② （清）张霈等监修，（清）林燕典等辑，颜艳红、赖青寿点校：《咸丰文昌县志》（上册），海南出版社2003年版，第113页。

的记载认为，东郊水尾圣娘庙即南天夫人庙。①

但是，更加谨慎、深入、客观的考证认为，清澜水尾庙并非目前东郊坡尾水尾圣娘庙，其主神也并非后来的水尾圣娘，而是电神南天夫人。另外，有论者认为，水尾圣娘的前身就是南天夫人，南天夫人又称南天闪电火雷圣娘。在水尾圣娘信仰形成以前，文昌当地村民的底层信仰是南天夫人信仰，并流行祭祀南天夫人（事实上现在海南岛的一些地方依然在祭祀南天夫人）。水尾圣娘虽源于南天夫人，却又不等同于南天夫人。从表面看，后来的两个封号“南天闪电火雷水尾圣娘”和“南天闪电火雷圣娘”只有两字之差，但“水尾”两字，就已赋予这位圣娘新的历史使命，她不再只是掌管天上雷电的南天夫人，她俨然已经成为和渔民生活息息相关的海上女神。后来，南天夫人信仰在历史的长河中不断被文昌人遗弃，而由它衍生出来的水尾圣娘信仰却得到发扬光大。还有看法认为，南天夫人源自海南岛对面的广东，在雷州半岛等地，有南天夫人的庙宇。“南天闪电火雷圣娘”并不等同于“南天闪电感应火雷水尾圣娘”，前者一般被称作“火雷圣娘”（或“南天夫人”），后者才被称作“水尾圣娘”，“水尾圣娘”是从“火雷圣娘”衍生出来的新神灵。②

我们认为，水尾圣娘信仰逐渐压过或代替南天夫人信仰，大约是在鸦片战争之后。当时中国被迫打开国门，卷入资本主义世界体系，对外贸易和海上航运业不断发展，外移人口日趋增多。海南岛因其特殊的地理位置，更容易受到上述潮流的影响。在此背景下，作为海神的水尾圣娘信仰逐渐压过了南天夫人信仰。如关于张岳崧题字一事即可作为例证。张岳崧 36 岁时进士及第，当时是公元 1809 年。有说法认为，张氏梦见助他高中进士的是南天夫人，因此，当年他题写匾额是在海口旧州镇宫婆庙，而非东郊水尾圣娘庙。此说法如果属实，恰好可以证明那时南天夫人的名气大过水尾圣娘。根据现有资料来看，

① 参见朱运彩主编《文昌县文物志》，文昌县政协文史资料研究委员会 1988 年印，第 40—41 页。

② 参见《南海第一女神——水尾圣娘》，http：//bbs. tianya. cn/post－189－588911－1. shtml。

最早或较早提到“水尾圣娘”这一称呼，是在碑铭《新建水尾圣娘桥记》。该碑刻于清朝同治三年（1864），进士符朝选撰文，碑文记叙了建造水尾圣娘桥的经过，碑现藏于东郊水尾圣娘庙。碑文部分内容为：“以夫地名水尾，乃众流之所归，前通大海，后据深潭，中祀水尾圣娘，昭宇焉。……况地属水尾，为圣娘出入要津，凡军期际会，男女所往来，车马所驰驱，水深泥滑，险□崎岖，畴能不病于涉。……甲子春，郑君德辉会众于水尾庙，欲□以石，以计久远。……艮工于夏吉，竣于秋。……凡土石之需，督率之劳，与及捐输姓氏，是用勒诸贞珉，以垂不朽。……”① 此段碑文明确记载了水尾圣娘庙的位置，可以确定修建的是东郊坡尾村水尾圣娘庙前的水尾圣娘桥。

至于上述《文昌县志》中记载的清澜水尾庙，应当不是指东郊水尾圣娘庙。清澜地理位置十分重要，被誉为“文昌之咽喉”“琼州肘腋”，明代洪武二十四年（1391）设置的清澜所城（当时名为青蓝千户所城，后因该地三面临海，青蓝遂改名清澜）在南砼都陈家村，并不在对岸的东郊。②

二　海南岛两种水尾圣娘信仰的传播

水尾圣娘信仰出现后，开始在周围地区传播。根据相关记载，“南天宫，在（文昌）县东南衔。明永乐间建。康熙四年，城守白天恩重修。俗祀电神，配以高凉夫人”③。电神即南天夫人（后来演变为水尾圣娘），高凉夫人即冼太夫人。

在水尾圣娘信仰流行的海南岛东北部，供奉水尾圣娘的庙宇有很多。它们或者以水尾圣娘为主神，或者将水尾圣娘合祀于庙中。下面的相关资料，反映了供奉水尾圣娘庙宇的情况④。

---

① 参见朱运彩主编《文昌县文物志》，第79—80页。

② 参见朱运彩主编《文昌县文物志》，第19—20页。

③ （清）马日炳组纂修，赖青寿、颜艳红点校：《康熙文昌县志》，海南出版社2003年版，第46页。

④ 参见《世界各地部分水尾圣娘庙》，http://bbs.tianya.cn/post-servantonline-6541-1.shtml。

在文昌，供奉水尾圣娘的庙宇还有：冯坡镇文堆村水尾庙、翁田镇下田坡市圣娘庙、锦山镇南坑村南埠庙、抱罗镇杨家坡圣娘庙、罗豆农场田心村火懿圣娘庙、灵山镇东平村委会权上村水尾圣娘庙、铺前镇七星岭圣娘庙（合祀）等。

在定安县，供奉水尾圣娘的庙宇还有：龙湖镇高大昌村白鹤婆庙、雷鸣镇崗坡村水尾圣娘庙、黄竹镇黄竹水尾圣娘庙、雷鸣镇后埇村水尾圣圣娘庙、定城镇龙岭村婆庙、雷鸣镇中果坡村南海娘娘庙、定城镇仙沟泰华庙（合祀）、雷鸣镇雷鸣婆庙（合祀）、龙门镇龙门婆庙（合祀）等。

在海口市，供奉水尾圣娘的庙宇有灵山镇权上村水尾圣娘庙、龙泉镇大叠村公庙（合祀）、遵潭镇儒逢五神庙（合祀）等。

琼海市供奉水尾圣娘的庙宇包括：潭门镇社昌村水尾圣娘庙、嘉积镇龙池村水尾圣娘庙、嘉积镇乌石埇水尾圣娘庙、中原镇迈汤水尾圣娘、大路镇肇泉圣娘庙（合祀）等。

屯昌县供奉水尾圣娘的庙宇有乌坡镇乌坡婆庙（合祀）。

2016 年 1 月中旬，我们曾参访文昌锦山镇坡头村圣娘庙。该庙名为“坡头水尾圣娘庙”，主神水尾圣娘，陪祀金童、玉女，以及云大将军，整个庙宇占地较广。1986 年该庙重建。根据采访得知，因为该庙是缘于云大将军的神示而从东郊坡尾村的水尾圣娘祖庙分香而来，所以，庙中也供奉云大将军，成为圣娘的护法神。庙内墙上的《水尾圣娘坡头庙简介》（1986 年孟冬月），内容如下：

> 该庙始建于同治九年（即公元 1870 年——作者注），至今闻名遐迩。其创建的主要首事是白石村韩声彝、韩充彝，桥坡村曾辉一。尔后久经风雨侵蚀，已呈腐朽。光绪三年，坡头村云茂昌、霞树村韩运丰为首，在海外筹集资金修理完善，现存芳名榜记证。于公元一九五二年，因历史潮流冲击而拆除。
>
> 为恢复这座遗亡的历史名胜古迹，在海外赤子曾传赀（桥坡村人）、韩琨丰（白石村人）的极力支持下，苦费心血，不畏艰辛，长途跋涉，走遍南洋各个州府，发动诸位爱乡侨胞，筹集重

建资金。在其精神鼓舞下，乡里众子孙亦踊跃乐捐，芳名比比皆是。故，在一九八六年孟冬月，一座新的圣娘庙终于在原庙址顺利落成。

本庙后枕高坡前向宽阔田野，有三印山做案桌，空气幽雅。既是信仰者祷祈之福地，又是一座得天独厚的避暑山庄。正是“神恩浩荡，有求则应”，这里地灵人杰，庙体格外壮观，使人流连忘返。

根据上述记载来看，文昌锦山镇坡头村圣娘庙历史比较悠久，并且与南洋华侨关系密切。其几次重修、重建均得到华侨们的鼎力支持。

该庙院外有纪年同治四年、同治九年的两块残碑。有纪年光绪三年、光绪三十年的两块捐款碑。

上述庙宇或者源于文昌东郊水尾圣娘祖庙，或者源于定安岭口水尾圣娘祖庙。文昌东郊和定安岭口两个地方都建有“水尾圣娘庙”，庙宇相同，主神名称也相同，应是巧合。不过，实际上，文昌的水尾圣娘庙奉祀南天夫人，定安的则奉祀莫氏夫人。所以，如果对上述供奉水尾圣娘的庙宇再做仔细分析，还是有文昌水尾圣娘和定安水尾圣娘的区别。因为截至目前，没有证据表明两地水尾圣娘信仰之间存在联系。

如何能够区分各地的“水尾圣娘庙”是属于“文昌系”，还是“定安系”？主要依据有三点：一是看神牌：“文昌系”的神牌上刻有“南天闪电感应火雷水尾圣娘”，“定安系”的神牌上刻有“水尾云感圣旨莫氏夫人”；二是看地区：海外的水尾圣娘庙都是“文昌系”，文昌市境内的一般是“文昌系”，定安县境内的一般是“定安系”，海口、琼海靠近文昌的地区一般是“文昌系”，靠近定安的地区一般是“定安系”；三是看职能：渔民祭祀的一般是“文昌系”。[①] 这些判断标准比较客观。

关于水尾圣娘信仰比较重要的宗教仪式，上文曾提及军期（发军

---

① 《南海第一女神——水尾圣娘》，http：//bbs. tianya. cn/post－189－588911－1. shtml。

坡）。此种仪式在各地水尾圣娘庙比较流行，同时，这种仪式也不仅限于水尾圣娘信仰，在冼太夫人信仰中也可常见。[①]

而在水尾圣娘信仰的重要发源地文昌北港村，每年正月十五，是水尾圣娘回娘家的日子，届时村民用轿子抬着圣娘从坡尾村开始巡游，一路巡游至北港村，一路上村民杀鸡宰羊放鞭炮恭迎水尾圣娘，场面极为壮观。由于雕刻圣娘像的那根木头曾被用来搭建猪窝，所以水尾圣娘厌恶猪肉，祭祀圣娘的时候绝不可使用猪肉。[②]

三　泰国华人的水尾圣娘信仰

海南人普遍信仰水尾圣娘，与闽粤两地民众虔诚信仰的妈祖地位相当。水尾圣娘信仰随海南人漂洋过海“移民”海外，尤其是东南亚地区。在东南亚国家，海南籍华人同样创建了很多水尾圣娘庙，或者很多庙宇中陪祀水尾圣娘。其中，泰国海南人神庙中最盛行奉祀水尾圣娘，这可以从当地建有为数甚多的以水尾圣娘为主神的水尾圣娘庙看出。在泰国72府，凡有海南籍华人的县市，都有水尾圣娘庙的创立。[③]泰国海南籍华侨最早创建的神庙，当属清朝道光二十一年（1841）建立的曼谷三清水尾圣娘庙[④]。该庙按家乡文昌的庙宇格式建造，每逢端午、清明、春节等中国传统节日，举行祭典，香火鼎盛。为泰国海南会馆所属三大神庙之一。[⑤]1946年建立的泰国海南会馆，其中建有水尾圣娘馆。泰国各地的海南同乡会，一般都附设有水尾圣娘庙，庙里供奉的主神即为水尾圣娘。

---

① 军期是个内涵很大的文化概念，它是在军坡的形式上演化出来的。军坡最早是冼夫人所属峒主们进行军事集结的地方，包括峒里战备、防保、训练和军事议事。其后，随着和平时代的到来，军坡逐渐成为峒里议政议事的地方，但仍保留民防军队以防不测。和平历经数代后，议事成为峒中律规，峒中大小事务都在军坡进行，包括祭庆、娱乐、技艺展示，军坡作为军事、经济、文化活动中心正式形成。军坡，包涵了海南人物质与精神生活的方方面面。参见《海南人的水尾圣娘信仰》，http：//bbs. tianya. cn/post－224－23451－1. shtml。

② 《海南人的水尾圣娘信仰》，http：//bbs. tianya. cn/post－224－23451－1. shtml。

③ 冯子平编著：《走向世界的海南人》，中国华侨出版社1992年版，第130页。

④ ［德］傅吾康、［泰］刘丽芳合编：《泰国华文铭刻汇编》，台北新文丰出版有限公司1998年版，第21—23页。

⑤ 沈立新主编：《华侨华人百科全书·社区民俗卷》，中国华侨出版社2000年版，第256页。

下表是部分泰国华人的水尾圣娘庙或供奉有水尾圣娘的庙宇。

泰国华人水尾圣娘庙简表①

序号	庙名	创建时间	备注
1	曼谷三清水尾圣娘庙	1841 年（清朝道光辛丑年）	主神水尾圣娘，其左供奉三官爷爷，其右供奉本头爷爷。1848—1850 年扩建
2	柯叻水尾圣娘庙	约 1857 年	
3	北揽坡水尾圣娘庙	1870 年前	
4	龙仔厝（他真）水尾圣娘庙	1873 年（清朝同治十二年）或之前	
5	南邦水尾圣娘庙，	约清朝同治年间	有光绪十九年信众敬奉的上书“水尾圣娘”的四张仪仗牌。1967 年时重建
6	挽叻昭应庙		曼谷琼州公所（泰国海南会馆的前身，约光绪三年创建）办公地。庙中主神为 108 兄弟公，其左边陪祀水尾圣娘
7	北大年昭应祠	约清朝光绪年间	1913 年重建。主神 108 兄弟公②，此外还供奉水尾圣娘、关帝、福德正神

① 资料来源：［德］傅吾康、［泰］刘丽芳合编：《泰国华文铭刻汇编》；段立生：《泰国的中式寺庙》，泰国大同出版有限公司 1996 年版；冯子平编著：《走向世界的海南人》。

② 一百零八兄弟公或者一百零九兄弟公信仰，也是海南岛的本土信仰。关于一百零八兄弟公信仰，其来源在海南地方文献中有记载：“咸丰元年夏，清澜商船由安南顺化返琼，商民买棹附之。六月十日，泊广义孟早港，次晨解缆，值越巡舰员弁觎载丰厚，猝将一百零八人先行割耳，后捆沉渊以邀功利，焚艘献馘，越王将议奖，心忽荡，是夜王梦见华服多人喊冤稽首，始悉员弁渔货诬良。适有持赃入告，乃严鞫得情，敕奸贪官弁诛陵示众。从兹英灵烈气往来巨涛骇浪之中，或飓风黑夜扶桅操舵，或汹洑沧波，引绳觉路。舟人有求则应，履险如夷，时人比之灵胥，非溢谀也。”参见李钟岳等监修，林带英等纂修，吕书萍、王海云点校《民国文昌县志》（上册），海南出版社 2003 年版，第 129 页。另有说法认为，清朝咸丰年间，有一次，海南岛 109 人从文昌铺前港同乘一艘海船去南洋谋生，途中风浪覆舟，108 人遇难，一人生还。另一说，船翻后，109 人于农历九月十五日被安南某岛载南王所捕，除一厨工逃脱外，其他人均被误认为海盗而遭杀害。后来，108 兄弟演变成了海神，扶弱救危，显圣海上，被朝廷封为“昭应英烈一百零八忠魂”。著名华人问题专家克劳婷·苏尔梦认为，所谓“一百零八兄弟”，实际上是一群海南籍海上商人，他们在安南经商后回国。在顺化水域，他们被贪婪的越南海岸巡警杀害，尸体被抛入海中。这些商人们的灵魂升入天堂后，便担负起保护航海者安全的使命。在海南的铺前和清澜这两个与南洋贸易往来密切的海港，首先建起了奉祀他们的神庙，时间分布在 1864 年和 1868 年。参见［法］克劳婷·苏尔梦、［印尼］米拉·希达尔塔（欧阳春梅）著，杜琨、任余红译《巴厘的海南人：鲜为人知的社群》，《华侨华人百科全书·总论卷》，中国华侨出版社 1999 年版，第 898—909 页。从上述材料来看，一百零八兄弟公或者一百零九兄弟公也属于海神。

续表

序号	庙名	创建时间	备注
8	色梗港水尾圣娘庙	清朝光绪年间	
9	罗勇府水尾圣娘庙	清朝光绪年间	
10	素可泰欺里玛水尾圣娘庙	清朝光绪年间	
11	差纳府本头公庙	不详	1947 年重建，在差纳府市区，在主神本头公妈右边供奉水尾圣娘
12	彭世洛水尾圣娘庙	1954 年	
13	南奔水尾圣娘庙	不详	有著名书法家于右任 1961 年的“水尾圣娘”门额。1965 年重建
14	春蓬水尾圣娘庙	不详	属于当地的琼州公所，1968 年重建
15	春武里水尾圣娘庙	1962 年	
16	陶公府海南别墅水尾圣娘庙	不详	庙门额上志明 1963 年 7 月
17	华富里水尾圣娘庙	1964 年	供奉水尾圣娘，本头公，108 兄弟
18	清迈水尾圣娘庙	1966 年	建庙发起人有永远名誉理事长兼顾问张业绮及其他 136 人
19	乌泰他尼市水尾圣娘庙	1971 年	也是在佛历 2514 年创建。主神龛上部写有“敕封南天闪电感应火雷水尾圣娘”
20	洛坤水尾圣娘庙	1971 年	
21	也拉府水尾圣娘庙	1971 年	在省府。有 1961 年的捐款名碑
22	洛坤府它派区慈应堂	大约 20 世纪 90 年代初期	主祀 108 兄弟公，在供奉兄弟公的昭应祠右边，有水尾圣娘神龛

从上表可以看出，在泰国各地广泛分布水尾圣娘庙或供奉水尾圣娘的庙宇。它们当中，不少是在 19 世纪中后期建立，历史悠久。而在 20 世纪 50 年代之后，也有很多水尾圣娘庙创建。

2012 年 2 月，我们曾有机会拜访泰南合艾海南会馆。该会馆附设水尾圣娘庙，奉祀主神水尾圣娘，并副祀天后（右）、敕封昭应英烈108兄弟公（左）。该庙立有三块大红色木牌，上面分别写有“敕封水尾圣娘”“宣封天后圣母”“敕封昭应英烈”，庙中也有三座游神用的神轿，以及鼓、钟及诸兵器。

四 其他国家华人的水尾圣娘信仰

在东南亚其他国家，海南籍华人同样创建了很多水尾圣娘庙，或者在很多庙宇中敬奉水尾圣娘。

在琼籍华侨华人较多的马来西亚，就有很多奉祀水尾圣娘的庙宇。我们拜访过的马来西亚登嘉楼水尾圣娘庙，据称清朝道光年间就已存在，1896年重建。另一间历史悠久的吉兰丹州道北天后宫，其正中神龛中并列供奉天后及水尾圣娘，右边神龛供奉先贤牌位，左边神龛供奉一百有九兄弟及大伯公。[①] 槟城丹绒武雅琼谊社南天宫，崇祀主神为水尾圣娘。在柔佛州昔加末的利民达，当地海南人也建有水尾圣娘庙。

很多海南籍华人所建立的以其他神祇为主神的庙宇也供奉水尾圣娘。吉隆坡乐圣岭天后宫，主殿左侧神龛供奉水尾圣娘。位于吉隆坡北部增江的祟真堂，主神昊圣真人，陪祀水尾圣娘、一百零八兄弟、梅仙大帝、中水侯王等。[②] 在登嘉楼州首府瓜拉登嘉楼的天后宫中，供奉水尾圣娘。

很多海南会馆的前身往往是天后宫或者水尾圣娘庙，或者在会馆中奉祀水尾圣娘。登嘉楼海南会馆的前身实际上就是水尾圣娘庙，霹雳州宜力海南会馆的前身同样是水尾圣娘庙。霹雳州太平海南会馆在1932年建成新会所时，在其前厅供奉天后与水尾圣娘。吉兰丹海南会馆中供奉天后圣母及水尾圣娘。早期的淡马鲁海南会馆中就开始供奉

① ［马来西亚］林嘉运：《吉兰丹州道北天后宫》，［马来西亚］苏庆华、［马来西亚］刘崇汉主编：《马来西亚天后宫大观》（第二辑），雪隆海南会馆（天后宫）、妈祖文化研究中心2008年版，第11—12页。

② ［马来西亚］符家燊主编：《雪隆海南会馆史料汇编修订本》，马来西亚雪隆海南会馆2009年版，第288页。

天后、水尾圣娘及诸神神位。

槟州北海琼州南天宫（海南会馆）鉴于对岸的槟城海南会馆天后宫主祀天后，为避免重复，于是南天宫主祀水尾圣娘，但其右仍配祀天后圣母，左边配祀观音娘娘。主神龛右侧有一小神龛，奉祀昭应兄弟（一百零八兄弟公）与大伯公。①

1993 年马来西亚海南会馆联合会的调查表明，全马 68 间海南会馆中，42 间奉祀水尾圣娘。②

2011 年 11 月和 12 月，我们曾两度拜访了位于雪兰莪州适耕庄华人新村的水尾圣娘庙，它可能是全马最大的水尾圣娘庙。该庙主殿供奉水尾圣娘（中）、天后（右）、冼夫人（左）、一百零八兄弟、阴神（左、女性）、阳神（右、男性）、三太子、法主公等。右偏殿供奉玄武上帝，后殿为阴府殿，供奉南方财神关公，以及大伯爷、二伯爷、黑白无常。该庙做神诞，期间会有跳童，水尾圣娘、中坛元帅等附身，水尾圣娘一年降乩一次。该庙中所供奉的眼镜蛇头、麻绳以及龙头等，为乩童所用法器。从其有跳童活动、供奉福建人的神祇（特别是法主公）及诸法器看，适耕庄水尾圣娘庙可能受到了道教闾山派的影响。

在新加坡，供奉水尾圣娘的庙宇有不少。1854 年创立的琼州天后宫和海南会馆（旧名琼州会馆），原址在马拉荅街，1880 年集资购置位于美芝路的现址兴建新宫与会馆。琼州天后宫主神为天后圣母，陪祀水尾圣娘、昭烈一百零八兄弟、大伯公等。有“敕封南天闪电感应

---

① ［马来西亚］黄子荣：《北海琼州南天宫》，［马来西亚］苏庆华、［马来西亚］刘崇汉主编：《马来西亚天后宫大观》（第一辑），雪隆海南会馆（天后宫）、妈祖文化研究中心 2007 年版，第 60—61 页。

南天宫主神龛右边原来供奉大伯公，该宫理事会认为，作为男性神的大伯公与女性神水尾圣娘及天后同坐一神龛，与中华传统文化中的男女授受不亲的观念不相符合。于是将大伯公神像请出，代以观音娘娘。大伯公则改奉于旁边的小神龛中。参见黄子荣上文。

② ［马来西亚］安焕然、［马来西亚］吴华：《远观沧海阔——海南历史综述（海南·马来西亚·柔佛）》，南方学院出版社 2009 年版，第 172 页。

火雷水尾圣娘神位”牌。①

后港水尾圣娘庙于1939年在罗弄阿苏海南村化蒙小学内创建。由于城市发展，土地征用，该庙联合报德善堂、长天宫与钟头宫，创立天德圣庙，并于1985年落成。后港水尾圣娘庙的主神为水尾圣娘，同时供奉海南人的地方性神祇一百零八兄弟、温州侯王，此外也供奉五营神将、关帝圣君、文昌帝君。② 该庙于每年农历十月举办庆祝水尾圣娘宝诞活动。

寅吉村水尾圣娘庙也在1939年始创，主神水尾圣娘，陪祀的神祇还有洪仙大帝、当年太岁、五营将军、地主公、三太子、八仙、虎爷（下坛元帅）、包公、大二爷伯、拿督公。每年农历十月中旬，该庙也举办庆祝水尾圣娘宝诞的活动。③ 寅吉村水尾圣娘庙所陪祀的诸神当中，一些是当地华人普遍信仰的神祇，如包公、当年太岁、八仙等，一些则属于其他方言群，如洪仙大帝、三太子等，拿督公则是东南亚华人的在地化神祇。

新加坡钟头宫原在后港区潮州人聚居的小渔村，后该宫联合报德善堂、水尾圣娘庙与长天宫于1985年建成天德圣庙。宫中供奉主神天后，陪祀水尾圣母、花公花妈等神祇，并于农历戊戌年十月廿五日举办庆祝水尾圣母千秋宝诞活动。

在印尼，早在19世纪80年代，作为巴厘岛重要商业港口的丹戎贝诺阿，已存在一个重要的海南商人社区。当地有一座海南人寺庙，大约在1850年中期至1860年之间或更早时间创建。寺庙中祭祀天后、一百零八兄弟和水尾圣娘。④

早在清朝道光三年（1823），越南胡志明市海南会馆（原名西堤

---

① 参见《海南古庙琼州天后宫》，《新加坡民俗导览·庙宇文化》（第2本），新加坡焦点出版有限公司2007年版，第36—39页。“海南古庙琼州天后宫”，http：//www. beokeng. com/disptemple. php？temple = qiongzhou – tianhou – gong。

② 《后港水尾圣娘庙》，http：//www. beokeng. com/list. php。

③ 《寅吉水尾圣娘庙》，http：//www. beokeng. com/list. php。

④ ［法］克劳婷·苏尔梦、［印尼］米拉·希达尔塔（欧阳春梅）著，杜琨、任余红译：《巴厘的海南人：鲜为人知的社群》，《华侨华人百科全书·总论卷》，中国华侨出版社1999年版，第898—909页。

琼府会馆）由韩满翼、苏合利、陈德成、郑世法等 80 多人捐资创建。会馆创办之后至 20 世纪 60 年代，曾先后 6 次重修。会馆是当时西堤 5 万多琼籍华侨华人联络乡情的中心。[①] 会馆设有庙宇，主神天后，其右侧也供奉水尾圣娘、一百零八兄弟。[②]

在柬埔寨首都金边，柬埔寨海南同乡会圣母宫供奉水尾圣娘，并定期举办庆祝水尾圣娘宝诞活动。在贡布市，也建有水尾圣娘庙。

在文莱，马来奕市琼籍华侨华人建立了水尾圣娘庙。

在法国巴黎大区 94 省，海南会馆佛堂供奉水尾娘娘。1992 年 10 月星云法师访法期间曾到过该佛堂普照，他建议海南会馆改奉观音菩萨。[③]

在距离东南亚地区很遥远的加拿大，1989 年 3 月成立的安大略省海南同乡会，受到东南亚地区海南籍华人民间信仰文化的影响，将水尾圣娘神像从祖籍地海南请来供奉。

从上文我们可以看出，海外华人水尾圣娘信仰中的宗教活动，主要是在农历十月十五日举行庆祝水尾圣娘千秋宝诞的活动。马来西亚槟州威省海南会馆在举办这项庆祝活动时，一切祭祀仪式均采用民间信仰方式，祭品荤素兼备。[④] 在某些海南人的宫庙，由于信众常常将水尾圣娘与天后一起供奉，水尾圣娘信仰也呈现佛教化的趋势。

五　结语

根据我们在海南岛调研时与当地专家学者及民众的访谈，以及查

---

① 《三亚推介团参观胡志明市海南会馆　联络海外乡情》，http：//news. ifeng. com/a/20160717/49369085_ 0. shtml。

② ［澳］李塔娜、［越］阮锦翠：《胡志明市华人会馆汉字碑铭》（越南文），（越南河内）社会科学出版社 1999 年版，第 368、390 页。

③ 汲喆：《法国的华人佛教道场之初步调查》，《世界宗教文化》2014 年第 3 期。

④ ［马来西亚］陈秉玮：《威省海南会馆妈祖圣娘》，［马来西亚］苏庆华、［马来西亚］刘崇汉主编：《马来西亚天后宫大观》（第 1 辑），第 77 页。

阅收集到的相关资料可知，文昌东郊的水尾圣娘庙，其中“水尾”之意当为海边；定安的水尾圣娘庙，其中“水尾”之意当是河的尽头或者河的出口处。所以，海南岛的两座水尾圣娘祖庙，只是因为称呼的巧合而相同，但其信仰实质差别很大。前者主要是海神，后者可以认为主要是家族神或祖宗神；前者在海南岛传播较广，在海南岛民间信仰的影响要远远大于后者。

水尾圣娘信仰在东南亚地区华人社会有广泛分布，尤其在海南人比较集中的马来西亚、泰国、新加坡等地。在东南亚，水尾圣娘与天后、一百零八兄弟公、冼夫人等构成海南人民间信仰的方言群神祇系统。东南亚海南人的水尾圣娘信仰也受到了当地福建人、广东人等其他方言群的影响，并且呈现在地化特点。

在海外尤其是东南亚地区，有着广泛分布并产生一定影响的是文昌海神水尾圣娘，而不是定安的莫氏水尾圣娘。后者在东南亚分布极少。实际上，海南岛内的主要侨乡分布在文昌、琼海、海口等东北部沿海地区，定安等内陆和西部县市出国的华侨华人人数并不多。① 正是文昌籍华侨华人将水尾圣娘信仰传播至南洋甚至更远。

在海南原乡，水尾圣娘往往在庙宇中占据主神地位，而在东南亚的华人寺庙中，水尾圣娘往往是作为天后的副神而奉祀的，当然，泰国众多的水尾圣娘庙则是例外。

在文昌，东郊水尾圣娘庙祖庙与海外有着非常广泛的联系，地位非常独特而重要。可以认为，广泛传播于东南亚地区的南海第一女神——水尾圣娘信仰，是海南岛极为重要的民间信俗文化品牌，也是有益于“一带一路”倡议、尤其是建设21世纪海上丝绸之路的重要文化资源。不管是对当地相关政府部门，还是民众层面而言，应当给

① 根据成书于中华民国十九年（1930）的《海南岛志》记载：“海南人民习于航海，故侨居国外者多。民国以来，远游之风益盛，…。各县在外侨民最多者当首推文昌、约9万人。次则琼山、琼东、乐会、定安等县，俱有数千人。再次则澄迈、万宁、陵水、临高、崖县，各数百人。儋县、昌江、感恩诸地，则寥寥数十人而已。”参见曾蹇主编《海南岛志》（全一册），上海神州国光社印刷所1933年版，第84页。文昌有华侨约9万，定安则只有数千人，可见文昌籍华侨华人人数要远远高于定安籍。

予水尾圣娘信仰更多关注，对其进行更积极、更广泛、更有效的宣传和推介，注重进一步加强与海外的联系与交流。①

第二节　海南人水尾圣娘信仰的起源及神庙分布

导　言

水尾圣娘是海南民间信仰的神祇，又称为“婆祖”②、“十月婆祖”、“南海婆祖”、“海南神”、“排海神”等。

水尾圣娘信仰起源于海南岛，后随着海南华侨移民海外而传播到世界各地。海南水尾圣娘往往与风云雷雨山川、火、雷、天妃、南天等神祇联系在一起，其神庙遍布全岛。

一　有关水尾圣娘的传说

民间流传水尾圣娘故事的发迹地有文昌、定安二个版本。

（一）文昌版水尾圣娘的来源

文昌市东郊镇椰海乡桃李村（即坡尾）水尾圣娘庙碑刻《水尾圣娘史迹简介》（参见第 119 页）记载了文昌水尾圣娘信仰的来源。

文昌古称“紫贝”“武德”“平昌”。唐太宗贞观元年（627），海南岛属岭南道，改平昌为文昌县，属崖州，县名沿用至今。1995 年 11 月 7 日，国务院批准文昌撤县设市，文昌县改称文昌市。

历史上文昌县乡镇行政区划变化较大，清澜、东郊两地的水尾圣

---

① 本节原为石沧金《海南侨乡和东南亚华人的水尾圣娘信仰考察》，《世界宗教研究》2019 年第 2 期。

② 海南人称呼祖母为“婆”“奶”“嬷”，曾祖母为“祖”婆祖”或“奶祖”。将女性神祇称为“婆祖”或“奶祖”，水尾圣娘、天后圣娘、南天夫人、火雷夫人等都是一样叫法，“婆祖”的叫法比较普遍，“奶祖”叫法比较少。海南人把“冼夫人”“天后”“南天火雷圣娘”“水尾圣娘”等女性神祇称为“婆祖”或“奶祖”，区别在于“婆祖”前面加上诞期，如“二月婆”指冼夫人，“十月婆”指水尾圣娘。

娘庙往往被混淆，故有必要弄清楚之。据《文昌县志》“建制沿革条”[①]：清澜，清朝时期为安知乡青蓝都，民国时期改称清澜。民国二十年（1931）文昌县设九区41乡，清澜乡属第一区，东郊乡属第三区。民国二十九年（1940）设6区37乡，清澜乡属第二区，东郊乡属第三区。民国三十八年（1949），设6区35乡，清澜乡属第一区，东郊乡属第三区。1951年设10区127乡，清澜、东郊同属第五区。之后多次行政区划调整，清澜、东郊或同区或分属不同区，但二者独立乡建制不变。至1987年撤销区、乡建制，改为乡镇兼职，全县设25个乡镇、252个管理区。清澜镇下辖8个管理区，分别为燎原、星火、新园、南海、新井、清群、红庄、凌村；东郊镇下辖15个管理区，分别为东郊、宝玉、清港、码头、椰海、建华山、椰林、良田、豹山、前进、良梅、上坡、中南、中山、泰山。1995年，文昌县设25个乡镇、267个村委会、3263个自然村。清澜镇有9个村委会，109个自然村。东郊镇设17个村委会、3个墟、115个自然村。两座水尾圣娘庙（坡尾、清澜）所在地均在东郊镇，分别属椰海村委会桃李村[②]、建华山村委会北港村。

桃李村前身为坡尾村，当地民众习惯旧称，《文昌县文物志》碑文记录依然用“坡尾水尾圣娘庙”之称。

（三）定安版水尾圣娘的来源[③]

《莫氏族谱》（板藏克昌堂）注明圣旨夫人登仙原由：十四世瑚公之女（大约明初或者14世纪后期至15世纪初），感公之妹，幼少非常，抱灵含异。眉目清秀，色如桃花。时十二岁，随母涤衣。忽然风雨大作，云蔚霞蒸，水天一色，阴阳不辨。女身不见，散寻无踪。英

---

① 海南省文昌市地方志编纂委员会编：《文昌县志》第一编《建置沿革》，方志出版社2000年版，第45—73页。

② 据《文昌县志》记载，1995年行政区划调整后，清澜镇新井村委会也有桃李村，是否与东郊镇椰海乡桃李村同一个，或者编纂有误，有待考证。

③ 《莫氏族谱》中“注明圣旨夫人登仙原由”实际上是莫氏水尾圣娘信仰的来源，见石沧金《海南侨乡和东南亚华人的水尾圣娘信仰考察》，《世界宗教研究》2019年第2期，第113—124页。

灵显赫，保佑子孙。后人名为驾云登天，诰封“玉封通天圣旨懿德莫夫人”。建庙塘曲地，合族奉祀千秋。

二　海南地方文献中有关史料：水尾圣娘、雷神、电母、天妃、南天夫人

海南地方文献史料记载中，海南的水尾圣娘往往与风云雷雨山川、火、雷、天妃、南天等神祇联系在一起，其神庙遍布全岛。据《正德琼台志》记载，琼州府有南宫庙、雷庙、五娘庙和天妃庙，澄迈县有风云雷雨山川坛、雷庙和天妃庙，临高县有风云雷雨山川坛和天妃庙，定安县有风云雷雨山川坛，文昌县有风云雷雨山川坛、火雷坛和天妃庙，会同县有风云雷雨山川坛，乐会县有风云雷雨山川坛和天妃庙，儋州有风云雷雨山川坛，昌化县有风云雷雨山川坛和天妃庙，万州有风云雷雨山川坛和天妃庙，陵水县有风云雷雨山川坛和天妃庙，崖州有风云雷雨山川坛、天妃庙，感恩县有风云雷雨山川坛、雷庙和天妃庙。早在宋代海南就有“风云雷雨坛”，因战乱宋代史料已失，但明代唐胄编纂的《正德琼台志》有记载，清代《康熙文昌县志》明确记载“水尾圣娘”的史料。从海南岛现存水尾圣娘庙看，这些神祇一般和水尾圣娘合祀，有些是水尾圣娘庙的副神，有些是主神配水尾圣娘。现一一照录如下。

（一）（明）唐胄纂：《正德琼台志》卷第二十六·坛庙[①]

1. 本府[②]

风云雷雨境内山川神坛，风云雷雨坛，宋元在城东北，国朝洪武初，迁于南社稷坛旧址。二年己酉始立山川坛于城南高阜那梅都。六年癸丑，诏以风云雷雨师合祭，配以本府城煌。于是，罢西南之坛，而合于山川，其坛壝制与社稷同。

天妃庙，在海口，元建。

---

① （明）唐胄纂：《正德琼台志》卷二十六《坛庙》，海南出版社2006年版，第531—560页。

② 指琼州府，包括琼山县和海口市范围，下同。

2. 澄迈县

风云雷雨山川坛，在城南一里。

天妃庙，初在城西下僚地，洪武丙寅，知县邓春创建。永乐癸巳，知县孙秉□重修，天顺甲申，同知徐鉴始迁于今海港。（朱复记，见碑）

3. 临高县

风云雷雨山川坛，在城西南郊。

天妃庙，在县治东。成化甲辰，主簿曹敏重建。

4. 定安县

风云雷雨山川坛，在南郊。

5. 文昌县

风云雷雨山川坛，在县南一里。

火雷坛，在县南垣外，永乐间建。

天妃庙，在县南新安桥南。洪武庚戌，知县周观创。成化甲午，知县宋经移建桥北。

6. 会同县

风云雷雨山川坛，在县南一里。

7. 乐会县

风云雷雨山川坛，在具南一里。

天妃庙，在县北。洪武二年，知县王思恭建。正德丙子，知县严祚重修。

8. 儋州

风云雷雨山川坛，在城南一里。正德壬申，知州陈衮迁城南外旧学址。

9. 昌化县

风云雷雨山川坛，在县西南一里。

天妃庙，附所治西。永乐癸巳，千户王信建。

10. 万州

风云雷雨山川坛，元在城北隅。国朝洪武三年，迁于城南一里。

天妃庙，在城东。元建，国朝永乐丙申，千户祝儁重建。

11. 陵水县

风云雷雨山川坛，在县西－里。

天妃庙，在域南。

12. 崖州

风云雷雨山川坛，在城来南二里。

13. 天妃庙

在州西南海边。元立，国朝永乐癸巳，千户史显重募建。

14. 感恩县

风云雷雨山川坛，在县南。

雷庙，在城来东。洪武乙卯，乡人吴之老等建。

天妃庙，在县西。元，乡人韩德募建。

（二）（明）《万历琼州府志》卷四·建置制·坛庙①

1. 本府

风云雷雨山川神坛，宋元在城东北，国朝洪武迁于南桥外东厢一。

天妃庙，在海口。元建。国朝累葺。嘉靖二十二年，道官周书重修。万历乙巳，倾圮。官民复募修，商人潭海清等重建。

南宫庙，城外南桥。祀火雷泰华子孙夫人二神。每岁首，士民咸集，乞灵逐疫殊验。

2. 澄迈县

天妃庙，初在城西下僚地。洪武丙寅，知县邓春建。天顺甲申，同知徐鉴迁通潮门。嘉猜，县丞杨文乡捐俸置田。万历十年。知县俞效龙增拓庙制，四十年知县曾拱壁重修。

3. 临高县

天妃庙，县治东。

---

① （明）戴熺、（明）欧阳灿总纂，（明）蔡光前等纂修：《万历琼州府志》卷四《建置志·坛庙》，海南出版社2006年版，第163—172页。

4. 文昌县

天妃庙，县南。

火雷庙，县南街。

清澜天妃庙，城南门外。

5. 会同县

风云雷雨川坛，县南一里。

6. 乐会县

风云雷雨山川坛，县南半里。

天妃庙，县北门内。

7. 儋州

风云雷雨川坛，城南外。

8. 昌化县

风云雷雨山川坛，县西南。

天妃宫，县西。

9. 万州

风云雷雨山川坛，城南。

天妃庙，城东。

10. 陵水县

风云雷雨山川坛，旧在教场。嘉靖四十四年，知县潘□移于马鞍山。

天妃宫，南城外。

火城祠，城北西。

11. 崖州

天妃庙，州治南海边。

（三）（清）《康熙文昌县志》

1. 卷一《疆域志·节序》①

立春前一日，县官至东郊迎春，里长办杂剧，男女聚观，豆谷洒

① （清）马日炳纂修：《康熙文昌县志》卷一《疆域志·节序》，卷二《建置志·坛庙》，海南出版社 2003 年版，第 34—35 页。

土牛，曰“压疹痘”。元旦，祝万寿，礼佛、祀先。初三早，书帖，钉赤口，相邀渔猎，谓之“斗口”。六日后，坊乡行傩礼，迎神逐疫，设灯装剧，作秋千以竞胜。士人嬉游，作诗射谜。儿童谑戏，烧爆放花为欢。二月迎游南天火雷、高凉郡主二夫人，装军拥从，三日方息。三月清明，扫墓。四月八日，建浴佛会。五月，放风鸢，迎龙神。竞龙舟“夺标”，下市桥两岸观者如堵。端午，悬艾虎，饮雄黄、菖蒲酒，角黍相馈遗。六月六日，祀灶，晒衣、书。七月，作盂兰会荐亡，剪纸为冠履、衣裳、冥宝，牲醴祀祖，谓之“烧冥衣”。八月，会赏中秋玩月，馈月饼，蒸南星芋，以饲儿童。九月重阳，登高。十二月，儿童削木为“得乐”，截竹作“响”，盘旋角胜负。除夕，扫屋祀灶，换炉灰，祭祖先，交相拜曰“辞岁”。门庭各然，火达旦，挂楮币，贴门神，易桃符“送穷”。俗尚大都如此。

2. 卷二《建置志·坛庙》①

南天宫，在县东南街。明永乐间建。康熙四年，城守白天恩重修。俗祀电母，配以高凉夫人。按：洗氏夫人当梁时，在室即能军，怀服诸越，海南儋耳多归附之。后嫁高凉太守冯宝。宝卒，岭南大乱，夫人躬怀集焉。陈以其子冯仆为阳春守。仆卒。陈亡。岭南共奉夫人，推为“圣母”。已而服隋，遣其孙冯盎讨平诸寇。夫人躬环甲胄，驰介马，张锦伞，领军，智勇善战，至老未尝败。册封谯国夫人，谥诚敬。

清澜水尾庙，即祀南天夫人。明正德间，有石炉飞来水尾地方，因建庙焉。英显特异。又庙滨海港，当往来之冲，祈祷立应，血食不衰。每十月十五军期，四方杂集，殊称盛会。

天妃庙，旧在便民桥南紫贝山麓。明洪武初，邑令周观创建。后邑令汪全声、训导吴廷缙相继重修。旋圮。新天妃宫，在下市。国朝康熙三十三年，商民林成栋等捐买白沙头地一段。至五十三年，创建大殿一间，大门一间。知县马日炳于殿前捐建约亭一间，以士民辏集，

① （清）马日炳纂修：《康熙文昌县志》卷二《建置志·坛庙》，海南出版社2003年版，第43—48页。

便于听讲也。

清澜天妃庙，在所城外陈家市海边。

（四）（清）《乾隆琼州府志》

卷二下《坛庙》[①]

琼州府（琼山县附郭）：

天后庙，在海口。元建，代有修葺。庙貌□新。

南宫庙，在南桥，祀火雷母，泰华三夫人。

澄迈县

风云雷雨山川坛，在城南一里。

天后庙，初在通潮阁右。明洪武间，知县邓春，同知徐鉴徙律通潮门外。康熙四十年，知县高魁标重建。

雷公庙，在城西五里。明正德年建。康熙四十六年，知县高魁标重建。

定安县

风云雷雨山川坛，在东门外。

天后庙，在中街。

文昌县

风云雷雨山川坛，在城南一里。

天后庙，旧在紫贝山麓，后迁下市。康熙五十三年，知县马日炳重修。又一庙在清澜所城外陈家市。

南天宫，在县东南街。明永乐间建，后城守白天恩重修。俗祀电母，配以冼氏夫人。

水尾庙，在清澜。祀南天夫人，明正德间，有石炉飞来水尾，因建庙焉。

会同县

风云雷雨山川坛，在城南一里。

天后庙，旧在东门外。旧在东门外。康熙十年，知县曹□秀及训

---

① （清）萧应植修，（清）陈景埙纂：《乾隆琼州府志》卷二下《坛庙》，海南出版社2006年版，第257—278页。

导梁英裘建。二十四年，知县胥锡祚迁于县治之东。

乐会县

风云雷雨山川坛，在城南半里。

天后庙，在城东门外。

临高县

风云雷雨山川坛，在城西南郊。

天后庙，在东郊外。顺治十八年，知县蔡嘉正重建。康熙九年，训导□□□修复。六三十一年，知县史流芳修。四十四年，知县樊庶重建。

儋州

风云雷雨山川坛，在城东。

天后庙，在城东朝天宫。

昌化县

风云雷雨山川坛，在城西南。

天后庙，在城西小岭上。

万州

风雨雷雨山川坛，在城南。

天后庙三，一在城东；一在东澳市；一在草子坡。

陵水县

风云雷雨山川坛，在城西。

天后庙二，一在城南。一在城北。知县李聘与商人林久洲重建。

火雷祠，在城西北。

崖州

风云雷雨山川坛，在城东南一里。

天后庙，在州治南。

感恩县

风云雷雨山川坛，在城西郊。

天后庙，在县北。

（五）（清）《嘉庆澄迈县志》

卷二《经制志·坛庙》①

火雷庙　一在迈岭市，一在瑞溪市。

（六）（清）《道光琼州府志》

卷八《建置志·坛庙》②

琼州府（琼山县附郭）：

风云雷雨山川坛，明洪武间建，在南桥外。国朝乾隆四年，知县杜兆观移于城西北。

天后庙，一在白沙门，一在海口所。元建，明洪武间屡葺。商人谭海清等建后寝三间及观音堂，并塑诸神像。国朝雍正七年，监生陈国定、生员杨凤翔等募建大门三间。十二年，知县鲍启泌详准在海口关税内支担，规银四两四钱办春秋二祭。乾隆十一年，陈国安复募建庙铺屋十间，岁收租银以供香火。迄今官民渡海来往，必告庙虔祀之，灵异甚著。一在郡城内总兵署前，嘉庆四年建。（参《县志》）

南宫庙：在南门外桥下，祀神女像三，火雷、泰华、子孙三夫人。

澄迈县

风云雷雨山川坛　在城南，后迁东门外。

天后庙　初在城西通潮阁右，明洪武间，知县邓春，天顺间同知徐鉴徙于通潮门外。国朝康熙四十七年，知县高魁标重建。乾隆四十六年，知县詹昊修。嘉庆九年，知县李金藻重修。

雷公庙　在城西五里，明正德六年建。国朝康熙四十六年，知县高魁标重建。

定安县

风云雷雨山川坛　县治南阳墩坡。明知县罗昌移建南门外西隅。

天后庙　在城内中街。康熙三年，邑人梁邓刘诸姓拓基重建。教

① （清）谢济韶修，（清）李光先纂：《嘉庆澄迈县志》卷二《经制志·坛庙》，海南出版社2004年版，第58页。

② （清）明谊修，（清）张岳崧纂：《道光琼州府志》卷八《建置志·坛庙》，海南出版社2006年版，第375—408页。

谕梁廷佐捐置义田，租息以供香火，余存为宾兴之费。至大比之年，则另派银供庙祀。详见《书院》门。（参《县志》）

文昌县

风云雷雨山川坛　在城南一里。

天后庙，旧在城外紫贝山麓，后迁下市。康熙五十三年，知县马日炳重修。又有庙在清澜所城外陈家市。

南天宫　在县东南街。明永乐间建，国朝城守白天恩重修，中祀电神及冼氏夫人。

水尾庙　在清澜所城。祀电神，俗名南天夫人庙，明正德间，有石炉飞至此，因建庙焉。

会同县

风云雷雨山川坛　在城南一里，明署知县李霖建。

天后庙　旧在东门外。康熙十年，知县曹之秀、训导梁英裘重建。二十四年，知县胥锡祚迁于县治东。

陈村南天庙，在县东真武庙后。雍正六年，知县周渭熊重修。

乐会县

风云雷雨山川坛　在城南半里，明知县王思恭建。

天后庙　在城南门。道光十五年，知县吕华宾重修。

天妃庙　在城东门外，明万历建建。今改建向南。

南天庙　在东门外。道光十五年，知县吕华宾重建。

临高县

风云雷雨山川坛　在城西南郊外。

天后庙　在东郊外，明成化间建。嘉靖而是八年，县丞周鸾迁于临江桥东。国朝顺治十八年，知县蔡嘉正重建。康熙九年，训导陆高古修。三十一年知县史流芳、四十四年知县樊庶重建。

儋州

风云雷雨山川坛，旧在南门外。明正德壬申，知县陈移于西南隅旧宜伦学址，后迁建东坡庙右侧。参《州志》

天后庙，在城东，一名朝天宫。明万历丁酉，吏目周行率商人创建。

昌化县

风云雷雨山川坛，在城西南。

天后庙　在城西小岭上，知县璩之璨等捐修。

万州

风雨雷雨山川坛，在城南一里。

天后庙有四：一在城东迎恩街，万历中廪生曾绍科募建，知州范廷言捐修。一在东澳市。一在草子坡。一在朝阳街。（参《州志》）

陵水县

风云雷雨山川坛，在城南（《旧志》作城西）三昧寺前。

天后庙三：一在北门外，明万历三十五年知县沈应礼捐建，国朝康熙三十六年知县李聘率邑人重修。一在城南。一在上灶村。（同上）

火雷祠，在城西北。

雷神庙，在亮一图文笔峰下。

崖州

风云雷雨山川坛　在城东南一里。

天后庙　在州治南海滨。

感恩县

风云雷雨山川坛　在城西郊外。

天后庙　在县北。

（七）（清）《咸丰文昌县志》①

1. 卷一《舆地志·节序（附）》②

立春前一日，县官至东郊迎春，里长各装杂剧前导，男女聚观，争撒豆谷，谓可压痘疹。元旦，夙兴焚香拜喜神。具清席祀祖先，曰“供年饭”。人皆清食。拜父母、尊长，曰“拜年”。亲属各相拜贺。

① （清）张霈等监修，（清）林燕典等纂辑：《咸丰文昌县志》，海南出版社 2013 年版，第 27—29 页。

② （清）张霈等监修，（清）林燕典等纂辑：《咸丰文昌县志》，海南出版社 2013 年版，第 27—29 页。

初三日，书帖，钉赤口于门。六日后，会族人中祭祖，老少毕集，按丁颁肉。子午日，忌犁地，谓之“冲天”。十五夜，家各张灯，用糯米制丸为元宵，并设肴馔以祀祖先，谓之“小年”。聚饮曰“灯会酒”。自十二夜起，曰“开灯”。作灯市，剪彩为花及鱼虾、走马各样。村庙中竞闹锣鼓，张花灯，舞龙虎之戏。人或摄灯球归家，置席下，以许生儿则送灯。儿童烧炮，放流星，打千秋。妇女夜间相邀撷园中蔬菜，曰“采青”，以兆生子。二月初二，祀土地。是日，农人禁耕作。初三日，祀文昌帝君。初十日，迎游南天、高凉二夫人，装军拥从。三月清明，拜坟添土，剪荆棘。爆谷花，以验所宜种，裂多者多种之。争拾海中长尾螺，熟而吮之以明目。是月，乡学设筵祀先圣，会饮一日，曰“作议学”。四月八日，浮屠设浴佛会。五月，牧儿放风筝。端午日，设酒肴祀祖先，角季相馈遗。午时，携蒸粽水拂果树，祝之，令变生佳种。竞渡龙舟，以竿悬银牌，胜者得之，曰“夺标”。采杂花浸水洗澡，除疥疡。门悬艾虎、菖蒲，以雄黄涂小儿囟门以稀痘。十三日，祀关帝。六月六日，祀灶，晒衣书。井水贮之，久不变味；以酒麯和米，造为甜糟。七月七夕，乞巧。十五日内，祭祖先，烧楮币。城市间作盂兰会。八月中秋夜，赏月。剥芋曰“剥桂□”，亦曰“辟眼光”。制面为饼，以遗戚友。乡熟设饮一日，曰“作中秋”。九月九日，登高。采治风草药和米捣食，以宣阳气。十月十五，迎游南天夫人，赛会三日。儿童截木为戏，或寸，或尺许，名曰“打□”。或截木为“得乐”，或截竹作“响嚾”，角胜负。冬至，祭宗祠，拜祖坟。腊月二十四日，取竹枝扫室尘。是夕，祀灶，送灶神。除夕，设酒筵祀祖先，曰“围炉”。设果盘供于堂门，排年送穷神，挂钱币。小儿带钱于襟，曰“守岁”。拜父母，亲属相拜，曰“辞岁”。燃灯达旦，以照虚耗。门户皆贴春联。①

---

① 文本“二月初十日，迎游南天、高凉二夫人，装军拥从”，此处二月迎游之“南天夫人”，为南天宫与高凉夫人同祀之神祇。“十月十五，迎游南天夫人，赛会三日”，十月十五迎游之“南天夫人”，应为水尾庙所祀。名称同为“南天夫人”，实际上有区别。

（八）（清）《光绪定安县志》《宣统定安县志》①

1. 《光绪定安县志》卷二《建置志四·坛庙》②

雷神庙　在北门城楼东南角下，坐南面城。光绪三年，绅士杨友槐、莫钟鼎邀五坊并附郭众绅士商民新建。（新增）

2. （清）《宣统定安县志》卷二《建置志四·坛庙·寺观附》③

雷神庙　在北门城楼东南角下，坐南面城。光绪三年，绅士杨友槐、莫钟鼎邀五坊并附郭众绅士商民新建。（新增）

2. 卷三《建置志·坛庙》④

风云雷雨山川坛　在城南紫贝山旧县治遗址。

天后庙　旧在城外紫贝山麓。明洪武初邑令周观创建。后邑令汪全声、训导吴廷缙相继重修，旋圮，后迁下市。国朝康熙三十三年，商民林成栋等捐买白沙头地一段。五十三年，建大殿一间，大门一间，知县马日炳于殿前捐建约亭一间。又一庙在清澜所陈家市海边。

南天宫　在邑城内东南街。明永乐间建。国朝康熙四年，城守白天恩重修。中祀电神及冼氏夫人。

水尾庙　在清澜所城。祀电神。俗名南天夫人庙。明正德间，有石炉飞至此，因建庙焉。上《旧志》

火雷庙　在邑北南一图坡市。明时建。道光三十年重修。

天后庙　在邑南四十里陈一图龙朝村前。道光八年，耆老陈万卷、陈国玺邀建。

---

① 府志所载坛庙大多为县（州）治附近者及影响较大者，文昌坛庙部分载有清澜水尾庙，未有关于定安水尾圣娘庙的记载。《光绪定安县志》和《宣统定安县志》“卷二《建置志·坛庙》”均未见关于定安水尾圣娘庙及南天庙、火雷庙的记载，唯“卷一《舆地志·乡图》”，载定安水尾圣娘庙所在的“龙马田村”及附近的“水表村”俗名为“水尾”。

② （清）吴应廉创修，（清）王映斗总纂：《光绪定安县志》卷二《建置志四·坛庙》，海南出版社 2004 年版，第 192 页。

③ （清）宋席珍续纂，（清）莫家桐编：《宣统定安县志》卷二《建置志四·坛庙·寺观附》，海南出版社 2004 年版，第 166 页。

④ （清）张霈等监修，（清）林燕典等纂辑：《咸丰文昌县志》卷三《建置志·坛庙》，海南出版社 2013 年版，第 110—115 页。

双龙庙　在邑北百里溪梅市。咸丰元年重修。内祀天妃诸神。

火雷庙　在水一北约东坑市北。康熙壬寅年建。

天后庙　在邑南白延市。

南天庙　在铺前市南。乾隆丁丑，武生张天章邀建。嘉庆间，监生张继华等募修。

天后庙　在铺前市北。咸丰丙辰，职同知林玉辉、监生李基植等邀建。

（九）《民国文昌县志》

1. 卷二《建置志·坛庙》①

风云雷雨山川坛　在城南紫贝旧县治遗址。

天后庙，旧在城外紫贝山麓。明洪武初，邑令周观创建，后邑令汪全声、训导吴廷缙相继重修，旋圮，后迁下市。清康熙三十三年，商民林成栋等捐买白沙头地一段，五十三年，建大殿一间，大门一间，知县马日炳于殿前捐建约亭一间。民国年间，重修上间为国民学校。又一庙在清澜所陈家市海边。

南天宫，在邑城内东南街。明永乐间建。清康熙四年，城守白天恩重修。中祀电神及冼夫人。

水尾庙，在清澜所城，祀电神，俗名南天夫人庙。明正德间，有石炉飞至此，因建庙焉。上《旧志》

火雷庙，在邑北南一图坡市，明时建。道光三十年重修。

天后庙，在邑南四十里陈一图龙朝村前。道光八年耆老陈万卷、陈国玺邀建。

双龙庙，在邑北百里溪梅市。丰元年重修，内祀天妃诸神。

火雷庙，在水一北约东坑市北。康熙壬寅建。

天后庙在邑南白延市。

南天庙，在铺前市南。乾隆丁丑，武生张天章邀建。嘉庆间监生张经华等募修。

---

① 李钟岳等监修，林带英等纂修：《民国文昌县志》卷二《建置志·坛庙》，海南出版社2013年版，第123—132页。

天后庙，在铺前市北。咸丰丙辰，职同知林玉辉、监生李基植等邀建。以上《旧志》

天后庙，在迈号市南西边街。道光九年，陈绪、陈修业等合众建。咸丰七年，陈国屏合众重修。

天后庙，在东区清澜马头埠。清宣统三年朱希颜邀建。

清澜白土尾文笔塔，在东区距县二十余里港边村郑运通邀众建。

2.《南天闪电水尾火雷夫人庙碑》①

南天闪电水尾火雷夫人庙碑

进士 谢宝

琼之紫贝，有清澜海。海滨有地名水尾庙，祀南天闪电火雷夫人，盖天神也。天气轻清，上游成象，在天者，必有以际地而灵爽，实式凭之。琼极南地也，居午火之房。闪电者，火之光腾四射也。光而射，自声而闻，则雷与火又相表里也。按后天八卦，午属离，离为中女，故尊之曰“夫人神道”，而以人道事也。夫之为言，扶也。君夫人以□范匡扶大君之家政，火雷夫人以坤德匡扶上帝之气，化灾祥，其功一也。且其中为功，于海上也，极显而应。有时，洋船突被暴风、巨浪、洪涛，飞沙走石，地覆天翻，满载倾危，性命几如一线尔，乃望空呼号，但得火光出现，则恃以无恐。《易卦》所称水火，既济之义，此其明验也。昔余菘台南旋，絜家海上，海天一碧，不知所之。叩祷顷刻，晨光熹微，罩火影，遂以收港登岸，举铭佩久矣。余阅诸佛经，菩萨以般若船济人于苦海，闻其语未见其人。窃意释氏之说，主于无，道家之说，泥于有得失相半；惟儒者无极，而太极虚气实理，一以贯之。实理者，在诚不可掩，有声有光，其光其诚也，即其神也。先儒有诚精，故明神应，故妙之解，今观火雷夫人而益信。岁十月之交，乃其令旦，四方来祝者蚁集蜂屯，以数万计。其中庸所谓能使天下之人斋明盛服，以承祭祀，洋

① 见前录，李钟岳等监修，林带英等纂修：《民国文昌县志》卷九《艺文志》，海南出版社2013年版，第910—911页。

洋乎如在其上，如在其左右，是也。相传，男女偶对谈，衣服立遭火患，甚至冬烘地誓天悔叩，始得苏生。盖午大之晶，炎炎赫赫，凛不可犯，十目十手，严如也。南人之奉火雷夫人不一处，他处以二月为期，独水尾以十月。其时，阴气既凝，阳气将朕，彼此循环，不愆不伏，于今张固协宜其显而应也。在呼崧颂祷，诸君子属余为文，亦本乎诚也。是故、夫人以理之诚者，显于呼吸，其应如响。斯人之徒，以心之诚者于祷祝，不介自孚。而诚则无息，参天赞地，悠久其神矣乎。是为序。

三　现存海南省各市县的水尾圣娘庙

清末民初，海南人大规模移民国外，其中以文昌人居多，水尾圣娘信仰亦自此传到国外，在岛内也愈来愈盛。但是，民国时期曾蹇主编的《海南岛志》和小叶田淳编著的《海南岛史》均未记载。1950 年后，因时代潮流，破旧立新，移风易俗，新编《文昌县志》亦未收录水尾圣娘等有关民间信俗。直至 21 世纪 80 年代，中国改革开放，社会风气渐开，海内外交往日益频繁，各地纷纷修建水尾圣娘庙，在此亦一一记录。以下依照水尾圣娘发源地和流行较广的地方给予介绍。

（一）文昌市

文昌市现存主要水尾圣娘庙有：东郊镇清澜水尾圣娘庙、东郊镇坡尾村（桃李村）水尾圣娘庙、冯坡镇文堆村水尾庙、锦山镇坡头村水尾圣娘庙、新桥镇孔铎村水尾圣娘庙。

1. 清澜水尾圣娘庙

地址：文昌市东郊镇建华山村委会北港村，主祀水尾圣娘。

北港村是水尾圣娘传说的起源地，这里潘姓较多，前些年周边村庄拆迁，有不少人搬到桃李村附近，但坟墓大多还在。现道路不通，有些地方长期积水，加上庙宇后面开发圈去不少地方，工地修建的围墙堵住了庙的后门，导致信众难以进入，基本处于关闭状态。

东郊镇北港村清澜水尾圣娘庙正门

东郊镇北港村清澜水尾圣娘庙内水尾圣娘像

2. 东郊水尾圣娘庙

东郊水尾圣娘庙是位于文昌市东郊镇椰海乡桃李村的水尾圣娘庙，即坡尾村水尾圣娘庙。2012 年9 月 13 日，被文昌市人民政府公布列为文昌市文物保护单位。

东郊坡尾水尾圣娘庙村口文物保护碑

东郊坡尾水尾圣娘庙村口门楣

东郊镇椰海乡桃李村水尾圣娘庙

3. 坡头水尾圣娘庙

地址：文昌市锦山镇桥坡村委会坡头村

奉祀主神：水尾圣娘

陪祀：云大将军

坡头水尾圣娘庙位于文昌市锦山镇桥坡村委会坡头村。该庙同治四年（1865）筹建，同治九年（1870）建成，创建者是白石村韩声彝、韩充彝，桥坡村曾辉一。尔后因久经风雨侵蚀腐朽。光绪三年（1877），坡头村云茂昌、霞树村韩运丰到南洋募捐修缮圣庙，1952年因时局变化被拆除。1986年孟冬月，在定居海外的桥坡村华人曾传赀和白石村华人韩琨丰带头支持下，他们到南洋各地发动乡侨捐款重修水尾圣娘庙，响应者众多。

坡头水尾圣娘庙全貌

坡头水尾圣娘庙门楣

坡头水尾圣娘庙主神像，奉祀主神：水尾圣娘，陪祀：云大将军

大门：圣德渊深一片婆心光水尾　娘恩浩荡千秋古庙建坡头

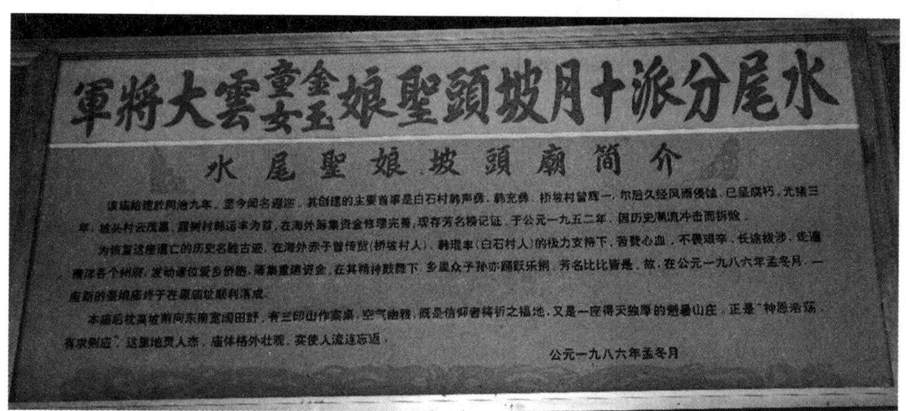

坡头水尾圣娘庙简介：

该庙始建于同治九年，至今闻名遐迩。其创建的主要首事是白石村韩声彝、韩充彝、桥坡村曾辉一。尔后久经风雨侵蚀，已呈腐朽。光绪三年，坡头村云茂昌、霞树村韩运丰为首，在海外筹集资金修理完善。现存芳名榜记证。于公元一九五二年，因历史潮流冲击而拆除。

为恢复这座遗亡的历史名胜古迹，在海外赤子曾传赀（桥坡村人），韩琨丰（白石村人）的极力支持下，苦费心血，不畏艰辛，长途跋涉，走遍南洋各个州府，发动诸位爱乡侨胞，筹集重建资金。在其精神鼓舞下，乡里众子孙亦踊跃乐捐，芳名比比皆是。故，在公元一九八六年孟冬月，一座新的圣娘庙终于在原庙址顺利落成。

本庙后枕高坡前向东南宽阔田野，有三印山作案桌，空气幽雅，既是信仰者祷祈之福地，又是一座得天独厚的避暑山庄。正是“神恩浩荡、有求则应”，这里地灵人杰，庙体格外壮观，使人流连忘返。

公元一九八六年孟冬月

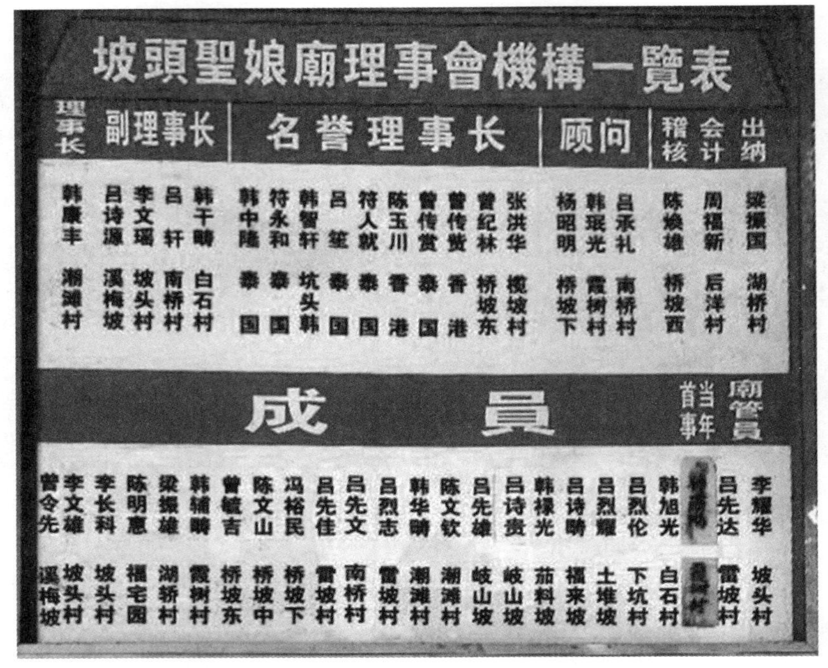

坡头圣娘庙理事会机构一览表：

理事长：韩康丰（潮滩村）

副理事长：

吕诗源（溪梅村）　李文瑶（桥头村）　吕轩（南桥村）

韩干畴（白石村）

名誉理事长：

韩中隆（泰国）　符永和（泰国）　韩智轩（坑头韩）

吕笙（泰国）　曾传赀（香港）　曾纪林（桥坡东）

张洪华（榄坡村）

顾问：

杨昭明（桥坡下）　韩珉光（霞树村）　吕承礼（南桥村）

稽核：陈焕雄（桥坡西）

会计：周福新（后洋村）

出纳：梁振国（湖桥村）

庙管员：李耀华（坡头村）　吕先达（雷坡村）

当年首事：韩甫畴（霞树村）（人员为非固定——作者注）

成员：

韩旭光（白石村）　吕烈伦（下坑村）　吕烈耀（土堆村）
吕诗畴（福来坡）　韩禄光（茄料坡）　吕诗贵（岐山坡）
吕先雄（岐山坡）　陈文钦（潮滩村）　韩华畴（潮滩村）
吕烈志（雷坡村）　吕先文（南桥村）　吕先佳（雷坡村）
冯裕民（桥坡下）　陈文山（桥坡中）　曾毓吉（桥坡东）
韩辅畴（霞树村）　梁振雄（湖桥村）　陈明惠（福宅村）
李长科（坡头村）　李文雄（坡头村）　曾令新（溪梅村）

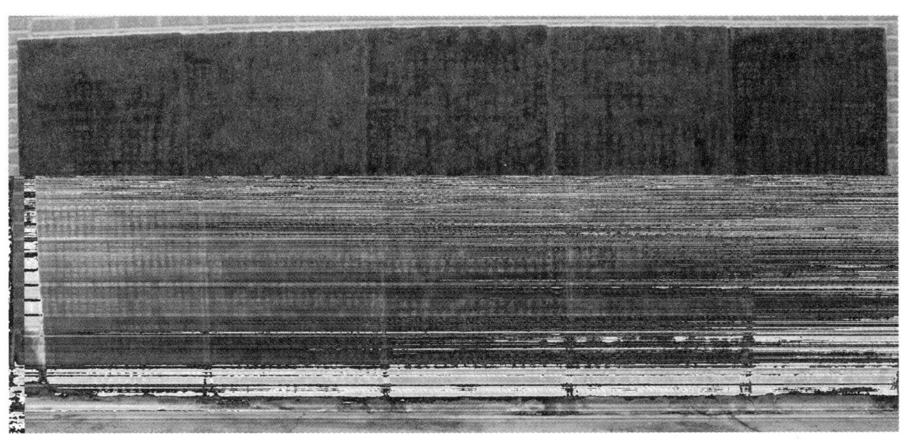

1986 年 1 月重修坡头村水尾圣娘庙碑刻芳名录

献资建庙　芳名千秋

岐山坡村：

吕烈昌 10 元　吕烈溪 10 元　吕烈坤 10 元　吕烈全 10 元
吕烈文 10 元　吕先才 10 元　吕先富 10 元　吕先梧 10 元
吕承源 10 元　吕承波 10 元　吕先平 10 元　吕先广 10 元
吕承先 10 元　吕烈财 10 元　洪妚南 10 元　唐辉云 10 元

茄料坡村：

韩芬畴 10 元　韩于元 10 元　韩合元 10 元　韩成元 10 元

韩王元 10 元　韩东光 10 元　韩安畴 10 元　韩栋畴 10 元
韩泥光 10 元　韩观光 10 元　韩珍光 10 元　韩辉光 10 元
韩哲畴 10 元
溪梅坡村：
吕先宽 10 元　吕承全 10 元　吕先潮 10 元　吕先雄 0 元
吕先宙 10 元　吕先定 10 元　吕先泯 10 元　吕烈梧 10 元
吕烈梧 10 元　吕烈敦 10 元　吕烈钧 10 元　吕烈澮 10 元
吕诗源 10 元　吕诗洲 10 元　吕诗文 10 元　吕诗萱 10 元
吕书英 10 元　吕书雄 10 元　韩新畴 10 元　曾文达 10 元
吕烈波 10 元　吕烈瑞 10 元　吕烈雄 10 元
东堆村：
苏庆铣 10 元　苏文仁 10 元　苏文成 10 元
霞树村：
韩辅畴 10 元　韩华畴 10 元
福来坡村：吕烈权 10 元
海口市：林观祥 10 元
东坡村：黄宏鸾 10 元　黄宏衍 10 元
新山村：张业忠 10 元

献资建庙　芳名千秋

白石村：
韩英元 15 元　韩勳光 15 元
以下各 10 元：
（韩）堤丰　（韩）遂丰　（韩）铙丰　（韩）镜丰　（韩）佳準
（韩）培準　（韩）达丰　（韩）逢丰　（韩）近丰　（韩）存丰
（韩）丰元　（韩）汉丰　（韩）炬元　（韩）欣元　（韩）金丰
（韩）杰元　（韩）球光　（韩）星元　（韩）芳元　（韩）仁元
（韩）文元　（韩）偕元　（韩）瑛光　（韩）瑢光　（韩）教光
（韩）禹畴　（韩）理畴　（韩）克畴　（韩）洪畴　（韩）福定
周德山　史克功　（韩）亦中　（韩）庆丰

坡头村：

李长辉 60 元　（李）滋浪 50 元　（李）滋能 30 元

（李）诗海 30 元　（李）长宇 30 元　（李）长河 30 元

（李）滋香 30 元　（李）昌辉 25 元

以下 20 元：

（李）诗桐　（李）长美　（李）滋植　（李）白英　（李）起丰

（李）书修　（李）长珍　李涛　（李）起瑛　（李）仍光

（李）文史　（李）耀兰　韩妳姑　钟俊琳

以下各 10 元：

李文理　（李）书成　（李）文友　（李）长恩　（李）长荃

（李）诗章　（李）长文　（李）长海　（李）诗富　（李）香浓

（李）诗川　（李）长耀　（李）长保　（李）诗英　（李）诗芳

（李）长萱　（李）诗诚　（李）诗汉　（李）长利　（李）诗河

（李）诗神　（李）长宙　（李）书雄　（李）起波　（李）滋大

（李）长益　李森　（李）长汉　（李）诗昌　（李）耀华

（李）文会　李飞　（李）长财　（李）起居　（李）诗琼

（李）长光　（李）文雄

以下各 25 元：

叶世江　刘壮

南埠村：

各 10 元：潘在文　潘正庚　潘家钊　潘家钰

后排村：林鸿芝 10 元

海口上坡柴场：

韩炳光 20 元　韩玲 20 元

抗坡村：

张业河 15 元　张业璐 10 元　张业虎 10 元

雷坡村：

吕先逢 55 元　吕先江 50 元　吕先浩 50 元　吕先逢 55 元

以下各 10 元：

吕承存　吕承保　吕先连　吕先光　吕先潘

吕先桐　吕承宣　吕承财　吕先清　吕诗森
吕先富　吕先溪　陈焕德　陈焕泰　陈焕智
陈明进
海口市新埠村：
以下各 20 元：
符家民　林大芝　林大丰　林泽生　林友桂

献资建庙　芳名千秋

福宅西村：
陈文和 50 元
20 元：陈玉华　陈明泽　陈文兰　陈文英　陈文禄
陈文渊　陈焕福　陈焕禄　韩琼元
10 元：陈文纬　陈明光　陈玉宜　陈明景　陈玉吉
桥坡东村：
10 元：陈玉键　陈玉伦　陈明洲　陈明海　陈明江
陈明河　陈文英　陈文庄　陈文芳　陈文雄
曾传俊　曾传儒　曾传贯　曾纪伟　曾传福
曾传培
曾传贤 30 元
抱罗市日糟村梁俊 100 元
南埠村：潘于琪 10 元　潘先锐 10 元
后坑坡村：
10 元：韩国光　韩珮光　韩爱光　韩绅元　韩应元
韩琼元
文昌坡村：洪甫伸 10 元
吴茶内村：洪甫乙 15 元　曾纪汉 10 元
溪头村：
10 元：李诗　联　李诗和　李文洲　李诗仙
韩碧玉 30 元
福来坡村：

10 元：韩春光　　韩玉元　　韩岩光　　吕承环　　吕烈柄

丁坑村：

吕琼英 30 元

10 元：吕先强　　吕先群　　吕先英　　吕承文

湖桥村：

梁定英 15 元　梁定灼 15 元

10 元：梁定国　　梁定乙　　梁定业　　梁定甫　　梁定全
梁定财　　梁定琼　　梁定煌　　梁亚宽　　梁其红
梁振国　　梁振军　　梁振凤　　梁安国　　梁安胜

后洋村：

周绪焕 50　　周绪秀 15 元

10 元：周成栋　　周成樑　　周成裕　　周成美　　周绪名
周德卿　　黄闻芝　　黄闻葆　　黄闻英　　黄闻新
黄宏积　　黄宏和　　黄宏鸾　　黄宏鸣　　黄宏福

罗民村：韩涯丰 10 元

坡宅村：曾广佩 20 元　　曾广兴 10 元

吕家村：吕烈谦 10 元

双茂村：周世丰 10 元

贝山村：

10 元：陈 雄　　陈文炳　　陈文运　　陈文涯

南埠仔村：冯裕汉 10 元

红坡村：

10 元：韩民光　　韩琼畴　　韩桐光　　韩存光　　韩林光
韩洁光　　韩吉畴　　韩坚定　　韩运光　　韩庆畴
韩炳光　　韩银光　　韩进元　　韩应元　　韩东畴

献资建庙　芳名千秋

桥坡中村：

10 元：陈玉建　　陈宋利　　陈宋则　　陈宋烈　　陈宋剑
陈宋□　　陈加佩　　陈玉和　　陈文经　　陈玉荃

陈加仲　　陈玉忠　　陈玉智　　陈玉贵　　陈文深
陈则梧　　陈加英　　陈加仍　　陈玉道

桥坡中村：

10 元：杨昭明　　杨昭雄　　杨昭福　　杨昭鸾　　杨钟天
杨兹富　　杨兹吉　　杨昭富　　杨昭经　　黄宏烈
黄远雅　　黄远利　　黄汉□　　冯凤大　　冯凤远
冯凤庆　　冯凤道　　冯裕民　　冯裕宇　　冯凤文

桥坡西村：

50 元：陈文财　陈明禄　陈明澜　　陈明选

陈明生 15 元

10 元：陈明梧　　陈明鸾　　陈焕兰　　陈文进　　陈金菊
陈玉英　　陈玉洲　　陈文全　　陈文任　　陈文仁
陈文位　　陈文仟　　陈文茂　　陈文春　　陈文荫
陈玉瑞　　陈文蔚　　陈明道　　陈文伟　　陈明祥
陈明寿　　陈文玉　　陈文荃　　陈玉□　　李诗天

湖□□场：

10 元：梁亚宽　吴坤丰　　谢自雄

山室坡村：陈文庆 10 元

贝坡村：

韩文元　　韩富元　　韩富元　　韩富元　　韩祺光
韩仕光　　韩星光　　韩统光　　韩武光　　韩瑞光
韩佑光　　韩财光　　韩安光　　韩进畴　　韩国定
韩崇元　　韩英元　　韩鸾光　　韩珍光　　韩涯元
韩瑸元　　韩禄光　　韩洲元　　韩道元

潮滩村：

10 元：韩勲光　　韩仁畴　　韩义畴　　韩庭欣　　韩文定
韩荣畴　　韩茅畴　　韩根光　　韩播光　　韩康丰
韩福畴　　韩椿光　　韩江光　　韩文丰　　韩理元
韩杰元　　韩日光　　韩汉光　　韩斌畴　　韩熙光

韩敏凤　　陈玉江　　陈玉莲　　陈加泰　　陈玉佩
陈文福　　陈明轩　　陈明勇　　陈文和　　陈文禄
符结传　　林友明　　曾纪福

东青村：

10 元：张业佳　　张德爱　　张德惠

霞树村：

韩美畴 50 元

20 元：韩勤畴　　韩林英　　韩轮光　　韩富畴　　韩定光

10 元：韩英元　　韩英光　　韩涛光　　韩月光　　韩星光
韩瑚光　　韩球光　　韩经畴　　韩财定　　韩文畴
韩福畴　　韩鸿畴　　韩华畴　　韩全定　　韩玉畴
韩瓒光　　韩代光　　韩雄光　　韩禄畴

南桥村：

20 元：吕先钦　　吕先荣　　吕承礼

10 元：吕先学　　吕先浮　　吕先璟　　吕先华　　吕承喜
李爱华

献资建庙　芳名千秋

筹建会名单：

韩琨丰　　黄宏萱　　曾传赀　　潘于洪　　韩建光
李长凤　　韩珉光　　吕承礼　　吕先达　　陈玉英
陈玉□　　曾金□　　陈文瑞　　韩裕导　　李金秀

旅泰华侨、港澳同胞乐捐建庙芳名：

黄宏萱 20000 铢

10000 铢：韩琨丰　　韩连元　　林鸿鹏　　潘于谟　　郑有贵
詹尊森

5000 铢：曾传赀　　林鸿富　　黄兹全　　韩进光　　韩杰丰
韩百元　　邢诒正　　陈菊花

3000 铢：韩庆兰　　韩□光　　邱敦永　　冯裕□　　吴秀英
吴坤德　　吴乾理　　韩文英

2000铢：吴世兴　吴坤华　韩观光　黄有镜　连芳苹
陈玉彪　叶世栋　吴坤椿　文□盈　张兴潘
李玉祝

1000铢：李长礼　伍显权　黄兹亮　陈妚□　黄兹发
李诗珊　吴多鸿　陈玉花　韩兰丰　谢晋纲
黄妚□　陈德武　杨裴如　张春兰　谢自存
吴乾蛟　吴乾燕　卢炳业　吴乾禄　黄奕茇
黄奕芳　陈明交　韩鹦光　韩栋畴　曾传j
曾传赏　吴坤荣　郑心濬　王茀堂　叶能贵
林明保　韩福畴　何敦桂

500元：韩仁定　陈文发　林树巍　吕先财　陈奕y
冯学仁　李诗香　李诗天　韩美琴　黎玉英
张妚四　吴秀三　陈玉嵘　王璟妻　王璟兄
韩育英

捐人民币：

吕诗炳260元　吕诗富、周春荣220元　韩达光660元　韩瑜光50元

10元：韩琼光　冯新华　吴石民　梁安德　吴石龙　陈川福

捐港币：李长兰500元　陈明翔100元

港澳同胞：

周成盛220元　周福文230元　周福武230元　陈秀兰100元
张文姬60元　梁华荣60元　陈花兰100元　梁振宣30元
梁洁30元　何和颖10元

（后有部分名单不清晰）

海外侨胞捐资改建庙宇芳名榜

二〇一三年六月

韩中隆霞树村30000铢　曾传赀桥坡东村1000元　吕　俊南桥村100元
符永和潮滩村30000铢　曾兴柏桥坡东村1000元　吕先海南桥村100元
吕　笙南桥村20000铢　曾传赏桥坡东村1000元　李诗天坡头村1000元

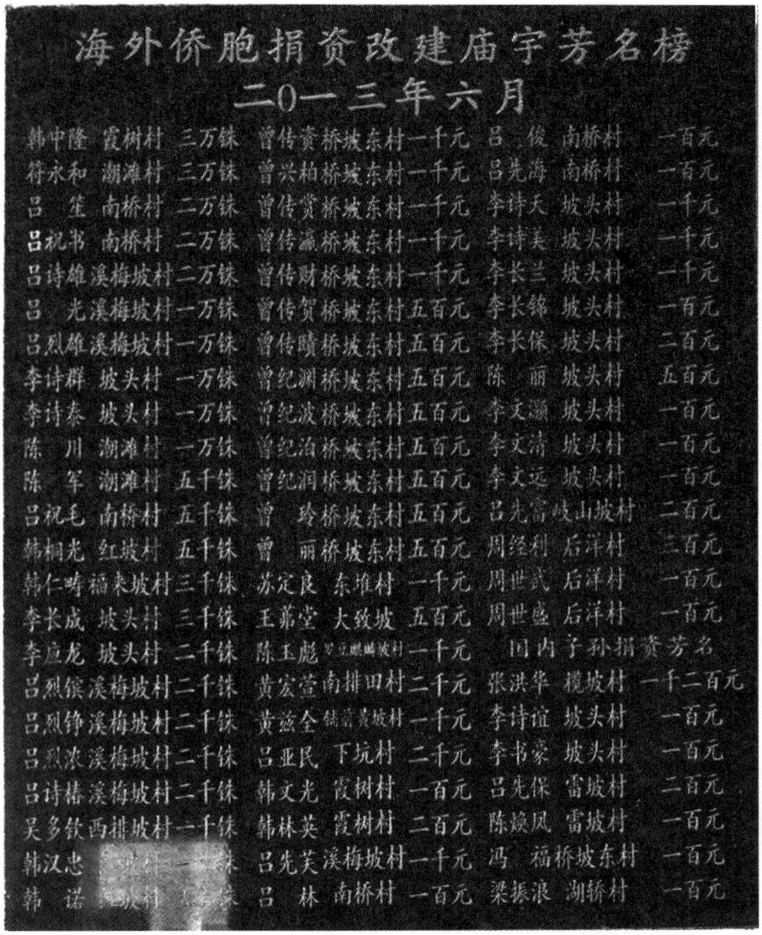

海外侨胞捐资改建庙宇芳名榜

二0一三年六月

韩中隆 霞树村 三万铢	曾传赉桥坡东村一千元	吕 俊 南桥村 一百元
符永和 潮滩村 三万铢	曾兴柏桥坡东村一千元	吕先海 南桥村 一百元
吕 笙 南桥村 二万铢	曾传赏桥坡东村一千元	李诗天 坡头村 一千元
吕祝书 南桥村 二万铢	曾传瀛桥坡东村一千元	李诗美 坡头村 一千元
吕诗雄溪梅坡村二万铢	曾传财桥坡东村一千元	李长兰 坡头村 一千元
吕 光溪梅坡村一万铢	曾传贺桥坡东村五百元	李长锦 坡头村 一百元
吕烈雄溪梅坡村一万铢	曾传赜桥坡东村五百元	李长保 坡头村 二百元
李诗群 坡头村 一万铢	曾纪渊桥坡东村五百元	陈 丽 坡头村 五百元
李诗泰 坡头村 一万铢	曾纪波桥坡东村五百元	李文灏 坡头村 一百元
陈 川 潮滩村 一万铢	曾纪泊桥坡东村五百元	李文清 坡头村 一百元
陈 军 潮滩村 五千铢	曾纪润桥坡东村五百元	李文远 坡头村 一百元
吕祝毛 南桥村 五千铢	曾 玲桥坡东村五百元	吕先富岐山坡村 二百元
韩桐光 红坡村 五千铢	曾 丽桥坡东村五百元	周经利 后洋村 三百元
韩仁畴福来坡村三千铢	苏定良 东堆村 一千元	周世武 后洋村 一百元
李长成 坡头村 三千铢	王萧堂 大致坡 五百元	周世盛 后洋村 一百元
李应龙 坡头村 二千铢	陈玉彪[illegible]一千元	国内子孙捐资芳名
吕烈镔溪梅坡村二千铢	黄宏萱南排田村二千元	张洪华 榄坡村 一千二百元
吕烈铮溪梅坡村二千铢	黄兹全[illegible]一千元	李诗谊 坡头村 一百元
吕烈浓溪梅坡村二千铢	吕亚民 下坑村 二千元	李书豪 坡头村 一百元
吕诗椿溪梅坡村二千铢	韩文光 霞树村 一百元	吕先保 雷坡村 二百元
吴多钦西排坡村一千铢	韩林英 霞树村 二百元	陈娩凤 雷坡村 一百元
韩汉忠 [illegible]	吕先芙溪梅坡村一千元	冯 福桥坡东村 一百元
韩 诺 [illegible]	吕 林 南桥村 一百元	梁振浪 湖轿村 一百元

吕祝书南桥村 20000 铢	曾传瀛桥坡东村 1000 元	李诗美坡头村 1000 元
吕诗雄溪梅坡村 20000 铢	曾传财桥坡东村 1000 元	李长兰坡头村 1000 元
吕光溪梅坡村 10000 铢	曾传贺桥坡东村 500 元	李长锦坡头村 100 元
李诗群坡头村 10000 铢	曾纪渊桥坡东村 500 元	陈　丽坡头村 500 元
李诗泰坡头村 10000 株	曾纪波桥坡东村 500 元	李文灏坡头村 100 元
陈　川潮滩村 10000 铢	曾纪泊桥坡东村 500 元	李文清坡头村 100 元
陈　军潮滩村 5000 铢	曾纪润桥坡东村 500 元	李文远坡头村 100 元
吕祝毛南桥村 5000 铢	曾玲桥坡东村 500 元	吕先富岐山坡村 200 元
韩桐光红坡村 5000 铢	曾丽桥坡东村 500 元	周经利后洋村 300 元

韩仁畴福来坡村 3000 铢 苏定良东堆村 1000 元 周世武后洋村 100 元
李长成坡头村 3000 铢 王茀堂大致坡 500 元 周世盛后洋村 100 元
李应龙坡头村 2000 铢 陈玉彪罗豆麒麟坡村 1000 元
吕烈镔溪梅坡村 2000 铢 黄宏萱南排田村 2000 元 吕烈铮溪梅坡村 2000 铢
黄兹全铺前黄坡村 1000 元 吕烈浓溪梅坡村 2000 铢 吕亚民下坑村 2000 元
吕诗椿溪梅坡村 2000 铢 韩文光霞树村 100 元 吴多钦西排坡村 1000 铢
韩林英霞树村 200 元 韩汉忠红坡村 1000 铢 吕先芙溪梅坡村 1000 元
韩诺红坡村 500 铢 吕 林南桥村 100 元

国内子孙捐资芳名：

张洪华榄坡村 1200 元 李诗谊坡头村 100 元 李书豪坡头村 100 元
吕先保雷坡村 100 元 陈焕风雷坡村 100 元 冯福桥坡东村 100 元
梁振浪湖桥村 100 元。

4. 新桥孔铎墩村水尾圣娘庙

地址：文昌市新桥镇孔铎村

奉祀主神：水尾圣娘

庙宇全貌

庙宇全貌

正门

恭祝新加坡琼崖何氏公会副理事长何荣健宗长当选为孔铎墩水尾圣娘庙理事长

“慈善之星　天宇永耀”

文昌何氏公会理事会贺

二〇一三年六月十七日

“德泽润里乡　懿范永垂芳”

新加坡何氏公会会长何子煌博士敬赠

王澍拍摄

我副会长何荣健宗长荣任孔铎墩水尾圣娘庙理事长誌庆

“光耀宗族”

新加坡琼崖何氏公会敬贺

公元二零一三年

《孔铎墩水尾圣娘的传入与庙宇变迁》

南天闪电火雷感应水尾圣娘，据传，昔日某天，有一神童从东郊查访到此，遇一牧童，经对话得知，周边是孔铎、宝藏、田堆三个村庄环田居住。近孔铎村东边田间有一块长形平地如鲤鱼，西边有一条小溪建水闸，尤似鲤鱼侧身跳龙门之象，正合来者心愿。没多久，又有一妇女到此，四面张望，闭眼仰天呼叫“水尾圣娘在此”，村父老得知后，请多位地师踏探，确认此是“鲤鱼地”，是富贵吉祥的风水宝地。按照妇女呼叫的位置筹建庙宇。消息一传开，各村群众自觉捐款献料，很快建成五架桁的水尾圣娘庙。派人到东郊了解真情，从坡尾迁来圣娘金身开光坐殿。

清嘉庆九年即一八〇五年，有石碑立在文武庙后，石碑后不标明任何建筑。民国十六年即一九二七年，圣娘庙遭劫毁坏。现圣娘庙是照原址墙基扩大建造。依此揣定，一八〇五年至一九二七年前，是水尾圣娘传入与建庙期间。

水尾圣娘庙传入建庙至今是曲折多难的过程。一九三〇年孔铎陈元珍等诸位先辈发动村民将毁坏的庙宇建成七架桁的新庙。与杨梅坑村潘从源买树重雕圣娘金身。此后，起来朝拜者日益增多。民国二十四年陈明良诸位再次建成九架桁的新庙。有碑记芳名。一九六六年

“文化大革命”拆除，圣娘金身被毁。一九七九年陈家宝梦见圣娘金身不整。一九八七年又有两位妇女窜进村，向正在乘凉的陈家壮、陈吉兴、陈吉南、陈仕年多人提议重建水尾圣娘庙之事。一九八八年他们就发动周边各村群众捐款，写信华侨陈修英，陈修应除谋献策，捐款支持，当年庙宇落成。与陈仕年家买树雕圣娘金身。二〇一〇年因庙宇年久成危房，石峎村华侨何荣健先生前来朝拜，提出扩建圣娘庙的意见，以何先生当理事长组成建庙机构，得诸位支持，深入各村遂户宣传发动，各行业与华侨赞助。经一年多筹集资金，二〇一二年建成十一架桁琉璃瓦装饰的新庙。再同陈仕年家买海棠树重雕圣娘金身。是年农历八月初一日开光坐殿，供众生朝拜，盛世蕃昌、天长地久。

有求则应　如愿以偿

每年农历十月十五日，圣娘庙公期，众生诚信膜拜，或常日焚香祷告，或梦瞻圣娘锦上添花，或迷津指点化险为夷，或茅塞顿开逢凶化吉，或一帆风顺万事如意，均有求则应、如愿以偿。敬娘得娘恩，蒙恩应回报，人之大义，真人实事因社会变迁遗失，谨凭记忆以例举。

头苑岭头村王吴氏，求两儿学成名就，民国时长儿当崖县知事，次儿当炮兵团长，送来大轿一台。田堆村龙有俊求生男孩送殿庵一套。孙元佩事业顺心送石台阶八平方米建庙。宋杨泰达心愿送铜锣一对。孔铎村陈明良发动建庙又管庙，赐寿九十多。孙陈修应在家遇上日军安全脱险。解放后，顺利往外洋谋生，家业兴旺。仙岭村庄运德逃难落海漂七日七夜，心求获救，顺利回家。孔铎村陈修英事业顺利，送铜锣一对，陈吉棣事业达意捐100元造神案。田堆村龙一萍生意好运送壁灯一套，龙甫贵求生男儿送项链、手链各一条。会文烟堆竹湖村符致标心愿送锦旗一面。文城镇卢焕梅、陈月娥、周莲英等生意达意送宫灯一盏，锦旗一面。黄龙村吴清荣得男儿送锦旗一面。一九八八年，庙演琼戏，演员举动不文明，汽车不能开进场。第二天版主上香求情，车才启动离开。宝藏村黄良跃求出国定居谋生如意，送金耳环一对。。黄辉、黄惠兄妹事业顺心，送彩灯一套、盆景一对、银耳吊一对，庵帷帷一幅。东阁卦竈村陈玲求生南儿送壁灯一对。是峎三村华侨何荣健理事长事业成就，捐款建庙，还捐建路牌四块，三棵枇杷树装饰，圣娘像纪念章1200枚。

兹将乙亥年重建孔铎墩水尾圣娘庙之发起、执篰、赞成、名誉荐捐诸公芳名列下：

发起人：

陈明良　陈明志　陈明贵　陈在达　陈家仲　陈家美
陈家国　陈家昌　陈家贵　陈修安　陈修杰　陈明景

赞成人：

庄家焕　詹修纲　庄家玉　龙有俊　杨兹兴　陈敬亭
陈文思

执篰人：

陈明贵　陈家寅　陈家佩　詹修纲　詹所林　詹修士
庄家春　庄家焕　庄振俊　庄家玉　许朝立　许大妲
李凤云　李泽岱　龙有俊　温民忠　韩祥丰　杨兹兴
云惟英　黄振登　龙门陈氏　叶曾两斤　林士名

名誉捐：

王门吴氏荐轿乙辆

10 元：吴开华　5 元：符思焕　符廷运　3 元：詹行万　邢诒高

2 元：陈家国　陈家昌　陈家仲　龙逢□　龙逢文　陈运昌
钟门张氏　詹门黄氏

宋杨泰献锣乙对

6 元：黄大伦

中华民国二十四年五月立

1988 年华侨乐捐重建孔铎墩水尾圣娘庙芳名榜

孔铎村：

526 元：陈修应　陈修英

山柚脚村：

281 元：陈家川　陈家焕　韩文光

140 元：韩琼光　韩炳光　韩琪光

84 元：韩璟光　韩俊光　63 元：陈家本

56 元：韩瑞光　韩璠光　韩凤光

仙岭村：

281 元：庄迪斌　庄迪辰　庄迪集

140 元：庄迪秋荣　63 元：

56 元：庄迪光　庄迪海　庄迪景　庄迪佳　庄耿璟　庄耿云

三福村：140 元：陈明经

大坑尾村：

94 元：庄迪怡　78 元：庄耿国　庄耿协

63 元：庄迪瑶　庄迪宿　庄迪远

水涵村：84 元：詹尊江

石峎村：84 元：何瑞隆

寨内园村：140 元：符国华

墩兴村：140 元：许达平、韩木兰夫妇

西山村：63 元：黄世雄

三合村：100 元：傅舟云　傅楫章　50 元：王绥清　31 元：何亚梅

夏泉村：84 元：符国华

孔铎村：

480 元：陈修波

120 元：陈杰明　陈杰强　陈杰兴　陈修教　陈修美　翁文霖

山柚脚村：

360 元：陈修甫　120 元：陈修伟　陈修财　陈杰照

72 元：陈杰棠　陈思联

60 元：陈修琦　陈修敬　48 元：陈修博

昌头村：

240 元：詹行远　詹行清

120 元：谢晋豪　唐辉英　詹行运　詹尊汉　詹尊茗　唐南强　邓人章　吕烈忠

72 元：符气銮　60 元：吕烈照　50 元：吕烈科

48 元：陈德旅

夏泉村华侨：240 元：郑心明

下屯村华侨：240 元：詹行岩　120 元：詹金英　30 元：刘衍兴

龙颜村华侨：120 元：王秀如　48 元：王秀福　王秀钦

茂山村华侨：120 元：曾广楹

山景村华侨：48 元：李兴国

寨内园村华侨：120 元：符之明

旅港：

杨梅坑村：100 元：陈玉娥

孔铎村：100 元：陈杰平　陈杰强

文室后村华侨：50 元：吴多川　何少颜

孔铎村：

70 元：陈杰兴　60 元：陈杰标　陈杰环　陈士年

55 元：陈家□　陈修豹

50 元：陈修琨　陈杰旺　陈修锦　陈家宣　陈杰楠

40 元：詹金花　陈修良　陈杰阳　陈杰标

35 元：陈修鑫　陈士□　陈家统　苏□芳

30 元：陈杰夫　陈杰磊　陈士高　陈修焕　陈修□　吕琼华　陈翠兰

20 元：陈修行　陈修培　陈修爱　陈家壮　陈杰群　陈杰冲　陈士威　郑汉城

30 元：凌书凛

山柚脚村：20 元：陈月兰

龙颜村：30 元：王秀泽　20 元：唐永强　詹孟琼　黄循□

莲口村：20 元：欧德春

柳峗村：20 元：黄良新

先岭村：50 元：符□敏

三地村：50 元：陈声雄

牛岭村：50 元：符致任

坡头村：20 元：詹尊策　詹尊敏

夏泉村：20 元：钟盛隆

百月园村：20 元：邢秀英

墩头村：30 元：许声益

杨梅坑村：20 元：潘正松

来财上村：40 元：王康庄　20 元：王安诚

昌头村：20 元：刘庆标　詹行海　吕升栋　吕升椿

田墩村：40 元：龙一萍　25 元：龙甫贵

　　　　20 元：龙学春　龙程善　龙程波

河头村：30 元：庄运吉　20 元：刘统潘　庄迪建

下田园村：20 元：王茀养

石峗村：30 元：庄运孔

宝芷村：

　40 元：黄良跃　黄良超　32 元：黄宏益

　20 元：黄良余　黄良强　黄良胜　黄宏忠　黄循富　刘汉英

　　　　杨来亿　杨来欧　杨兹逢　李秀□

大路上村：40 元：温良发　30 元：温良福

水口村：30 元：符大森

旅星：

昌洒宝兴村：84 元：林尤俊、韩兰畴（夫妇）

万古流芳

兹将二〇一二年扩建水尾圣娘庙华侨诸位先生女士乐捐芳名如下：

石峗村：

　18000 元：何荣健　10000 元：何荣衡　何文燕　李萍霞

　6000 元：何荣廷　2000 元：何炜瑩　何昌盛　王明华

1000 元：何启良　何和锦　何荣德

500 元：何荣植　何文姜　何文玉　何琼珍　陈春仰

300 元：何荣国

公坡镇连榜村：

5000 元：何文珠　2500 元：陈玉杉

1000 元：陈映清　陈衍志　王理坚

山柚脚村：

2000 元：陈修昌　200 元：韩志畴　韩炳光　韩恒光

水口村：

1000 元：黄兹辉　400 元：黄燕　300 元：黄兰施

200 元：黄宏伟　黄宏发　黄宏芳　黄兹映　左秀蓉

文城镇坡头村：1000 元：吴清山

孔铎村：500 元：陈杰永　陈杰立　陈月妙

龙驹吴村：500 元：符致龙　符祥麟

昌头村：

500 元：谢晋豪　200 元：唐南风　吕秋月　詹杏春　詹爱萍

宝芷村：

500 元：符儒贤　220 元：符儒群　200 元：黄良耀

田堆村：200 元：龙程源　龙程津　甘凤颜

龙颜下村：200 元：黄威隆　黄威锦　黄威瑛

抱罗市三阳村：200 元：邓玉梅

二〇一二年扩建孔铎墩水尾圣娘庙各村市诸位先生女士乐捐芳名如下：

孔铎村：

818.8 元：陈昭华　600 元：陈昭起　陈仕视

500 元：陈修锦　陈修伟　陈杰南　陈杰庄　陈杰绵　陈杰冠　陈仕年　陈仕高　陈　刃　陈　飞

400 元：陈杰俊

300 元：陈修秉　陈修效　陈仕其　陈杰旺　陈　秘

200 元：陈仕颖　陈仕光　陈仕孟　陈仕明　陈仕款　陈仕角

陈仕福　陈杰棣　陈杰环　陈杰球　陈杰奕　陈杰乐
陈杰磊　陈杰武　陈修爱　陈修飞　陈修鑫　陈修豹
陈家任　陈家坤　陈吉冲　陈吉锋　陈婷婷　陈　克
陈　言　陈　影　左琼文　左琼武

杨梅坑上村：

400 元：潘在亮

200 元：潘家用　潘家德　潘家平　潘家若　潘家道　潘家万
潘家兴　潘家跃　潘家利　潘家旭　潘家波　潘正吾
潘正松

杨梅坑下村：200 元：符致佳

田堆村：

500 元：龙元佩

300 元：龙甫庄　龙甫榆　龙甫潜　龙意民

200 元：龙甫贵　龙甫珍　龙甫承　龙程善　龙程召　龙程渡
龙程涛　龙元奇　龙学渊

山柚脚村：

200 元：陈修布　陈修筒　陈仕煌　陈仕彦　陈仕敬　陈仕美
陈仕会　陈仕宝　陈召文　韩民光　韩福畴

大路上村：

1200 元：潘家贞　潘家虎　1000 元：潘正逢

300 元：温文焕　温文顿　温文缘　温忠存　温承辉　温　帆
张荣花

220 元：潘家伟

200 元：潘家庆　潘家业　潘家勇　潘家森　潘在就　温春燕
温春影　温春苗　温先科　温先龙　温　钢　温　平

山柚脚下村：

2500 元：蔡菊兰　1000 元：陈修服　陈修盾

500 元：陈仕释　陈杰军　陈杰兴　陈帮文

400 元：陈杰奇　陈杰精　陈在任

300 元：陈杰友　陈杰浩　陈修理　220 元：陈杰民

200 元：陈杰武　陈杰冠　陈杰介　陈杰诚　陈杰史　陈杰禹　陈杰亿　陈杰东　陈杰明　陈杰平　陈修齐　陈修江　陈修河　陈仕德　陈　潮　陈　刚　陈　彪　陈　沉　吴连花

大坑尾村：

450 元：庄耿超

200 元：庄耿彪　庄耿英　庄耿迁　庄耿三　庄耿柏　庄迪贵

水涵村：200 元：詹尊望　詹尊会　詹道廉

龙居邢村：

300 元：黄如汉　220 元：黄如江

200 元：林鸿荫　林鸿安　华运胜

来财下村：

500 元：黄循益　黄循环　330 元：李承福　李　明

200 元：黄循喜　黄良栋　黄良喜　黄守良　王安奇　王安松　潘家宗

石峎一村：

888 元：庄耿卓　500 元：黄　敏　300 元：王禄奇

250 元：庄光荫　庄光坤　方宝夫

200 元：庄耿河　庄耿胡　庄耿柏　庄光亮　庄运儒　王宏民

石峎二村：

300 元：何启光

200 元：庄耿宛　庄耿祝　刘清彬　刘统学　何启栋　何启义　何和努

石峎三村：

2000 元：何启英　600 元：何启雄

200 元：何启寿　何一器　何瑞让　何瑞抗　何荣喜　韩健畴　潘在树　林明椿　丁积安

水口村：

800 元：符　涛　500 元：黄　武

300 元：黄兹权　黄兹坤　李迎春　李迎华　李运实

200 元：黄兹虎　黄兹成　黄良存　黄良垣　黄远勇　黄宏裕
黄爱连　符福彬　符大隆　符大榆　符大利　符儒钊
符华峰　符鹤翔　符　扬　傅右冠　周其青

宝芷一村：
500 元：黄宏益
200 元：黄宏忠　黄宏爱　黄宏利　黄循富　黄循贵　黄良华
黄良禹　黄良强　黄良越　黄　恋　黄　辉　黄　飞
杨来文　杨来武　杨来亿　杨　伟　杨　向　宗春辉

宝芷二村：
208 元：杨许抗
200 元：杨许巨　杨来渊　杨　阳　曾秋菊　黄宏才　黄宏志
黄兹庆　黄远浩　黄远输

乌头坑村：
500 元：林尤谟　230 元：林明全
200 元：林尤勳　林明才　林明发　林明荣　林明俊　林道波
林道存　林道金　郑心英

仙岭二村：
200 元：李经柏　李方春　李昌平　林明登　黄循焕　庄耿荫
庄　年

仙岭二村：
5000 元：庄迪阳　300 元：庄　川　200 元：庄光青　韩文光

仙岭三村：
220 元：庄恢权　庄光丁　李宛芬
200 元：庄光师　庄耿涯　庄耿洪　庄耿瑜　庄耿修

下屯村：
300 元：詹尊伦
200 元：詹尊荣　詹尊胜　詹尊伴　詹道勇　王　荡　王绥学

龙颜下村：
500 元：王安登　400 元：王康斌　300 元：唐永强

200 元：王循卿　王良富　王安明　王安诚

昌头一村：

300 元：吕升超　吕升元

200 元：吕升椿　刘衍实　孙人侨　谢熙鸿

昌头二村：

200 元：詹尊孝　詹尊轼　詹尊斯　詹达奇　詹　扬

昌头三村：

200 元：刘庆标　刘庆农　刘　远　刘　会　邓人为　邓帮发
邓帮忠　詹道佳　詹道爱　詹道存　詹道锦　詹达联

昌头四村：

200 元：陈经俊　刘衍强　陈崇明

昌头五村：

300 元：符致益　228 元：林尤雄　林尤连　200 元：刘衍举

昌头六村：

400 元：詹尊汉　300 元：詹尊河　詹尊群　218 元：詹尊化

200 元：詹尊练　詹尊光　詹尊训　詹尊武　詹行让　詹道凛
张惠忠　周经雄

排岷村：2030 元：庄迪强

大财村：

200 元：詹道强　詹道佳　詹道剑　詹道兴　詹道开　詹达扬
詹达礼　詹尊高　詹尊汉　詹尊谦　詹尊学　詹尊武
詹尊成　詹尊应　詹尊良　詹尊精　钟衍颖　邢福东

三合村：

202 云：林鸿儒　200 元：林尤畅　林尤东　林尤义　林鸿统

贤孝村：

210 元：冼显敏

200 元：冼显志冼　冼书健　冼书庆　冼世平　冼世珍
冼名俊　邢福洪

三福村：

1000 元：陈文森　200 元：陈泽金　陈声东　陈华夏

万古村：400 元：周世伟　200 元：周世强

坎脚村：

500 元：王茀金　200 元：王茀冠　王茀超　王茀群

牛岭村：500 元：陈帮川　200 元：陈帮波

会内黄村：200 元：黄循荣　黄良书　黄英彦

坡头村：200 元：詹道愧　詹道亚　詹尊亲　坡头婆

排坡村：500 元：符瑞悦　200 元：符文标

古坡村：

200 元：杨召钦　杨召绪　庄运才　林许轩　许达世

罗殿村：300 元：陈俊杰　200 元：陈明茂

夏兰村：200 元：符家达　傅启悦

岐山村：200 元：严世银

文田园村：200 元：王　耿

新桥市：366 元：庄凤姬　200 元：符诗植

文明园村：200 元：张金文

文官园村：200 元：朱允祥

南畔村：200 元：杨召雄

文富后村：

300 元：吴多併　吴清余　222 元：庄光堂

220 元：吴清壮　吴清亮　200 元：庄　义　庄　勇

罗黎村：

300 元：魏有深　魏春娇

石历水村：200 元：潘家林

大闹村：200 元：符和成

大福村：200 元：邓人琼

凡牛新村：200 元：符家燔　符家栋　符家焖

圣母堆村：200 元：黎志文

木母桥村：200 元：潘先溪

下泉村：

220 元：肖明良

200 元：林明慧　龙元虎　龙元伟　；李之榆
下泉符村：
230 元：符之总　符之顿　220 元：符之美
220 元：符树运　符之雄
居仑村：200 元：林明荣　江召彦
上园村：200 元：李之校　李之仲　李之健　李运益
山景村：
300 元：李兴刚　220 元：李兴益　210 元：李运克
200 元：李运洽　李运掌　李运芹　李运定　李运尧　李兴笔
李兴努　李之琼　李庚之　李贵之
桥头村：
300 元：李必兴　王　岳
200 元：李俊雄　王　雄　王　理　王祚勃　王祚存
里口池村：200 元：苏　东
军头茂村：500 元：林鸿兴　200 元：林鸿荣
茂山村：1000 元：陈家强　200 元：陈家训　陈家宏　陈玉海
黄良头村：200 元：王康巨
才坡村：200 元：吴朝斌　何启武　何政秘　何政波
龙池村：200 元：李之寅　李兴联
百月园村：300 元：李兴贵　200 元：李兴远　李兴村
河头村：200 元：庄迪冠　庄耿航　庄　俞
河头前村：
200 元 ：庄迪三　庄迪平　庄迪满　庄迪集　刘衍伟
河头仔村：200 元：符史文　符和全　杨文英　黄良任
南阳市：200 元：陈序泽
长田尾村：200 元：孙人钦
湖美村：200 元：詹荣凤
伍松李村：500 元：李之聪
西山园村：200 元：朱　岛
龙居吴村：200 元：符祥师

上坡村：200 元：周安发
上洋村：200 元：陈　学
文昌市：300 元：陈望青　200 元：陈秀金　傅会卿　符爱仔
保健站：200 元：陈望青
文城镇：200 元：庄　畅　李思颖
东郊良田村：800 元：朱兴芳　200 元：黄宏才
中山村：200 元：丁梦婷
东阁大铺村：200 元：林道勇
冬瓜子村：200 元：陈　富
美卿村：500 元：龙仕精
竹湖村：300 元：符气虎
冯家村：250 元：庄光振
迈洲村：200 元：林日甫
烟堆村：200 元：潘孝电
加城村：300 元：吴毓旺
福后村：500 元：符永生
福崀村：200 元：陈华清
田独村：300 元：何志彪
海口市：268 元：王河健
策六村：600 元：林　军
赤坎村：200 元：潘少荣
包宅村：200 元：潘少英
大安村：200 元：潘少琴
福建省：200 元：林黎明
河南省：300 元：张士玉
琼海市：500 元：王山洪
龙居邢村：200 元：黄松河　黄松海
十字路镇杨吴村：吴清孝献工 1200 元
杨梅坑下村：200 元：倪兴海
大坑尾村：200 元：庄光辉

大财村：200 元：詹尊庄

昌头四村：200 元：陈崇武

二〇一二年扩建孔铎墩水尾圣娘庙各企业诸位先生女士乐捐芳名如下：

美文橡胶所：3008 元：黄若　500 元：罗荣若　300 元：马存

　　200 元：陆素

新桥橡胶加工厂：800 元：朱儒宜

来材村铁路桥边石料加工厂：800 元：陈两辉

文昌市恒辉电脑科技有限公司：500 元：林书思　黄彩虹

文昌市昌裕商行：300 元：何锋

文昌市华侨公司：200 元：翁文涛

文昌工程队：200 元：符祥发

文昌市吉建灰沙砖厂：200 元：李浩

文昌市水涵猪场：200 元：黄宁

二〇一三年捐款名单：

新加坡华侨：

20000 元：何荣健　110000 元：郑昌光　4000 元：和何荣廷

3000 元：王理坚　2400 元：何荣德

500 元：何荣植　何小强　陈文兴　谢如芳　王裕万

250 元：何文玉

白延镇万州村华侨：200 元：林文忠　林芳艳　林日椿

公坡镇连榜村华侨：1500 元：陈玉杉

何氏理事会：2000 元

广西市玉林镇：2500 镇：钟照海　200 元：钟照江

海口市：500 元：王安宽

石岥三村：600 元：何瑞杭

头苑镇新上村：200 元：张世铜　张世钰　许少满

美文场：200 元：罗荣春

乌头坑村：200 元：林尤谟

新桥旧村：200 元：王秀伟

广东兴宁龙田镇丽溪村：200 元：刘志文

杨梅坑村：380 元：符祥山

上园村：200 元：李兴乐

海口市交东村：1000 元：符诗农

重兴镇恩坡园村：1000 元：林　哲

大路上村：

1300 元：林明运　1000 元：潘家孟　250 元：潘家杨　潘家梓

200 元：林诚　潘家栋　500 元：潘宝、潘涛、潘家庆（合）

三亚市：500 元：瞿照建　200 元：肖世艺

烟堆竹湖村：500 元：符致彪

文城镇西山园村：500 元：朱　涛

潭牛镇木母桥村：300 元：潘于涵

三亚市：300 元：何志彪

东郊镇：300 元：黄宏飞

孔铎村：

300 元：陈杰实　陈杰立　陈杰永　陈月翠　陈月清　陈月妙

陈月丽　陈召顺

200 元：毛伟君　陈杰南

仙岭三村：230 元：庄光华

石岇一村：200 元：庄迪烈　方剑平

昌头一村：200 元：吕拔业　谢熙军　刘衍平

昌头六村：500 元：詹尊汉　200 元：詹尊茗

来财上村：200 元：王康江

南门村：200 元：魏有剑

三福村：200 元：吴　诚

岐山村：200 元：严世良

桥头村：200 元：李文书

新秋园村：200 元：赖广亮

福田村：200 元：凌衍飞

霞洞村：200 元：王康健

龙居邢村：200 元：邢福蒂

会内黄村：200 元：黄　忠　韩美元

潭牛镇上山村：200 元：符致忠

龙楼村：200 元：邱金凤

会文镇文山村：200 元：欧大展

杨光新村：200 元：庄光天

烟堆村：庄耿彪

铺前镇：200 元：黄爱贞

古城村：200 元：詹达诚　许达忠

南畔村：200 元：杨兹南

琼海市嘉积镇参古六村：200 元：林 军

南阳下泉村：200 元：符国光

南阳南星村：1000 元：韩文元

老南阳会田村：600 元：翁仲辉

石峎一村：300 元：庄运超
头苑新上村：300 元：张世铜　200 元：张世钰
下屯村：200 元：王绥学
山柚脚村：200 元：陈　欢　陈吉奇
昌头六村：1000 元：詹尊潮　300 元：唐永强　唐　榕
坚甲村：200 元：韩　妹　陈花荣

二〇一三年十月十五日至二〇一四年各村捐款芳名：
石峎三：
1000 元：何荣德　300 元：何玉珠　250 元：何文燕　何文玉
白延万州村：500 元：林廷桐
琼海市双板桥村：500 元：陈玉彬　谢如芳　200 元：陈春和
排峎村：1000 元：庄迪强
广西玉林：500 元：中昭海
昌洒：500 元：邢诒球　300 元：邢福伦
辽宁省：260 元：仟尧萍
大昌上丛村：200 元：符永接
石人坡：200 元：刘衍福
古城二：200 元：杨昭绪
烟堆养教二村：200 元：吴　禹
军初村：200 元：陈明荣
宝藏村：300 元：黄良耀
石峎一村：200 元：方　华
文昌公园华艺美发店：500 元：许达联　300 元：朱　岛
福建泉州：300 元：林黎明
古城村：500 元：刘衍福
孔铎村：500 元：陈昭运
昌头五：200 元：刘镇豪

二零一五致二〇一六年十月十五日捐款（疑为二零一四致二〇一六五年十月十五日）：

300 元：潘　娜

新桥归市：300 元：陈　华

东郊良田一队：300 元：黄宏财

石崀一村：500 元：方　华　200 元：庄光坤

石崀二村：500 元：刘统学

仙岭二村：1500 元：庄迪阳

乌土坑村：300 元：林　波

富隆商行：300 元：陈仕堂

铺前云楼内园村：300 元：钟前武

美文九队：300 元：陆友龙

来财石料厂：1000 元

龙塘心雅村：300 元：王安宽

新加坡华侨：750 元

石崀三村：

3000 元：何荣健　500 元：何文珠　何文燕　李萍霞

250 元：何文玉

公坡华侨：陈玉杉

二零一五致二〇一六年十月十五日捐款：

孔铎村：

600 元：陈杰海　陈杰梯　陈杰武

300 元：陈杰强　陈杰绵　陈杰鹏　陈杰万　陈昭华　陈修森　陈仕高　陈仕视　陈仕款

200 元：陈仕年

水口村：

600 元：符　涛　符　坚　500 元：李运实　200 元：符大利

石崀三华侨：

4000 元：何荣健　何荣德　1500 元：何文珠

1000 元：何文燕　何文玉　李萍霞

二无名者：832 元

新加坡华侨：4000 元：郑昌光　1000 元：谢如芳

400 元：韩照光

公坡华侨：

1500 元：陈玉杉　500 元：潘正云　450 元：黄家运

300 元：黄国雄　200 元：周选才　陈泽侠　吴永庆

宝一村：1000 元：黄良越　黄良耀　200 元：黄国雄

宝二村：800 元：符茗实

大路上村：1000 元：潘家栋　300 元：潘少荣

下屯村：800 元：王绥学　300 元：王　荡

来财下村：500 元：黄循环　300 元：黄循益

来财上村：200 元：王安远　王安帮

东路留六村：300 元：林昆融

西山园村：200 元：朱　岛

霞洞村：300 元：郑　跃

福建泉州：300 元：林黎明

三亚市：何志彪

水涵村：300 元：詹道廉　200 元：詹达坚

杨梅坑下村：300 元：潘家智

杨梅坑上村：200 元：潘正结　潘家若

黄良头村：300 元：黄康巨

军头茂村：800 元：林鸿光

上园村：300 元：李兴乐

百月园村：500 元：李立新

高隆桥头村：300 元：王苐伟　王禄铭　王禄畅

文昌公园华艺美发：1000 元：许达联

福田一队：300 元：郑在阳　黄玉妹

草崀村：300 元：刘庆明

会内村：500 元：韩颖光　黄良书

（二）琼海市

琼海市潭门镇社昌村南海水尾圣娘庙的规模较大、较新，嘉积镇乌石埇村水尾圣娘庙是合祀且较简陋。据当地村民介绍，琼海没有像文昌那样在农历十月十五日水尾圣娘诞期举行祭祀活动，只是在重大民俗节庆日才搞活动，但个人可以随时到庙里上香祭拜。笔者也注意到，以上两个水尾圣娘庙最新张贴的芳名榜和账目表中，显示的活动日期是六月中下旬。十月十五日这天，南海水尾圣娘庙是关门的，说明没有活动。

1. 琼海市潭门镇社昌村南海水尾圣娘庙

琼海市潭门镇社昌村南海水尾圣娘庙全貌

琼海市潭门镇社昌村南海水尾圣娘庙神像

琼海市潭门镇社昌村南海水尾圣娘庙捐建芳名榜

琼海市潭门镇社昌村南海水尾圣娘庙捐建芳名榜

社昌村南海水尾圣娘庙碑记（二零一六丙申年）芳名榜

前言

社昌十三疆南海水尾圣娘庙始建于清初，已历三百余载矣。庙居吉地，坐拥南疆，枕高丘而聚风水，傍学馆而闻书声。圣娘通灵，诚求必应，佑民创业，利尽海外。助社稷以和谐，惠疆域以图强，保信庶以安康，延福禄以永昌。百姓感于娘恩，纷沓而至，拜祭殷勤，百年古庙，香火鼎盛。

无如日远年湮，风浸雨蚀，庙貌远逊于前。于上世纪九十年代初，旅星侨胞周南炳公心悯圣庙之损毁，乐捐巨资，重修圣娘古庙。先贤符兆栋公躬承重任，运筹帷幄，竭诚尽力，不避艰难而为之。阅年而功竣，圣娘古庙旧貌换新颜。炳公、栋公之举，利于桑梓，功于千秋，为社昌十三疆乡民所颂也。

然岁月沧桑，时易境移。昔日华丽之圣娘古庙，今已墙体剥落、墙身裂痕，旧制之美备，已无复加。倘不从而新之，何以肃观瞻而敬神明？今值盛世之乐清，欣党政以明航，倡信仰以自由，构和谐于八方。林道壮、符巨文先生爰邀乡贤，首仪倡导，聚社昌十三疆民众之力，重建圣娘古庙。增其旧制，以计久远，造福桑梓。周南山、杨克明、林新、周世川、周天、林树海、林宏胜、杨克文、吴玉娇诸信庶组成筹委会。林道壮信庶任筹委会董事长，符巨文信庶任筹委会组长，募捐重建。十三疆信庶，闻风向善，同声相应，慷概解囊，添珠集贝，乐效其力，共成盛举。并鸠工庀材，择日兴建，殚精竭虑，夙夜不怠。经秋方始，仲夏告竣。圣娘古庙，其势磅礴，霞瑞辉映，蔚为壮观。德邻恭贺，信庶欢畅。喜舍者天降之百福，乐施者地报以千祥。社昌十三疆信庶普济之宏功，功德无量，流载千秋。谨勒石为碑以旌之。

社昌十三疆南海水尾圣娘庙筹委会

丙申年仲夏

……

募捐者来自琼海 28 个村小组村民，外界人士有新加坡、香港、琼海、万宁、三亚、黑龙江、江西等地企业和个人，合计 1292820. 90 元。

2. 琼海市嘉积镇乌石埇村水尾圣娘庙

琼海市嘉积镇乌石水尾圣娘庙碑记（二零零七丁亥年六月）前言

水尾圣娘庙重建，承蒙海外侨贤、乡里有志之士，窃维弘扬历史传统文化，冀祈圣娘英灵显赫，荫庇庶民安居乐业、丁财兴旺、文明和谐，然而同谋共策，运筹帷幄，并且慷概解囊、醵金储财，卜吉重建、玉成美举。为表彰诸位功德，激励后昆，特镌此榜为铭志。

……

二〇〇七丁亥年六月

捐款人来自新加坡、香港和本地，共募捐 102900 元。

另外，在墙上一份“乌石埇村水尾圣娘庙财务开支项目”表中，列有六月二日活动的财务收支情况。

琼海乌石埇村水尾圣娘庙正门

琼海乌石埇村水尾圣娘庙神像

琼海乌石埇村水尾圣娘庙神像

琼海乌石埇村水尾圣娘庙神像

琼海乌石埇村水尾圣娘庙捐赠芳名榜

琼海乌石埇村水尾圣娘庙捐赠芳名榜

（三）定安县

岭口镇水尾田村水尾圣娘庙（传说地）、龙湖镇高大昌村白鹤婆庙（诞期二月十七日）、雷鸣镇尚坡村水尾圣娘庙（诞期三月十五日）、黄竹镇黄竹水尾圣娘庙（诞期八月十五日）、雷鸣镇后埇村水尾圣圣娘庙（诞期十月十五日）、定城镇龙岭村婆庙（诞期十月十五日）、定城镇翁郭村婆庙、定城镇新仓村婆庙、定城镇卜通岭村婆庙、雷鸣镇中果坡村南海娘娘庙（诞期十月十六日）、定城镇婆春村公庙（合祀）、定城镇白沙村关圣庙（合祀）、定城镇沙内村婆庙、定城镇仙沟泰华庙（合祀）、雷鸣镇竹罗坡公庙（合祀）、龙门镇龙门婆庙（合祀）。

定安县岭口镇水尾圣娘庙·外观

定安县岭口镇水尾圣娘庙·外观（石沧金拍摄）

定安县岭口镇水尾圣娘庙·主神（石沧金拍摄）

定安县岭口镇莫氏宗祠中《莫氏族谱》有《注明圣旨夫人登仙原由》（石沧金拍摄）

定安县岭口镇莫氏宗祠（石沧金拍摄）

（四）海口市

1. 海口市琼山区云龙镇坡仑村水尾圣娘

来历传说：水尾圣娘庙紧靠南渡江边。据传以前经常有妇女寻短见跳江，也常有不慎落水者。于是村边商议建水尾圣娘庙，请水尾圣娘坐镇，守一方安宁。庙建好后，再也没有妇女在村旁江边跳江了，村民在江里打鱼游泳，也挺安全的。村民很是开心满意，觉得婆祖很灵验。

2. 海口市三门坡镇佛昌火雷圣娘庙

佛昌火雷圣娘庙的传说：明嘉靖三十二年，三门坡地区发生了一场瘟疫。瘟疫肆虐二个月，无药可医，很多人只能卧床等死。大稔村有一个叫亚盛的人，他经常往来文昌做生意。他听说文昌东郊水尾村有一座宋朝建的火雷圣娘庙。火雷圣娘有求则应。亚盛便去火雷圣娘庙求瘟疫的治疗方法，从文昌带回来的草药治好了一些村民的疫症。一传十，十传百，很多人都去文昌祭拜火雷圣娘，并带回草药医治。此地的疫症被慢慢治好了，瘟疫也慢慢消失了。人们感恩火雷圣娘之恩德，因去文昌路途遥远，决定在佛昌建庙纪念，俗称佛昌火雷圣娘庙。并定农历二月十五为军坡期闹军坡。明朝后期，佛昌火雷圣娘庙迁至凤尾。一九四二年，为保存传统文化活动，佛昌火雷圣娘庙又迁到大墩坡。上世纪八十年代，当地群众在凤尾重建了佛昌火雷圣娘庙。

佛昌火雷圣娘庙庙境大稔村、高丛村、佳巷村、桃村、昌文村、儒湖村、南面村、瓦灶村、三加村、锡土村、美里村、文岭村、龙蛟村、黄竹头村、兑水园村、大石村、白马村、美备村、北岸村、洪喜村、龙头村、文龙村、扶南村、加有村。

海口市的水尾圣娘庙还有灵山镇权上村水尾圣娘庙（十一月十五诞期）、三门坡镇东湖水尾圣娘庙、甲子镇山口十月南海水尾圣娘庙、龙泉镇大叠村公庙（合祀）、遵潭镇儒逢五神庙（合祀）、三江镇博布婆庙（合祀）、三江镇皇瀛婆庙（合祀）。

（五）屯昌县

乌坡镇水尾圣娘庙。

结　语

从海南水尾圣娘的传说以及有关史料分析，我们认为水尾圣娘起源于文昌的论据比较充分，而起源于定安依据不足。

首先，文昌水尾圣娘庙有大量文献资料、庙宇和碑文，其建庙历史最早、保存古庙最多，至今有完整的诞期活动仪式。而定安水尾圣娘的史料来源为族谱记录，唯一现存历史遗迹为莫氏宗祠旁边的水尾圣娘庙。莫氏在定安影响很大，有两块皇帝敕匾。元代定安一度升为南建州，定安人亦引以为豪，莫丽娘的故事比较符合人们的期待。

其次，二者的神话文本与神迹截然不同，两庙奉祀的圣娘名称、诞期也不同。定安莫氏圣娘传说属后世之作，定安水尾圣娘庙的修建与大文豪张岳崧的推动有关。文昌东郊水尾圣娘庙那块张岳崧题词的牌匾仅说明张氏托梦求神显灵，而后回到定安家乡择址修建水尾圣娘庙。这种情况与其他地方比如海口市的水尾圣娘庙诞生类似。

再次，水尾圣娘属于海神，需要形成海神的客观条件。文昌三面临海，清澜是海南最早通往东南亚的港口，其海神信仰的形成条件较充分。而定安缺乏形成海神信仰的条件，琼州俗语“定安无海、文昌无黎”，定安为明清琼州十三州县中的内陆县。古代定安的商贸往来主要是通过贯穿全境的南渡江中之江舟、渡舟，而非海舟[①]。

注：本节作者为邢寒冬、王澍（海南省文昌市实验高级中学历史教师）。除定安县岭口镇水尾圣娘庙和莫氏宗祠照片外，本文照片均为作者邢寒冬和王澍拍摄，文字录入主要是王澍。有关水尾圣娘的研究还有很多可挖掘的地方，我们希望这些资料能起到抛砖引玉的作用。

① 许荣颂编《定安县文物志》中“定城西门万古流芳碑”有“圩舟林所志”“马坡金江舟”“马波渡舟”等记载（中山大学出版社 1987 年版，第 90 页）。

第二章

文昌东郊镇坡尾村水尾圣娘庙碑刻

1. 万世流芳

文林村泰国华侨潘在强一百元 桃李村乐捐二十元列下 田头五壮太尉公三十元
文林村潘家玉一百元 潘先机 潘先焕 潘先天 深田头村 符爱春三十元
叶仕宏一百元 潘先胜 潘先月潘于昱 桃李村黄世忠三十元
宫后村潘冠扬五十元 潘正柏 潘正颜 潘心安 调炳村符祥奇二十元
潘冠明五十元 深田村乐捐二十元列下 后村村符则全二十元
坑边村比利时华侨伍秀丁五十元 黄循颜 黄连英 陈妚大 大珑村 邢浇 二十元
下东村 符文霞三十五元 黄汉良 符爱娥 符花兰 深田村 黄循平二十元
东后村 符福成二十元 黄玉菊 符妚菊 符兰英 南坡村 符春梅二十元
符福球二十元 东郊市吴文岛二十元 庄兴梅二十元
田头村 符气壮二十元 上坡村 符载安二十元 港头村 黄良旭 二十元
南坡村 符致平二十元 符载清二十元 上坡村符福仲二十元
郑淑珍二十元 符和珊二十元 文林村乐捐二十元列下
豹山村郑心雄二十元 文科村 符史电 二十元 潘家荫 潘家榆 朱冬梅

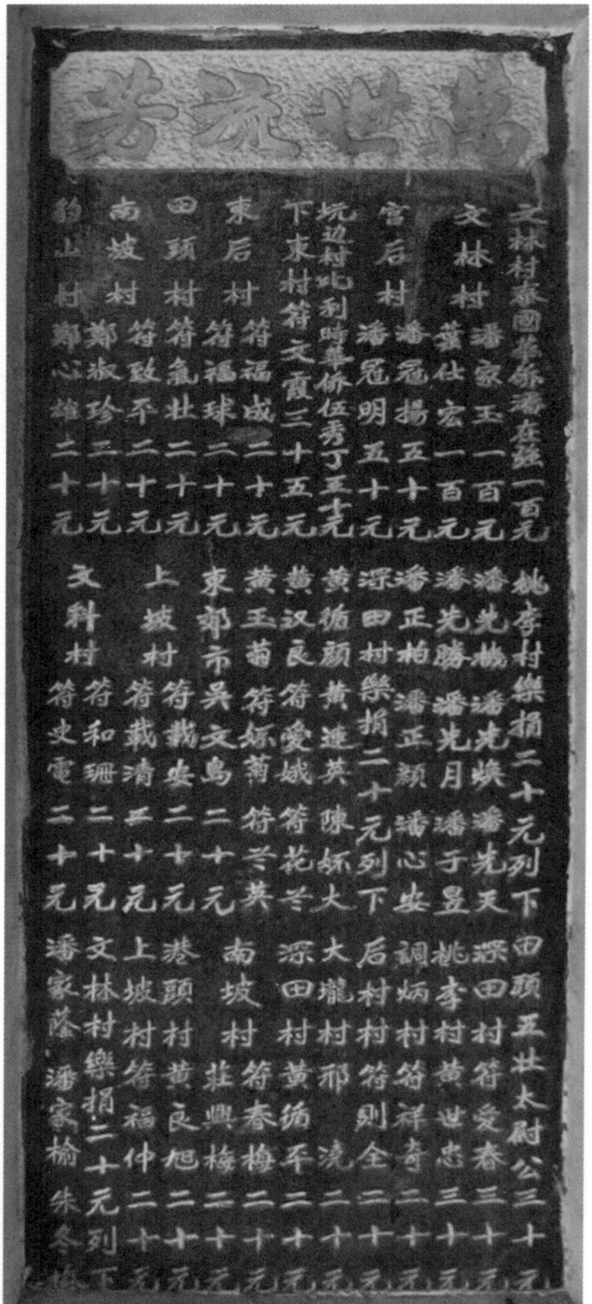

萬世流芳

文林村泰國華僑潘在鉉一百元

文林村 潘家玉一百元

葉仕宏一百元

宮后村 潘冠揚五十元

潘冠明五十元

坑边村叱利時華僑伍秀丁五十元

下東村符文霞三十五元

東后村 符福成二十元

符福球二十元

田頭村 符氣壯二十元

符致平二十元

南坡村 鄭淑珍二十元

豹山村鄭心梓二十元

桃李村樂捐二十元列下

潘光燃 潘光煥 潘光天

潘光勝 潘光月 潘子昱

潘正柏 潘正穎 潘心安

深田村樂捐二十元列下

黃循顏 黃蓮英 陳娇大

黃汉良 符愛娥 符花冬

黃玉蓓 符娇蓓 符冬英

東郊市吳文島二十元

上坡村 符戴安二十元

符戴清二十元

文科村 符和珊二十元

符史電二十元

田頭丕壯太尉公三十元

深田村符愛春三十元

桃李村黃世忠三十元

調炳村符祥奇二十元

后村村符則全二十元

大瓏村邢　流二十元

深田村黃循平二十元

南坡村 符春梅二十元

莊興梅二十元

巷頭村黃良旭二十元

上坡村符福仲二十元

文林村樂捐二十元列下

潘家蔭 潘家榆 朱冬梅

2. 万世流芳

文炳村香港华侨符和正一百元　豹山村郑兰友　二十元　田头村新加坡华侨符菊兰　四十元

河沟田村黄良凤一百元　海口市钱汉琼二十元　潘良五十元

宫后村　潘心强二十元

冯坡区里美村泰国华侨吴乘福　七十五元　田头村　符世诚二十元　三亚市符绩军三十元

文炳村　李光斗　三十元　文科村　符气君二十元　桃李村　黄世禹三十元

乐捐二十元列下　符气煌二十元　邦塘村　黄宏琼三十元

符和丰李光进　李光亮　许文全二十五元　文炳村　李光运　三十元

桃李村

周飞　符策怀　符气芳　乐捐二十五元列下　黄良若二十元

深田村陈明生五十元　黄守荣　潘正桐　郑庆仕　黄良源二十元

调炳村　郑仕桐三十元　潘先河　黄良炳　潘正修　锦崓村　黄循锋二十元

琼中县阳江场符和敬二十五元潘壮　黄良坚　潘先智　调炳村郑仕江二十元

抱罗区密茂村　符敬文二十元　潘绍先　黄良科　潘于光　西春村符和淼二十元

青头村范平裕二十元

南阳区新合村　陈孟丽二十元　潘正式　潘先业　黄守南　坑边村蔡仁陶二十元

上坡村符载养二十元　文龙村符史河二十元　镌刻者　吴文岛

萬世流芳

文炳村香港華僑符和正一百元
河泃田村黄良鳳一百元
潘坡區[illegible]村泰國華僑吳秉福七十五元
文炳村李光斗三十元
樂捐二十元列下
符和豐 李光進 李光亮
周飛 符策懷 符氣芳
孫田村陳明生五十元
調炳村鄭仕桐三十元
瓊中縣陽江場符和敬二十五元
抱羅區窑茂村符敬文二十元
南陽區新合村陳孟雨二十元
上坡村符載養二十元

豹山村鄭蘭友二十元
海口市錢汉琼二十元
田頭村符世誠二十元
文科村符氣君二十元
符氣煌二十元
桃李村許文全二十五元
樂捐二十元列下
黄守燦 潘正桐 鄭慶仕
潘光河 黄良炳 潘孟修
潘壯 黄良堅 潘光智
潘綿光 黄良科 潘子光
潘正式 潘光棠 黄守南
文龍村符史河二十元

田頭村新加坡華僑符蘭園四十元
宮後村潘良五十元
潘心強二十元
三亜市符積軍三十元
桃李村黄世禹三十元
邦塘村黄宏琼三十元
李光運三十元
文炳村黄良若二十元
黄良源二十元
錦壤村黄維鏗二十元
調炳村鄭仕江二十元
西春村符和脉二十元
青頭村范平裕二十元
坑边村蔡仁陶二十元
鐫刻者吳文島

3. 万世流芳

旅美国华侨南加洲洛杉矶市海南同乡会监事长李业生先生暨诸侨胞

乐捐重建水尾圣娘庙大门芳名如下

美　国

调炳村李业生五百二十五元

文炳村符福忠五百二十五元

下峎村陈川清五百二十五元

后海村符载富五百二十五元

白石村陈在全夫人五百元二十五元

深田村宋星英五百元

地洋村陈川应五百元

南坡村陈世宜五百元

河沟田村蔡奕东五百元

桥头山村邢定集二百五十元

泰　国

港边村郑有香五百元

北港村符菊兰三百元

香　港

豹山村郑庆柏五百元

文炳村符和仕一百元

星　嘉　坡

豹山村郑馨耀二百五十元

霞洞村朱德忠二百元

豹山村郑家瑞一百元

宫后村潘于发二百元

清土嶺村符少娟　四十元

文炳村黄循铭三十元

调炳村李业标三十元

文炳村符策星二十元

田尾村符气颜二十元

南坡村黄守坤二十元

桃李村乐捐二十元列下

潘于栋　潘先孝　潘先东

潘于良　潘正山　潘先奉

潘先义　潘正荫　潘正文

潘正深　潘正三　潘正海

潘光笑　郑庆文　黄文（福城一村）

公元一九八七年岁次丁卯季春月

萬世流芳
旅美國華僑南加洲洛杉矶市海南同鄉會监事長李業生先生暨諸僑胞
樂捐重建水尾聖娘廟大门芳名如下
美國
調炳村李業生五百二十五元
文炳村符福忠五百二十五元
下嶺村陳川清五百二十五元
后海村符载富五百二十五元
白石村陳在全夫人五百二十五元
深田村宋星英五百元
地洋村陳川應五百元
南坡村陳世宜五百元
河泃田村蔡爽東五百元
桥头山村邢定集二百五十元
泰國
港边村鄭有香五百元
北港村符菊蘭三百元
香港
豹山村鄭慶柏五百元
文炳村符和仕一百元
星嘉坡
豹山村鄭馨耀二百五十元
霞洞村朱德忠二百元
豹山村鄭家瑞一百元
宫后村潘亍發二百元
清土嶺村符少娟四十元
文炳村黄循銘三十元
調炳村李業標三十元
文炳村符策星二十元
田尾村符氣顏二十元
南坡村黄守坤二十元
桃李村樂捐二十元列下
潘于棟 潘先孝 潘先速
潘于良 潘正山 潘先泰
潘先義 潘正萌 潘正文
潘正深 潘正叁 潘正海
潘先芬 鄭慶文 黄
公元一九八七年歲次丁卯季春月

4. 万世流芳

峎尾村马来西亚华侨　王安喜六百元
　　夫人黄环四三百元
上坡村加拿大华侨符载举三百元
福寿山村马来西亚华侨陈献干五十元
文炳村　马来西亚华侨符训民五十元
　　符史香　五十元
桃李村　广州市总工程师潘正气五十元
　　乐捐二十元列下
潘先桂　潘先仿　潘正波
黄桂芳　潘先春　潘正怀
潘正财　潘明　黄循明
文炳村　黄世锦母二十元
　　符和球二十元

定安县苏乙村吴孔宽二十元
豹山村郑贻燕二十元
玉坡村庄耿熠二十元
　　庄耿初二十元
港尾村潘于联二十元
港头村黄良宽二十元
下东村符祥瑜二十元
东郊市梁秀英二十元
调炳村乐捐二十元列下
杨玉花　符福益　符书红
李世川　符致吉　黄守江
蓝田村黄守平二十元
文龙村符致良二十元

港头立山村符尹五十元
汕头朝阳县陈新五十元
　　谢崇宏五十元
文炳村　符策忠二十元
　　黄良芳二十元
上坡村符载亚二十元
宫后村潘心东二十元
　　东海村庄河清二十元
桃李村乐捐二十元如下
殷崇玲　黄守民　潘先佳
殷英仲　郑乙　潘英
殷英杰　潘先锋　潘正强
潘正道　潘正雄　潘正光

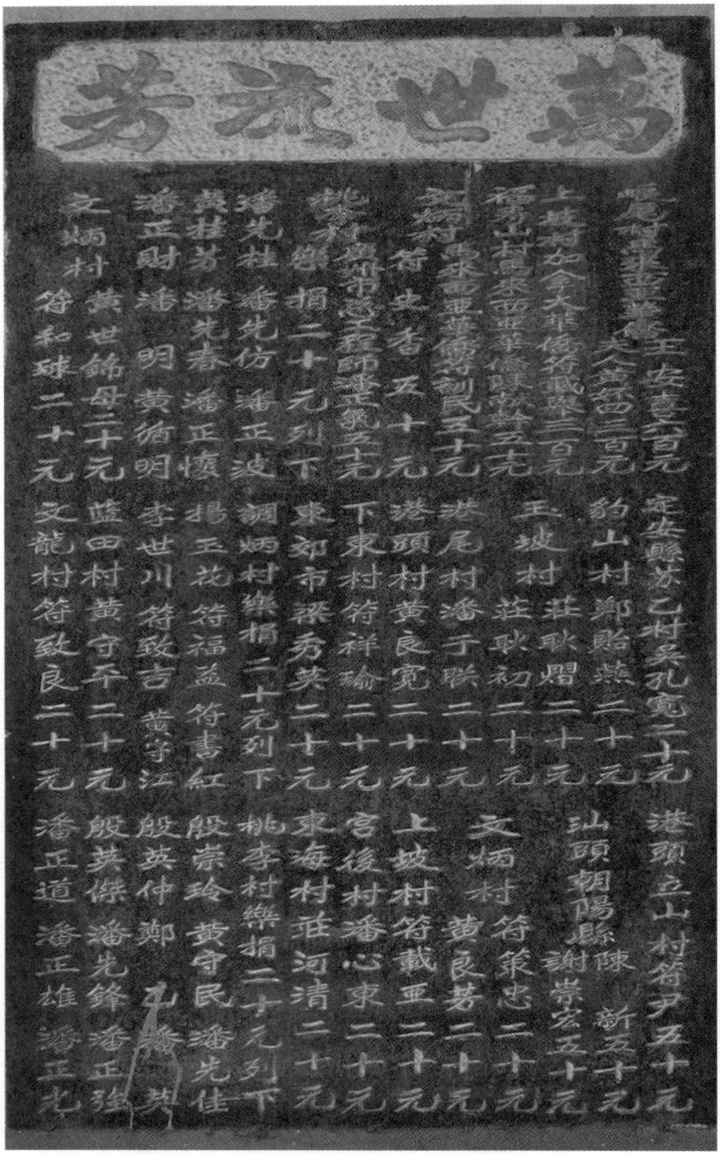
萬世流芳

5. 万世流芳 重建水尾圣娘庙芳名如下

文昌锦山后安　蔡云飞先生捐　冠南市新村捐　捐人民币壹百　罗豆市山良村
村华侨韩兰香　人民币五十元　华侨王大师先生　文昌迈号琼岛　居泰国施云藩
女士捐港币　迈号镇陈昌福　先生捐澳币八百　咖啡综合厂　林玉梅合捐
一千元　先生二次捐人　元　二次捐人民币　人民币一百元
南阳高隆上园　民币五百元　日本大阪府　五百元　湖山市下东村
村李觉文先生　清澜新园陈村　大琢明义先生　潭牛东坑村马来西亚　林鸿起　符爱蓉
捐人民币五百　台湾同胞　捐人民币一百　符立三　合捐人民币
潭牛市北岭村　翁诗岑先生捐　田尾村　居新加　先生捐人民币　一百元
符大斌符儒潜　人民币两千元　坡符亚娟女士　一百元　罗豆市江道村
先生捐人民币　田头符菊兰捐　捐人民币一百　香港九龙市　居泰国林鸿景
一百元　人民币一百元　头宛市地发村　符之全先生　黎金英合捐人
东阁东昌村　东郊大港村　陈丰运先生捐　捐人民币五十元　民币一百元
邢益祥先生捐　邢清先生捐　捐人民币一百元　冠南市龙头村　林明俊　陈月莲
人民币六十元　人民币一百元　广州市北京南　梁其雄先生捐　合捐　人民币
台湾省台中大　清沄南海董陶　任恩来先生捐　人民币　五十元　一百元
雅黄楚文先生　村陈川雨先生　人民币五百元　东郊豹山村　文昌　伍世和
捐人民币一百　二次捐人民币　东郊福锦村华侨　郑文科捐人民　伍世平　合捐
广州钢铁厂　四百元　陈川连先生　币五十元　人民币　一百元
公元一九九二年

萬世流芳

7、万世流芳　重建水尾圣娘庙乐捐芳名

文昌潭牛志立
美村居泰国邱敦永先生港币
三百元
谭爱莲女士港币
三百元
文昌潭牛水清
村居新加坡符国农先生人民
币一百元
符国雄先生人
民币一百元
文昌会文沙港
村居新加坡袁
振仲先生人民币
一百元
文昌铺渔村张
良建船（捐）人民币
三百元
张良军捐三十元
张良成船（捐）三十元
张蔡彬船（捐）三十元
张良唐船（捐）三十元
文昌东郊许爱俄
捐人民币三十元
公元一九九一年

袁振武先生人
民币一百元
万宁龙滚区居
澳大利亚梁梅
居先生人民币
六十元
文昌白延湖峰
村居澳大利亚
林炳权先生
人民币六十元
文昌星火爱国
丁村丁善强先生
人民币五十元
文昌会文西园
村香港同胞

林延扬先生金
浪花女士献金
牌一块及人民币
五十元
文昌重兴光大
乡大东园村
黄宇妙先生献
金链一条
文昌清　深田
中村居新加坡
李秋菊女士人
民币一百元
文昌东郊南港
村华侨郑心悦先

文昌迈众秋园
村华侨陈序海
先生人民币伍
十元
文昌东阁空土
村华侨刘成存
先生人民币一
百元
文昌清港福坡
园村华侨潘先英先
生人民币一百元
文昌椰渔南坡
村华侨符气天先生
人民币五十元

萬世流芳
重建水尾聖娘庙乐捐芳名

7. 万世流芳 重建水尾圣娘庙乐捐芳名如下

居马来西亚登
嘉楼陈颖深先生
捐人民币伍百元
陈玉花女士捐
人民币二佰元
伍尚书先生捐
伍韦兴先生捐
人民币五十元
吉隆坡陈什祥
先生捐人民币
二百元
符气衍先生捐
人民币五十元
文昌东阁南文
村邢益财先生
捐人民币五十

文昌会文沙港
村居新加坡
袁启富先生捐
人民币一百元
袁启明先生捐
人民币元
潭牛水陆水村
袁玉娟符国环
捐人民币二百元
联邦湾陶淑琼
女士捐人民币
一百元
文昌迈号镇
陈昌福先生两
次捐人民币
六百五十元
文昌锦山镇
坡头村李长兰

先生捐人民币
四百元
上海黄浦区
老大坊常宁炎
先生捐人民币
三百元
珠海深圳三和
渔业公司吴毅
张宝林先生捐
人民币二百元
日本林鼎产业
株式会社
杉永安子女士
捐港币一百元
马来西亚爪拉
丁加 奴陈川粄
捐人民币一百
马来西亚爪拉

丁加奴陈惠莲
捐人民币一百
张添强先生捐
人民币一百元
杜国隆先生捐
五十元
陈颖清先生捐
一百元
黄琦伟先生捐
一百元
黄晓凤先生捐
一百元
三亚港务局
黄声朝先生捐
人民币
一百五十元
居马来西亚古来
陈献吟先生捐

人民币一百元
良梅岖尾村
黄妳四女士捐
人民币一千元
清澜薰陶村居
新加坡陈元汉
先生捐人民币
一百元
陈时亲先生捐
人民币五十元
东郊港头村居
泰国林月英女士
献金链带排
一条金耳环一对

东郊坑边村华侨郑
有孝先生
捐人民币五百元

公元一九九二年

萬古流芳

8. 万世流芳 重建水尾圣娘庙芳名

文昌冠南市新
村村居澳大亚
村居泰国
王大师先生捐
澳币二百元
马来西亚雪兰莪
琼州会馆主席
邢福鑫先生
捐马币一千元
文昌文炳村香港
姚德玫女士捐港币
一百肆拾元
台湾省台北县
新花市苏相湲
先生捐人民币
一百元
文昌居泰国谢
晋纲先生捐人

民币 一百元
文昌东阁宝土
邢益清先生捐
人民币一百元
文昌医师陈华英
先生捐人民币
一百元
广东省新会县
胡莲村潘颖华
先生捐人民币
一百元
文昌抱罗五湖
水村华侨潘先
玉先生捐人民币
一百元

文昌公坡市东
坑村韩鸿丰先
生捐人民币
一百元
文昌迈号龙山乡
陈昌福先生
捐人民币一百元
惠阳县淡水镇
下土湖村陈仕
源先生捐人民
币五十元
文昌白廷龙眼
园村居新加坡
林明杰先生捐
人民币五十元
文昌邦塘村香
港黄循崖先生
捐人民币一百

六十元
文昌港门村华
侨 傅启平先生
捐人民币二百元
文昌迈号琼岛
加啡厂捐人民
币一百元
文昌宝芳歌村
村居泰国符大
安先生捐港币
五百元
文昌东阁华侨
邢诒政先生捐
人民币五十元
文昌港头村陈
月娥女士捐人
民币五十元
文昌文教溪西

村台湾同胞林
玉光先生捐人
民币五十元
文昌清澜石坎
仔村华学基先
生捐人民币五
十元
文昌文教居泰
王禄思先生捐
人民币五十元
文昌东郊东山
陈川洲先生捐
人民币五十元

萬世流芳

重建水尾聖娘廟芳名

9. 万世流芳 重建水尾圣娘庙芳名如下

日本林兼产业
株式会社
常宁炎先生捐
人民币五百元
文昌宝芳坡头
村居泰
詹尊铜先生
捐人民币
一百元
符秀英女士捐
人民币二百元
詹道山先生捐
港币一百元
詹芬莲女士捐
人民币一百元
琼山县堆玉村
居泰国冯学仁
先生捐人民币

东阁市竹根村
居泰符致利
先生捐人民币
五十元
文昌坡头村
符全花女士捐
人民币五十元
文昌新桥石岷
村何端校先生
捐人民币一百
东郊市田尾村
居马来西亚
符气英先生捐
人民币二百元
东郊市豹山村
郑兴能先生捐
人民币二百元
三亚市立升娱

乐中心王师
捐人民币五百
东郊地芳村
王安武王安国
安文合捐人民
币一百五十元
建华山邦塘村
符和锦先生捐
人民币五十元
东郊港头村
黄良岱先生捐
人民币五十元
居马来西亚
吉隆坡陈川利
先生捐人民币
一百元
香港庄绍基捐
人民币五十元

居新加坡小坡
佛礼沙街乐捐
叻币二十元者
吴多彬文乃贤
陈英铭陈德淦
麦同瀛林廷桐
捐叻币十元者
黄宏滨符致和
黄江怀麦同海
李盛谦李文高
麦同濬符九雄
冯秀兰林伟明
刘国佑张厚星
许亮祺林师鑫
陈泽群龙玉仙
龙月仙龙月兰
陈行桥陈行柏
陈行仲吴清茵

伍凤珍陈行利
陈亚霞
捐叻币五元者
麦宗本林日光
文昌县罗豆市
江道村林鸿景
黎金英捐人民币
二百元
东郊市福锦村
陈川连先生捐
人民币一百元
潭牛市天赐村
韩荣光先生捐
人民币一百元
东郊市上坡村
符福瑛先生捐
人民币五十元

一百元公元一九九三年

万世流芳

公元一九九三年

10. 万世流芳　重建水尾圣娘庙芳名如下

文昌头宛下场生捐人民币　文昌县募委会　林月荣黄循心　十八元
村居泰侨　一千元　捐人民币五十　捐人民币三百　五十元　锦　村黄宏荫
赖杨氏赖昌隆　文昌会文福到　居新加坡邢金　东阁凤头村　先生捐人民币
昌丰昌运昌财　村居星侨　玉女士捐人民　林树群先生捐　一百元
昌莲昌拉合家　符和玖先生捐　币五十元　人民币五十元　重庆市何海全
共捐港币二千　人民币一百元　清澜锦山村　文昌公坡石盘　先生捐人民币
五百元人民币　东郊西村村居　王振雄先生捐　村韩业光先生　一百元
一千九百元　星侨黄循英先生　人民币一百元　捐人民币一百元　建华山度假村
东郊豹山西南　人民币二百元　文昌公坡罗文　大港村詹浩文　有限公司
坡村居美国　台湾省福柳街　村潘先佳先生　人民币一百元　田礑珠女士捐
符茂珊先生捐　苏湘溪先生捐　捐人民币二百　先生捐人民币　人民币一百元
金链一条　人民币一百元　建华山西沟村　一百元　文昌铺前渔船
东郊建华山邦　居星侨李昌伍　符江先生捐人　云姓华女士捐　张财彬先生捐
塘村黄少琴女　先生捐人民币　民币二百元　人民币一千二　人民币五十元
士捐金耳一对　一百元　东郊中学教师　百五十元　张良有五十元
文昌清澜新园　李昌盛夫妇捐　郑仲馨先生捐　东郊文炳村　张良建三十元
马陈村台湾台　人民币五十元　人民币五十元　符敬贤先生捐　林旗国五十元
北市翁诗岑先　东郊文林村　人民币一百六　林旗必五十元

公元 1992 年

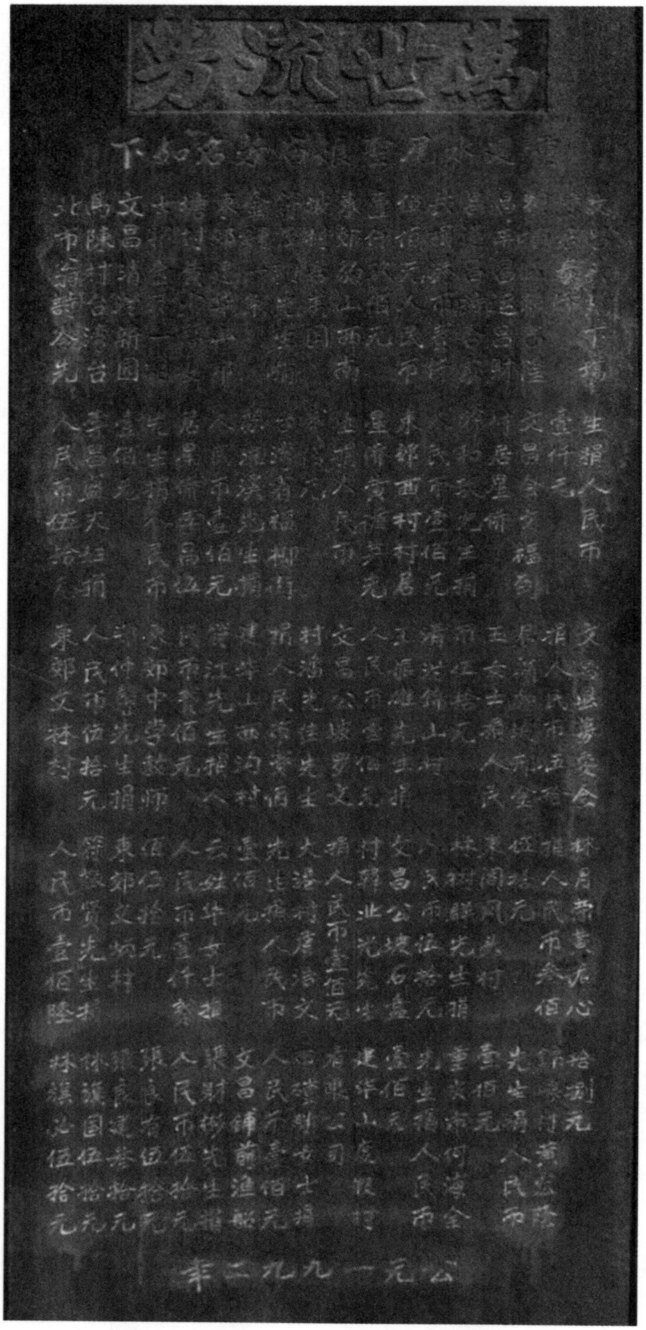
萬世流芳
公元一九九二年

11. 万世流芳 重建水尾圣娘沐恩亭芳名碑

文昌县林海南坡村居美国华侨王绥雄先生乐捐人民币六百元同时献匾额一幅值人民币九百元

文昌县龙马乡上堆村居新加坡华侨符鸿和先生乐捐人民币五百元

文昌县东郊市深田村台湾同胞宋星辉先生乐捐人民币一百元

文昌县港门村居新加坡华侨刘统武先生捐人民币五十元

文昌县深田村居泰国华侨黄循杰先生乐捐人民币五十元

文昌县抱罗市几镜村居美国华侨吴坤兴先生乐捐人民币一百元

琼山县三江农场新美排坡村居美国华侨林志辉先生乐捐港币一百元

琼山县三江农场新美官路村居泰国华侨吴多俊先生捐港币一百元

琼山县三江农场新美官路村居泰国华侨吴多吉先生乐捐港币一百元

琼山县三江农场新美官路村居泰国华侨吴翠芳女士乐捐港币一百元

琼山县三江农场新美官路村居泰国华侨符翠萍女士乐捐港币一百元

文昌县罗豆农场塘尾上村居泰国华侨周成宝先生乐捐港币一百五十元

文昌县罗豆农场塘尾上村居泰国华侨韩凤金女士乐捐港币一百五十元

文昌县龙楼镇岭仔村居新加坡华侨黄德爱先生乐捐人民币二百元

公元一九九零年春

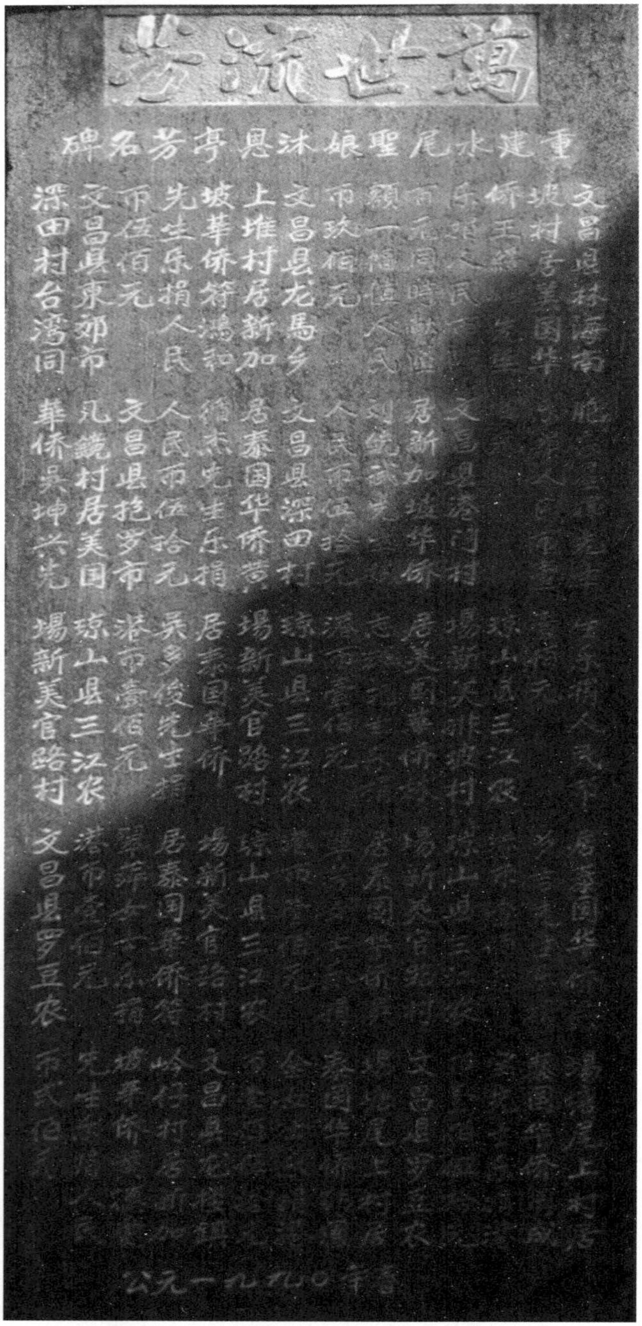

萬世流芳

重建水尾聖娘沐恩亭芳名碑

12. 万世流芳 重建水尾圣娘沐恩亭芳名碑

文昌县东郊镇
文炳村香港
同胞符史云先生
捐献金链一条
重三点五钱
文昌铺渔港
张财文先生捐
系金链一条
重六钱
文昌县东郊镇
文龙村符策群
先生捐献金链
一条重一钱
香港金菱电子

有限公司黄
良业先生捐献
金链一条重
二点五钱
文昌县迈号镇
香港同胞陈时
东先生捐献金链
一条重一点七钱
文昌县东郊镇
港头村新加坡
华侨林月英女士
捐献金链一条
重一点五钱

文昌县香港同
胞韩守光先生
乐捐人民币
九百元
文昌县白延烟
墩镇榜韦园村
居新加坡华侨
庄光武先生捐
人民币一百元
文昌县东郊镇
泰山村居美国
华侨符德金先生
乐捐人民币
五十元

村信民乐捐

文昌县清港坡
城二村符气安
先生乐捐人民币
一百元
文昌县玉树村
黄良标乐捐
人民币三十元
文昌县文城镇
文东路谢晋锯
乐捐人民币
五十元
文昌县公 坡
镇文造村潘正
洁乐捐人民币

五十元
文昌县文城镇
文东路谢晋铭
乐捐人民币
五十元
文昌县上福园
村黄循标乐捐
人民币三十元
文昌县下田村
郑月花乐捐
人民币三十元
东郊上福园村
符策光乐捐人
民币三十元

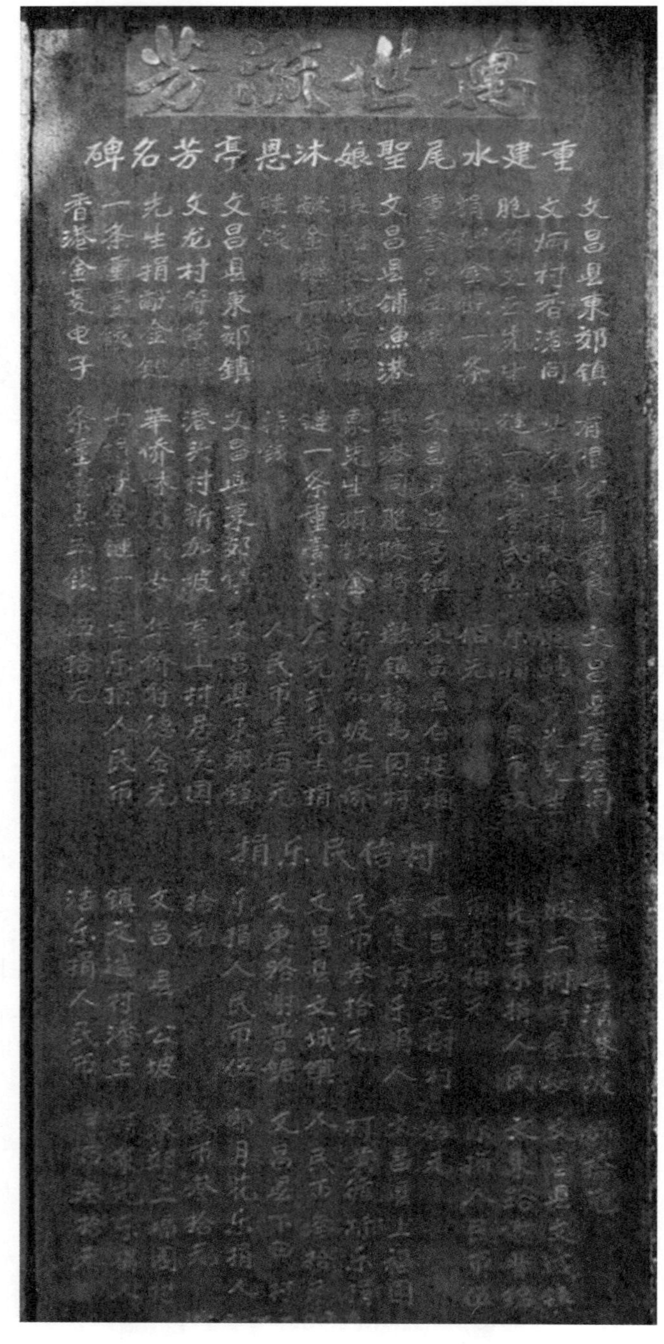
萬世流芳
重建水尾聖娘沐恩亭芳名碑

13. 水尾圣娘史迹简介

灵神显圣流传久远然刻为金身供奉始于明末清初由北港村十二代祖潘世爵令男敏理公在瓦铺罾网中扳起一块异木头而来其后敏理公又被一女将领入殿宇殿宇辉煌壮观龙舞凤飞书画琳琅满目美不胜览正殿坐着一位头戴凤冠颈带璎珞身着龙袍脚穿红鞋仪表端庄无量慈悲娘娘男女四将侍立两旁惊喜之际电闪雷鸣不觉醒来原是一梦次晨敏理公向父禀报老父云蒙恩应报人之大义也沐娘恩遵父命公依梦境所遇请高手将那块异木头雕为金身供奉此后公家境更为和顺百事更为亨通财丁两旺延绵至今

婆祖神灵影响迩遐轰动岛内外祈祷信民纷至沓来建庙则是人心所愿初村西立炉祈求三天后香炉失踪查访中桃李村多人报讯桃李一荒山林里一古树上夜夜睹见香火飘香全村此飞炉选庙地故事经名师勘探乃是一块莲花宝地众力成城不足一月一庙三进庙宇即地落成当年十月十五日是婆祖登龛开光第一吉日故新庙为水尾圣娘庙该日为圣诞纪念日

每年农历十月十五至十七日为圣娘庙会日称发军坡三日夜盛

会人山人海热闹非凡神欢而人乐盛会或平常倘你虔诚焚香祷告均达有求则应之目的或梦瞻圣颜锦上添花或迷津指点化险为夷或茅塞顿开化凶为吉

或一帆风顺百事如意诚求必应如愿以偿何乐而不为

张岳崧蒙恩高中探花归琼亲临圣庙印证京城梦遇随即挥毫慈云镜海牌匾奉献返京后将访集圣娘显圣事迹向主皇上奏嘉庆皇准奏并敕赐封号为南天闪电感应火雷水尾圣娘从此两广总督张之洞及各地官吏墨客接踵而至虔诚膜拜题字献联无计其数进士谢宝赠献签诗一百首原因种种诸多文物散失签诗唯存六十有五首南海第一灵神庇佑海内外先人和今人确实圣德遍施中外娘恩普照古今

公元一九九零年

水尾聖娘史迹简介

14. 万世流芳　重建水尾圣娘沐恩亭芳名碑

琼海县会山乡　中酒村符柏先生乐捐人民币五百元　文昌县文城镇李碧棕先生捐人民币一百元　桃李村潘先义乐捐人民币六十元　南阳有乐成村黄月娇乐捐人民币五十元　东郊市下田村符翠娥乐捐人民币三十元　东郊大宝典村杨昭斌乐捐人民币三十元福坡村符一揆乐捐人民币三十元　文昌县文城镇欧大汉乐捐人民币三十元　铺前港铺渔村冯锦英乐捐人民币三十元东郊市西海村黄玉菊乐捐人民币五十元　文昌县铺前乡新田村乐捐三十元者　王旦　王绥宝符淑恭　符桃花　西村村乐捐三十元者符和淼　符史国　文昌县零七零八号船杨成雄乐捐人民币六十元　福城园村陈泽川捐人民币三十元　文昌县琼宝综合加工厂杨兹杰乐捐人民币五十元　文昌县迈号市琼岛咖啡厂捐人民币四百元　东郊市姚金忠乐捐人民币三十元　坑边村蔡仁权乐捐人民币三十元　马头乡大宝土村杨雁乐捐人民币五十元　东郊市马头村汪其志乐捐人民币五十元　文昌县南阳镇坑刘村刘庆存乐捐人民币三十元　桃李村乐捐三十元者　潘正桐潘先桐

萬世流芳

15. 万世流芳　重建水尾圣娘沐恩亭芳名列下

田头村乐捐三十元者　符和松　符和孔　符和孟　符绩贤　符和伦　符福冠　符福良　符福芳　符福有　符福东　符福壮　符气垂　符气越　符致雄　符致勇　符致壮　符致仁　符致焕　符师　符乙　符和柏　符和雄　符气鸿　符致财　符气杨　符气炳　潘家明　黄良岳黄宏友　黄良飞三十二元　黄宏东符福冠　符福进符福财　符海　符乙能　符气壮　符懋清　文科村乐捐三十元者　符威威　符气馥　符冠雄　符史冠　符和仁　符气炳　符气雄　符雄冠　符冠波　符冠球　符气鼎　文林村乐捐三十元者　黄循平　黄良泽　黄守志　符花兰　朱爱　陈妳大　符妳菊　黄莲英　玉树村黄大联一百二十元　符气春五十元　符气焯五十元　乐捐三十元者黄铄　黄守进　黄守和　黄守森　黄世群黄世荣　林宏钧　黄守毫　黄守军　黄守奉　符祥焕　黄得连　黄大光黄守仪　黄干　黄守柏　黄守东　黄文渊　文龙村乐捐三十元者　符气美　符和鸿　符气兰　符福标　符史若　符史清　符史新符浩锋　符致良　北港村乐捐三十元者　潘先仿　潘正川　邦塘村乐捐三十元者　黄循崖　黄世伟黄良球　黄良德　黄循泮　黄良和　林海南坡村麦宗民一百元　黄守裕五百元　黄守坤三十元黄守民三十元　黄淑蛟三十元

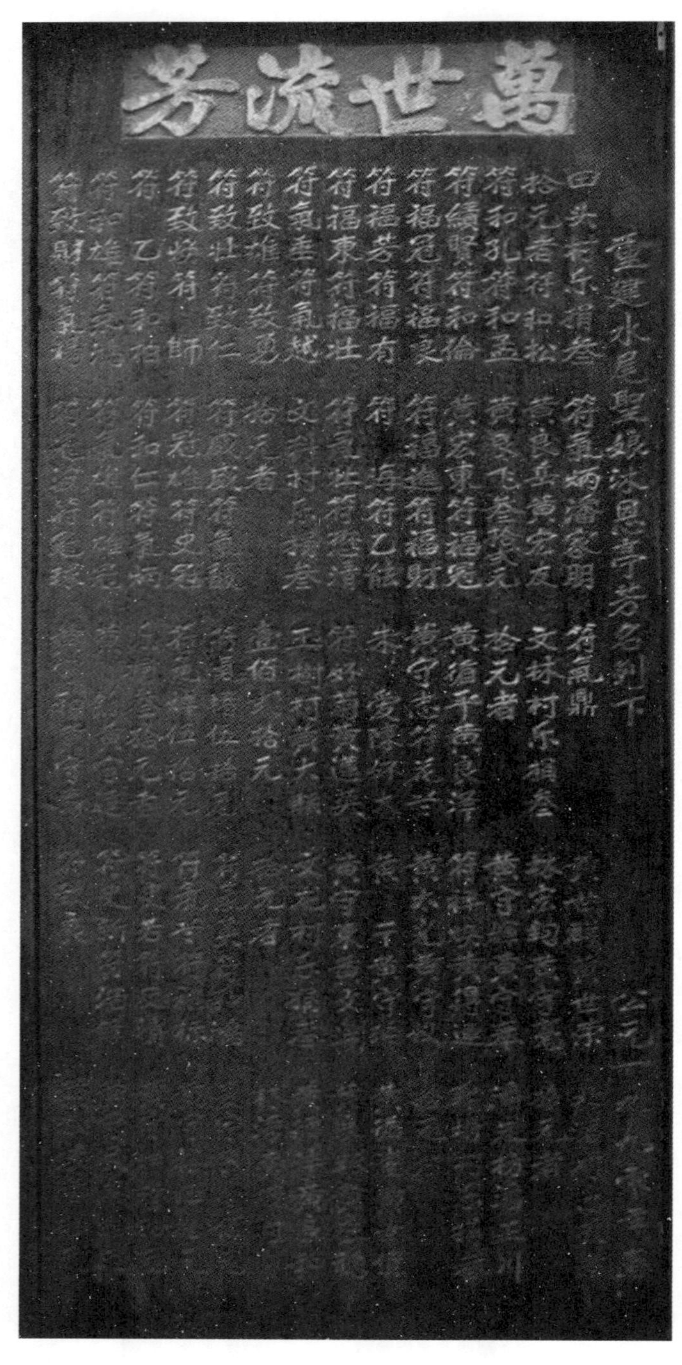
萬世流芳
重建水尾聖娘沐恩亭芳名列下

16. 万世流芳 重建水尾圣娘沐恩亭芳名列下

福罗仔村乐捐三十元者 符气环 符气贤 符致祝 符致明 符致金 符祥琪 符致庚 符致荣五十元 符和桃肆拾元 东坡村乐捐三十元者庄迫健 庄乙能 庄耿洵 庄耿洲 坡头村黄良颜三十元 南港村乐捐三十元者 庄迫吉 庄迫垣 港门村乐捐三十元者 刘炎仍 傅人益 傅人导南坡村 黄大俊三十元 玉坡村乐捐三十元者 庄耿团 庄耿熠 庄耿冬 庄耿表 东坡村乐捐三十元者王荣荣 王安存王康元 豹山大崀村乐捐三十元者郑有山 郑学东 豹山村三房村乐捐三十元者 郑心恩 郑庭文 郑亮 豹山村四房村乐捐三十元者 郑建东 郑士海 郑建新 郑士东 良田东崀村郑庆裔三十元 豹山东南坡村乐捐三十元者郑庭森郑有泰 豹山村蔡仁健三十元 南港村庄耿新五十元 港头村黄闻环五十元 调炳村郑诒群肆拾元郑士强三十元东郊市梁秀英三十元钟爱仙三十元 文炳村乐捐三十元者 黄世炳世锦母黄世忠 黄循道 黄守民 李先强 符策忠 符策星 符策金 符史远 符和玉 符福环 黄良安 黄循希 符气明 符史理 符羽符气成 符绩江 符吉南 符文香 符冰 符史飞 符致琼 黄循逢 肆拾元

公元一九九零年春

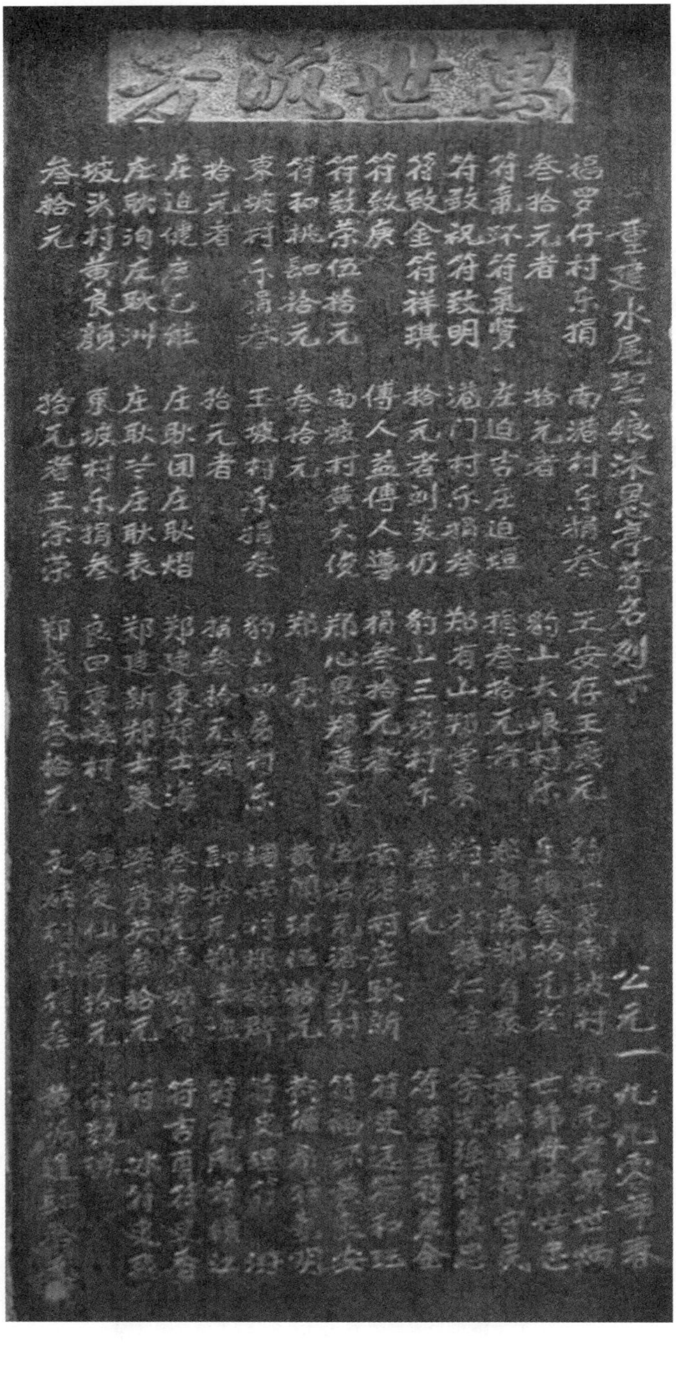
萬世流芳
重建水尾聖娘沐恩亭芳名列下

17. 万世流芳　重建水尾圣娘沐恩亭芳名列下

马头村乐捐　郑秀英王禄光　郑贻燕郑家鼎　曾传万五十元　潘正祝三十二元
一百元者　陈世岑蔡奕雄　郑崖　郑士若　桃乐村乐捐三
汪大若　范秋玉　陈香花邢贻坚　郑家群郑家文　拾元潘正任　潘先仿二十一元
吴桂玉五十元　符致成李裕光　郑家明郑家冠　潘雄　潘先河　东郊骏生茶店
乐捐三十元者　许环球　郑家兴郑仕桐　潘壮潘流萤　三十元东郊镇
蔡秋凤　高玉凤　西村村乐捐三　郑家庚郑士汉　潘正德潘正海　陈锦兴三十元
陈兰香　黄兴娥　十元者黄守应　郑家炳郑家孝　潘先丰潘正天　昌达村黄世珊
符俊兰　汪其经　符史荣王妚尾　郑家义郑士辉　潘于栋　三十元
符浩　陈爱娥　符菊玉符气安　杨玉花符致贵　宫后村乐捐三　昌洒镇上宛村
邢美娟　汪六省　黄良能符姑南　符祥奇黄良发　十元音潘秀霞　符云三十元
符美南　伍世安　黄循锦潘正明　李世金李世雄　潘心桥潘心文　前进桥头村
符致吉　周经贵　殷凤兰　李世川李世开　潘心培潘冠昌　邢汉清三十元
周经泰　邢贻顺　调炳村乐捐三　李世尊　李杏　潘心强潘明群　清泩杨月娥三十元
林爱兰　符敦厚　十元者郑士颜　曾传禹曾传兆　潘龙　清泩港澳餐厅五十元

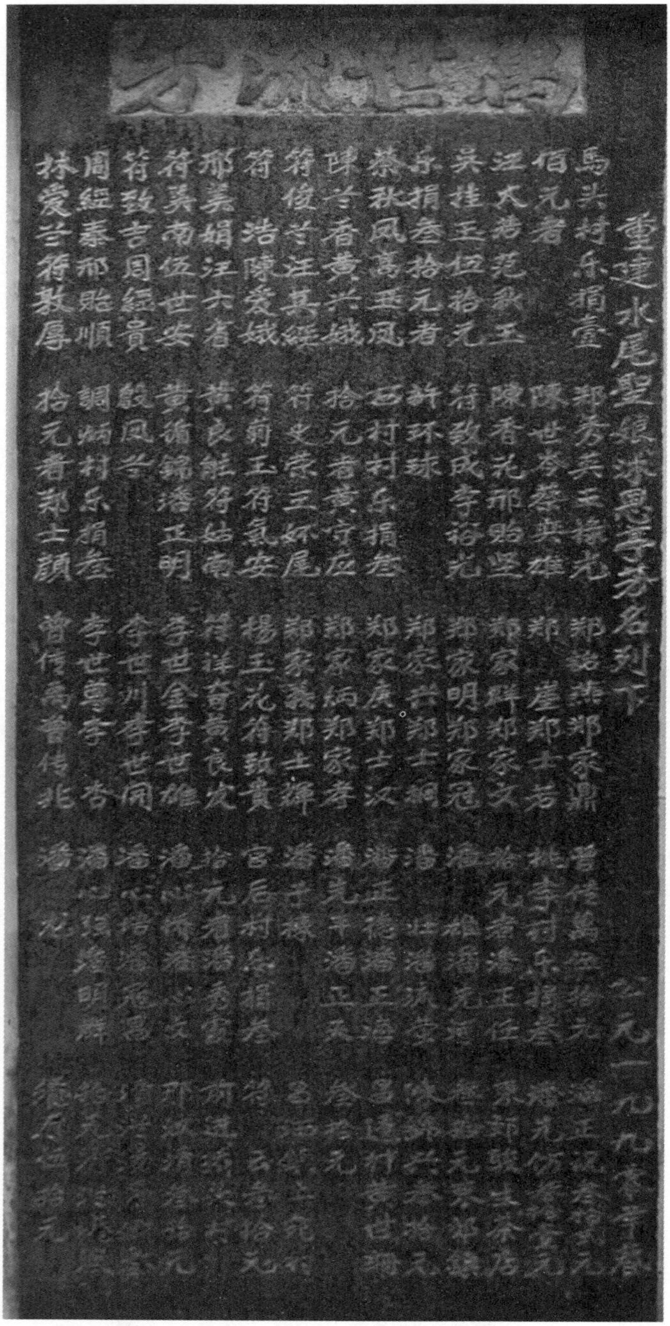

18. 万世流芳 重建水尾圣娘沐恩亭芳名碑

文昌县锦山市 泰家村居新加 高隆乡边湖村 名园村居泰国 柳家村居新加
坡华侨云大权
后安村居泰国 捐人民币一百元 居华侨陈运翠 华侨许声炳 坡华侨林师信
华侨韩兰香女 文昌县南阳市 先生乐捐人民币 先生乐捐人民币 捐人民币五
士捐港币一千元 泰家村居新加坡 一百元 二百元 十元 文昌县
文昌县锦山市 华侨陈如芹 文昌县清港福 文昌县建华山 凡牛乡 天赐
后安村居泰国 女士乐捐人民币 城二村居香港 北港村居泰国华侨 村居泰国
华侨韩华梅女 一百元 同胞符福训先 潘正荣先生乐捐 华侨韩晶元
士捐港币一百元 文昌县南阳市 生乐捐人民币 人民币五十元 先生乐捐人
文昌县迈号市 高隆乡上围村 一百元 文昌县迈号市 民币五十元
上山村居新加坡 居新加坡华侨 琼山县官侨头村 上山村居新加坡 文昌县会文
华侨伍世和 李觉文先生乐捐 居泰国华侨 华侨伍恩松 市红岭村
伍世平二人乐捐 人民币一百元 马金妹女士乐捐 捐人民币五十元 居马来西亚
人民币一百元 文昌县南阳市 人民币五十元 文昌县南阳市 吡叻江太平
文昌县南阳市 文昌县抱罗市 路联盛餐室
洪昌益先生
捐人民币五十

公元一九九零年春

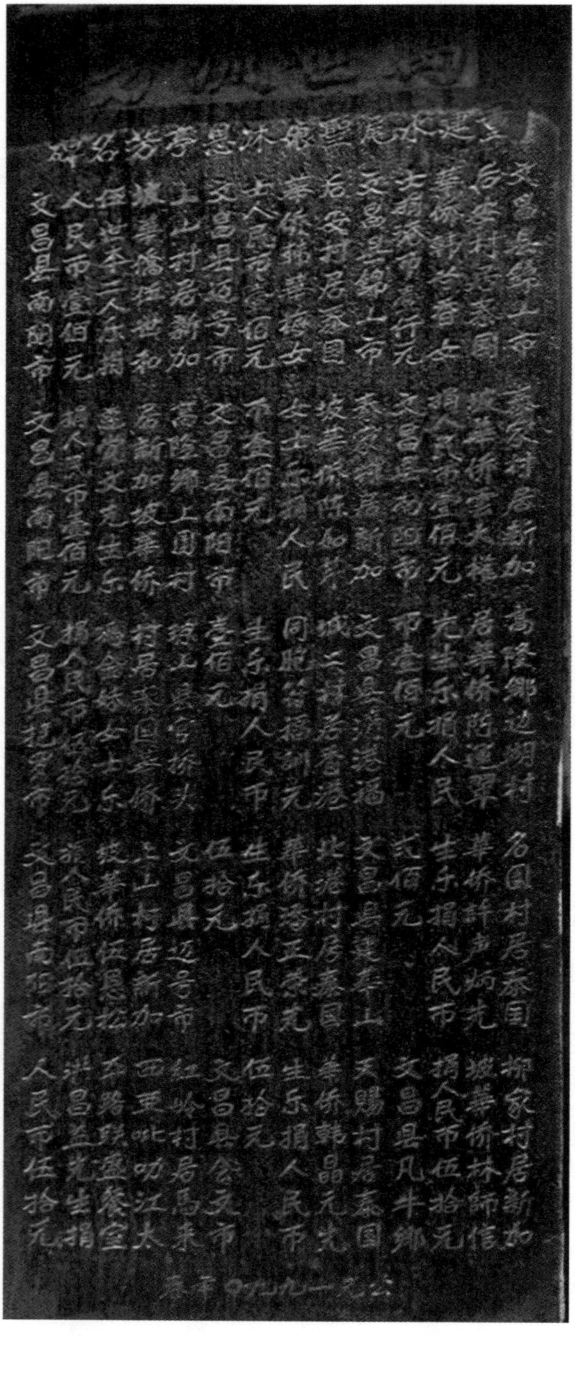

华侨乐捐

19. 万世流芳　重建水尾圣娘沐恩亭芳名列下

深田村居泰国　八十元黄循澳　坡城园村乐捐　黄仲廉黄循炎
华侨潘正仁乐　人民币五十元　三十元者　乐捐三十元者　黄循安黄良铭
捐港币二百元　调炳村居香港　潘先道潘先冠　黄旭　黄守林　黄良钰符敦琼
上坡市居华侨　郑培人民币八　上坡村乐捐三　黄良丰　港头村乐捐伍
符永益乐捐人　十元　港门村居　十元者符成　坡城村乐捐三　十元者
民币一百元　马来西亚吉打　符载丁符载亚　十元者　黄守鑟　庄耿新
清澜深田村居　华侨傅启云人　符载清伍中和　王茀丁王茀书　红华山蔡立群
星嘉坡陈妳元　民币二佰元　福坡村乐捐　南港村乐捐三十　乐捐一百元
白石上村居香港
陈俊才人民币三百元
人民币一百元　文昌下村村居　三十元者　元这郑有深　清澜食品站黄
马头村居澳门　马来西亚吉隆坡　符气洪庄金兰　符和荣符气欧　金花捐三十元
符文霞人民币　华侨严群芝　黄少荣符致春　符财文　符策昌　清澜市乐捐伍
六十元　人民币一百元　符致昌符和畅　港头村符菊兰　十元者许振培
西村村居新嘉　港边村郑庆森　乐捐肆拾元　许振敏王绥毛
坡华侨黄循台　乐捐三十元　林春国村乐捐　文昌县潭牛镇
人民币八十元　港头村乐捐　三十元者　何雁秋乐捐人民
黄循英人民币　五十元者　黄良标黄循财　币三十元
公元一九九零年春

鸿世流芳

重建水尾圣娘沐恩亭芳名列下

华侨乐捐

深田村居泰国
华侨潘正仁乐
捐港币贰佰元
上坡市居华侨
符永益乐捐人
民币壹佰元
清澜深田村居
星嘉坡陈纪元
人民币壹佰元
马头村居澳门
符文霞人民币
陆拾元
西村村居新嘉
坡华侨黄循台
人民币捌拾元
黄循共人民币

20. 万世流芳　重建水尾圣娘沐恩亭芳名列下
旅居马来西亚砂劳越吉隆坡重建水尾圣娘信民
文昌县文教市三港村义务送款人王禄任先生
公元一九九零年春十二月

迈号市圮坡口村周詹美
琴女士马币一百元
东郊市西村黄潘兰金
女士马币二百元
迈号市坡口村黄周玉兰
女士马币一百元
文昌仙昌市大掌村陈月吟
女士马币一百元
文昌白延市福昌村符致
民先生马币一百元
头宛市乐钦村詹行春先
生马币一百元
冠南市山宝村张王秋英
女士马币五十元
白延市迈洲村林詹瑞花
女士马币五十元
白廷市龙眼园村林云梅

英女士马币五十元
迈号市圮后宅村黄詹孟
琴女士马币五十元
黄女符黄玉珍女士马币
五十元
文昌冠南市圮龙朝村陈
翁桂英女士马币五十元
冠南谢村村王翁爱娘女
士马币五十元
抱罗市湖塘村梁黄允春
女士马币五十元
文昌迈号市麻坑村詹
陈坡兰女士马币五十元
詹陈翠容女士马币五十元
詹周月花女士马币五十元
迈号市海口村周朱桂英
女士马币五十元

会文市朝奎村云黄秀英
女士马币五十元
迈号市潮镜村黄何美仪
女士马币五十元
冠南圮严村严李美容女
士马币五十元
文昌福昌村符气元先生
马币五十元
迈号市麻坑符詹龙春花女士
马币四十元
冠南市义门村符严亚鸾
女士马币三十元
会文市朝奎村云邢翠颜
女士马币三十元
会文凤尾园村吴林少梅
女士马币三十元
迈号市圮湖镜村罗豫琳

夫人马币三十元
白延市迈州村林
郑爱兰女士
马币二十元
迈号市飞鱼岭
村韩詹秀兰女
士马币二十
元　会文市
朝奎村云林
玉花女士马
币二十元
云梁爱兰女
士马币二十
迈号市麻坑
村詹林杜颜
头女士马币二十元
文昌头宛市松树村符
树仁先生马币二十元
文教三港村陈秋英女
士人民币三十元

重建水尾聖娘沐恩亭芳名列下

21. 万世流芳　行旅世界世人敬　云集五洲五福来

文昌县清澜　文昌县椰海乡　大利亚华侨妃　文昌县头宛市　文昌县豹山村
市薰陶村旅　桃李村居澳大　门氏乐捐澳币　下杨村居华侨　居星加坡华侨
居马来西亚　利亚华侨郑有　一百元　赖吴氏吴亚飞　郑馨瀚先生捐
叱叻州江沙　泰先生捐港币　琼海县上埔黄　两人乐捐港币　人民币一百元
埠琼州会馆　二百元　屋文敬村居澳　一千二百元　文昌县龙马乡
主席陈行云　郑玉英女士乐　大利亚华侨妃　文昌县抱罗镇　海棠堆村居泰国
先生乐捐重　捐澳币二百元　门二乐捐澳币　山梅村居星加　华侨云逢琼
建沐恩亭　文昌县建华山　一百元　坡华侨林尤杰　先生乐捐港币
人民币二千　北港村居澳大　文昌县头宛市　先生乐捐人　一百元
四百四十元　利亚华侨潘先　下场村居泰国　民币二百元　文昌县东郊市
同时敬奉黄　鉴先生乐捐澳　华侨赖杨氏赖　文昌县抱罗镇　泰山香港同胞
铜香炉三个　币一百元　昌富赖昌隆三　居星加坡华侨　石良芳先生乐
值人民币二　文昌县文教市　人乐捐人民币　吴坤槃先生乐　捐人民币伍十元
千一百元　罗婔仔村居澳　八百元　捐港币一百元

公元一九九〇年春

22. 万世流芳　重建东郊水尾圣娘殿乐捐芳名　公元一九九七年六月

东郊镇西春村　三亚市常化工　东郊镇下田村　东郊镇西春村　清港坡城园村　文城南阳停
黄循英一百元　贸有限公司　宋寿金一百元　潘家雄一百元　潘先冠一百元　车场翁飞艳
黄守应一百元　曾刚一百元　宋星进一百元　黄循松一百元　椰林乡玉树村　一百元文
黄循召一百元　建华山北港村　建华山东坡村　黄剑一百元　黄宏钦一百元　城县新里街
黄朝旺一百元　潘正东一百元　王康源一百元　王妚尾一百元　林少娥一百元　邢金兰一白
符史荣一百元　定安县韩林镇　东郊镇田头村　建华山上村　黄大慈一百元　香港九龙市
建华山北港村　吴峰一百元　黄宏东一百元　郑家雄一百元　黄江玉一百元　林兴一百元
东郊镇昌透村
潘正传一百元　郑琼花一百元　符致雄一百元　文昌市　日本国东京都
潘正川一百元　黄循伟一百元　东郊镇马头村　陈浪一百元　林城一百元
建华山港头村　王录雄一百元　朱妚二一百元　东郊镇大峎坡　李强一百元　文昌市马园坡
黄循森一百元　良梅多溪边村　何桂英一百元　村郑士标一百元　新加坡华侨　林曼一百元
黄良琼一百元　陈封庆一百元　建华山锦峎村　建华山邦塘村　马头乡下东
马来西亚柔佛　东郊镇豹山村　潘妚三一百元　黄守桓一百元　东郊乡上田村　村符妙贞
州古来埠　郑有贵一百元　东郊市南路　黄循耀一百元　符福养一百元　一百元伍世
严礼万一百元　陵水县八三一　郑月花一百元　清港坡城三村　东郊乡蓝田村　光一百元
建华山港头村　号船一百元　郭仁雄一百元　符祥财一百元　符史新一百元　建华山邦
黄星平一百元　东郊镇红华山　马头乡下东村　昌洒乡下山园村　塘村符史
黄培正一百元　梁明森一百　郑庭振一百元　王艳一百元　一百元　良一百元
黄宏焕一百元
黄宏良一百元
黄循平一百元

23. 万世流芳 重建水尾圣娘殿乐捐芳名

公元一九九七年十月

东郊镇福坡村　头花镇蓝田村　林海大队南坡村　香港侨胞黄冠硕
符军一百元　林燕一百元　梁贻昌一百元　捐港币一百元
清兰镇深田村　烟堆市甘村石　宝芳鳌头村　文昌市锦山镇
黎感明一百元　畦罗 罗章昌　杨昭夫一百五十元　郑敏一百元
昌洒乡泥田村　人民币一百元　烟堆甘村石畦罗　新加坡华侨
云春凤一百元　烟堆市溪汉村　罗长明一百元　郑心石
琼山市信民乐　庄运年一百元　罗长旺一百元　泰国华侨
捐一百元者　迈号镇上山村　文城文东里九十一号　韩协元一百元
梁妳姑林春姬　林昭龙一百元　李碧崇一百元　衡阳市工商行
王修兰陈女林　迈号镇李村　文昌 33138 号船　刘荣州一百元
罗文罗振　曾杞波一百元　郭万鸿一百元　文昌市东郊镇
陈秋蓉韩兴源　清　镇梁田村　镇前镇龙坑村　邢福电一百元
梁爱珍关振新　黎感明一百元　韩浙畴一百元
吴月兰　湖北省人事厅　文昌市迈号镇
三江市林市村　彭玉齐一百元　陈昌福一百元
林师州一百元　文昌市薰头村　广东省南海市
文昌市迈号镇　陈川通捐港币　邵志勇一百元
陈世流一百元　一百三十元　海南省海口市
邱吉 一百元

萬世流芳

24. 万世流芳

东郊镇秋田乡上园村

陈德亮捐人民币一百元

广州市天河南

潘心浩捐人民币一百元

清澜镇陈家黄村

黄史旭捐人民币一百元

杨春莲乐捐人民币一百元

海南海岛食品有限公司

陈世流捐人民币一百元

李经坤捐人民币一百元

文昌东郊大地方村

黄大文捐人民币一百元

椰海文炳村

黄良福捐银链一条

文昌锦山镇

郑敏捐人民币一百元

文昌东郊镇

邢福安捐人民币一百元

新加坡

郑心石捐人民币一百元

泰国韩协元捐人民币一百元

海口市白坡里

陈正剑捐人民币一百元

海口市白坡里

王雁捐人民币一百元

椰海调炳村

郑文汉捐人民币一百元

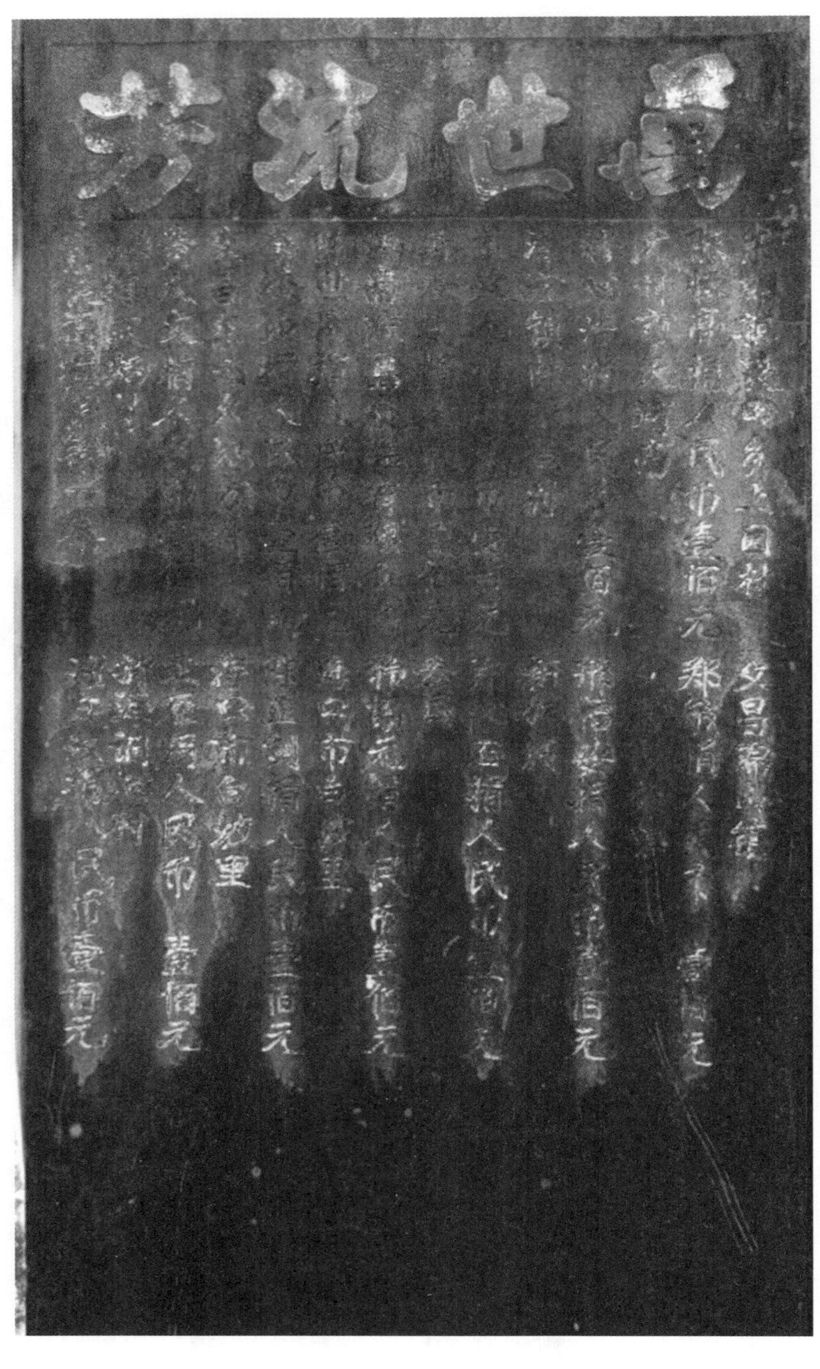

25. 万世流芳 重建水尾圣娘殿芳名列下

公元一九九五年十二月

冯坡镇白茅村 张新梁一百元 冠南镇南昌村 林月莲五十元 符史吉一百元 林海五十元
陈川禧一百元 符玉兰一百元 新加坡华侨 杨绍群五十元 文昌市南阳镇 头宛泰国华侨
会文镇深港村 张蔚传一百元 陈学进五十元 许辰亚五十元 新合有乐城村 云学淦一百
吕诗旺一百元 刘惠玲一百元 头宛镇大宛村 许振电五十元 李益一百元 文昌市坡头村
文昌旅泰华侨 张丽莉一百元 张美兰五十元 许良紫五十元 唐继晓一百元 泰国华侨占
邱桂荣一百元 张丽花一百元 张美明五十元 许怀旭五十元 唐继伟一百元 符金冠一百
张秋菊五十元 李惠明一百元
新加坡王昌勇 张美丽一百元 头宛镇茶村 曾毓书五十元 林少容一百元 卢妙妮一百
马志岭合二百元 张蔚强一百元 符香兰五十元 吴书林五十元 王玲玲一百元 欧李碧云一
新加坡美乐岭路 张起俊一百元 新加坡万寿佛 翁书仙五十元 唐继强五十元 占尊侃一
叶秀兰一百元 张起金一百元 殿五十元 郭月汪五十元 唐继全五十元 占尊潜一
新加坡二二六六 文城镇水崖村 文城镇文东里 许振存五十元 唐媚五十元 琼海市东
林赛银女士裕 陈维贵一百元 林明伦五十元 范玉林五十元 唐婷五十元 风村李士环符
廊西合二百元 头苑镇坑尾村 林明儒五十元 新加坡华侨 唐娜五十元 书蓉二人捐
新加坡许宗裕 张裕卓一百元 林明佳五十元 梁定财一百元 唐天五十元 李学锦王玉华
人民币一百元 美国华侨 林明俊五十元 海口市邮电局 唐晓五十元 二人捐一百元
吴福海一百元 李碧珠一百元 文昌市文城镇 潘东民一百元 潘文龙五十元 一百元李月莲
林宗孝一百元 马头乡福城村 东郊西海仔村 王堂五十元 一百元东郊镇
头宛镇上僚村 符方铭五十元 符史琼一百元 马头村周宾
一百元

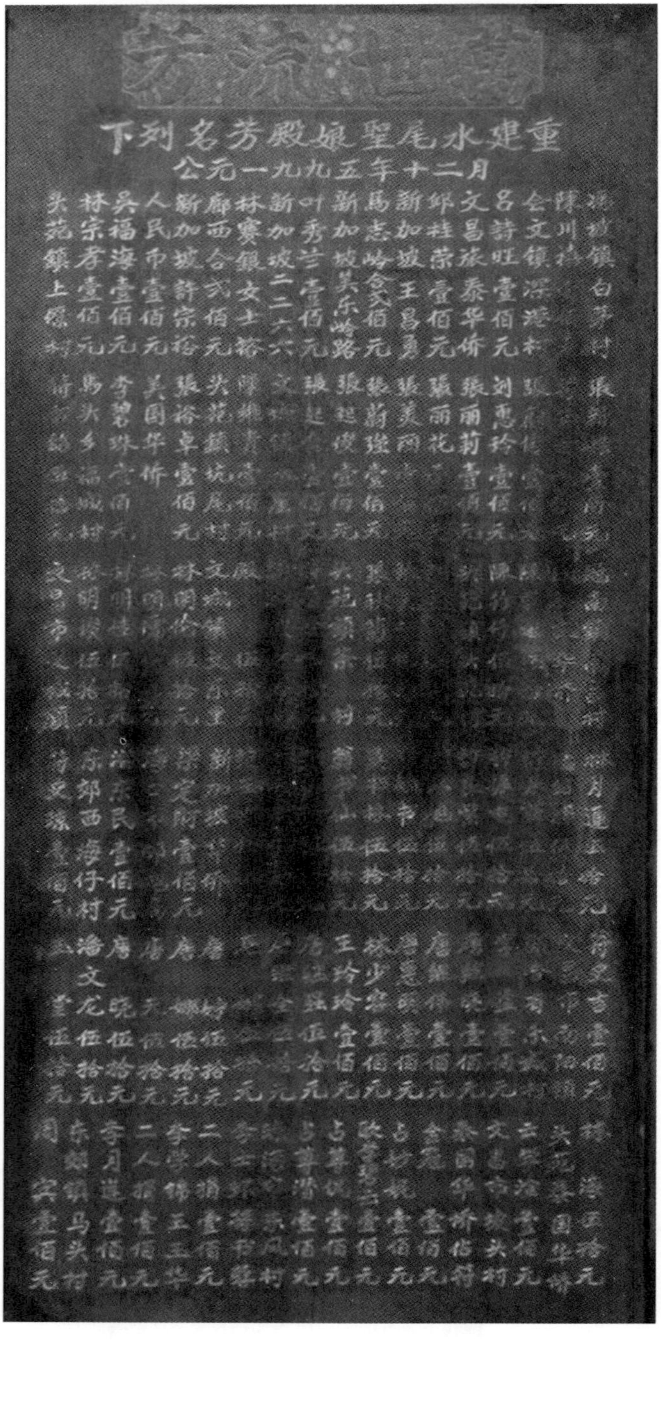

重建水尾聖娘殿芳名列下

公元一九九五年十二月

[illegible]坡鎮白茅村
陳川[illegible]
会文鎮深港村
名詩旺壹佰元
文昌旅泰华侨
郑桂荣壹佰元
新加坡王昌勇
馬志峪叁佰元
新加坡美乐峪路
叶秀兰壹佰元
新加坡二二六六
林賽銀女士裕
廊西合弍佰元
新加坡許宗裕
人民币壹佰元
吳福海壹佰元
林宗孝壹佰元
头苑鎮上[illegible]村

26. 万世流芳　重建水尾圣娘殿芳名列下

公元一九九五年十二月　文城镇文东巷　文城镇和平里　海南省三亚市　红华山豹山村
文城镇新里　潭牛水清村泰　周会英一百元　云逢明一百元　符和儒符和均　李京五十元
林兴一百元　国华侨一百元　文城镇文东路　马头乡福城村　一百元　李宏五十元
林曼一百元　潭牛水清村泰　蔡其瑚一百元　潘先冠五十元　建华山东坡村　清澜市岑头村
林成一百元　国华侨一百元　罗豆市江道村　黄良吉五十元　庄耿新六十元　范基海五十元
东郊镇福锦村　东郊镇桥头田坡　林尤忠一百元　东郊福罗仔村　东郊镇良田乡　清澜市上市
符浪一百元　符曼符强二百元　文昌县迈号镇　符传师五十元　黄守贤五十元　陈少珠五十
黄守志五十元
文城镇和平里　文城东路四十号周荣英一百元　东郊乡昌港村　黄循炎五十元　黄亚伍五十元
云大洪一百元　李先导一百元　韩朝东一百元　黄世珊五十元　黄循养五十元　李书和五十
迈号龙眼园村　香港九龙乐民　韩辉一百元　文教头溪边村　建华山锦　村　椰海乡宫后
林明志林锦川　新村　韩朝光一百元　郑凤仙五十元　林明炎五十元　村潘冠球五
东郊镇后村村符绩红五十元
二百元　李先义一百元　建华山港头村　李振剑五十元　文教镇鳌头村　十元
文昌县文教局　锦山镇桥头村　黄循正　一百元　会文龙所园村　黄禄焕五十元　昌洒镇昌田
云维贤一百元　泰国华侨　清澜市堆头村　林宝五十元　椰海乡调炳村　村符和坚
林安一百元　黄春循一百元　陈川建　陈川明　东郊镇调炳村　符致清五十元　五十元
符坚一百元　头港镇汕头村　一百元　杨玉花五十元　符和农五十元
吴波一百元　云月梁女士　东郊镇良田乡　建华山玉坡村　符史哲五十元
白延镇风会村　一百元　伍秀丁一百元　庄延吉五十元　清澜市所新村
林日成一百元　姚士兴五十元

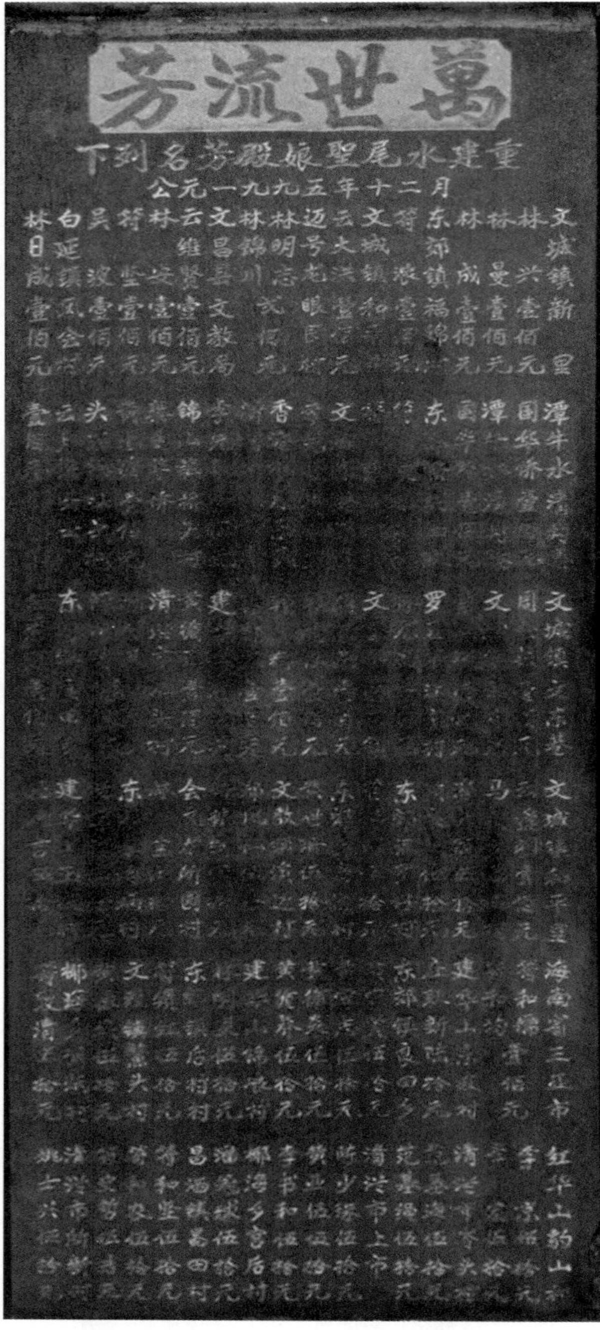
萬世流芳
重建水尾聖娘殿芳名列下
公元一九九五年十二月

27. 万世流芳 重建水尾圣娘殿芳名列下

坡城村捐五十元者
伍书安 符传松 符祥云黄爱荣 龙甫昌 锦崐村捐五十 文科村捐五十元者
王禄胜
王旭良黄源汝 福罗村捐五十 后村村捐五十 元者 黄良友 符冠强 潘美县
伍书喜伍书城 者 符和道 元者 符史佳 黄良柏黄良能 符川良 符冠良
伍中建符芳明 梁妚三 符史松符史柏 林尤卿黄大槐 马来西亚雪邦
王式鸿 王裕 坡头村捐五十 符史川 黄斌黄良明 琼州会馆捐五十元
王苐贤伍书吉 元者黄良颜 林春园村捐五 良田村捐五十 者朱雪燕刘清存黄闻述
伍书珍 黄轼 十元者黄团秋 元者陈妚大 黄闻名黄闻通 黄有学
西村村捐五十 文龙村捐五十 黄循冠 黄循伍 黄循天黄守柏 黄闻运汪黄雪珠
元者 黄菊玉 元者 符气美 玉坡村捐五十 黄世思宋星英 桥头村捐五十元者
黄文史黄文波 符气兰符史明 元者 庄耿熠 符玉莲黄循泽 符永强 符致雄
黄海良黄守应 下田村捐五十 庄耿可庄光勇 黄循平黄莲英 田头村捐五十元者
黄循江黄循乙 元者 符史良 庄光恒庄小清 潘朱辉宋星辉
黄娆常 郑月花宋寿金 玉坡村东海村 北港村捐五十 符气壮 符和松
福罗仔村捐五 宋森星 邢谷森 捐五十元者 元者 潘川正 符气及 符福冠 符标存
十元者符致金 符德昆 庄福 庄文光 潘正益 潘心富
符敦金符敦秋 东郊市捐五十 庄光武庄光华 黄月娥
元者 曹翠英 庄迫建庄光辉 昌透村黄冠雄
符积平郭仁雄 庄光杰庄耿林 王奋

公元一九九三年

萬世流芳

重建水尾聖娘殿芳名如下

公元一九九三年

28. 万世流芳·重建水尾圣娘殿芳名如下

文炳村捐五十
元者符策星
符刚　李世潭
符致雄陈爱香
上坡村捐五十
元者伍中和
吴琼　符戈文
符在亚六十元
林海南坡村捐
五十元者
黄守坤黄守雄
王和爱麦联锋
南排村捐五十
元者　符史若
符策杨
口牙村捐五十
元者　郑庭森
郑心镇

坑边村捐五十
元者　郑有岱
蔡奕安
邦塘村捐五十
元者黄良球
黄奋　符气桓
港头村捐五十
元者　黄守江
黄循厚黄良峯
黄闻宇
东坡村捐五十
元者庄耿成
庄耿心王康园
王荣荣王康英
王飞
田尾村符绩森
捐五十元
蓝田村捐五十

元者　黄守平
黄少强
文林村捐五十
元者朱冠雄
宋妚尾郑荷莲
大珑村邢荛捐
五十元
东郊大港村符
气波捐五十元
文教加美村林
明涓捐五十元
清澜深田中村
陈贵深五十元
东郊深田中村
符花兰捐五十元
东郊市符气祝
捐五十元
临高县新盈郎

英村王祥花捐
五十元者
东星村黄友育
捐五十元
清港坡城一村
符史龙五十元
清澜食品厂捐
五十元者黎感明
黎感飞
迈号新街村符
祖伟捐五十元
头宛新上村张
桂花捐五十元
铺前零零八八
八号船杨成捐
六十元零零零
八三号船张才
文捐六十元

海口市下洋村
捐五十元者
吴建华吴建平
迈号管区捐五十
元者欧文章
欧英雄
南阳财坡村何
启武捐五十元
东阁排田村邢
增陶捐五十元
马来西亚官罗
唻市捐五十元者
龙玉琼　吴石坤
建华山南坡村
郑有端五十元
迈号市苏庆江
捐五十元

公元一九九三年

重建水尾聖娘殿芳名如下

文炳村捐伍拾
元者 符眾星
符刚 李世潭
符致雄陈爱香
上坡村捐伍拾
元者 伍中和
吴球 符苍光
符在亚陵拾元
林海南坡村捐
伍拾元者
黄守坤黄宁雄
王和爱表联铎
南排村捐伍拾
元者 符史若
符眾杨
口牙村捐伍拾
元者 郑庭森
郑心镇

公元一九九三年

29. 万世流芳　重建水尾圣娘殿芳名如下

文昌文教镇溪　锦山市桥头　文林村居泰国　捐人民币一百　人民币二百元
西村林明建　中村居泰国　潘家馨先生捐　文昌铺溪新村　三加水产养殖
先生捐人民币　黄春循先生　人民币一百元　杨成先生捐人　坊捐人民币
二千元　捐港币二百元　文昌东路镇　民币五百元　九百元
香港荣杰发展　居马来西亚吉　符雄君先生捐　迈号市琼岛咖啡　文昌东郊桃李村
公司王英来捐　隆坡陈升仲先　人民币五百元　厂捐人民币　黄循财先生
人民币五百元　生捐人民币　居马来西亚吉　三百五十元　捐金链一条
豹山村居吉隆坡　一百元　隆坡温添财符　文昌潭牛市　东郊桃李村
陈群川先生捐　东郊西春村　诗秋合捐人民币　石坑村符兴英　潘先理先生捐
人民币一千　黄守鸿先生　一百元　女士捐马币　人民币一百元
文昌迈号陈昌　捐人民币二百　东郊锦崀村　一百元　海口市盐灶横
福陈世流先生　元文昌白延市　黄世登先生捐　迈号上山村　街黄建秋先生
合捐人民币　迈洲村林庭桐先　人民币一百元　伍书宴先生捐　捐人民币三百元
八百元　生捐人民币　文昌南阳桥头　人民币一百元　黄丽娜女士捐
东郊文炳村居　二百元　村李兴精先生　文昌富室村居　人民币一百元
马来西亚符史　东郊文林村居　捐人民币五十元　泰韩星光先生　东郊坡城园村
双先生捐人民　泰朱淑英女士　文昌潭牛石坑　捐人民币一百元　潘先英先生捐
币一百元　捐人民币一百　村邢福江先生　韩星辉先生捐　人民币一百元

公元一九九三年

公元一九九三年

30. 万世流芳 重建水尾圣娘殿芳名如下

清澜上市捐人
民币五十元者
叶国光杨江杨
克谢盛强
王缓毛
清澜上坎村捐
人民币五十元者
李玉珍林玉青
林保
僚家礼村李世
成捐五十元
韦家村吴毓程
新村翁书文
文城镇文东路
捐五十元者
林捷　林锐
林旭　林尤荣
林密　孙敬云

孙敬庄李桂梅
文城镇沿江路
捐五十元者
周成森周德任
郑宝玉
文城镇官坡村
捐五十元者
李文力李金东
玉树村捐五十
元者黄循森
黄大民黄守豪
黄循烈　符气焯
黄循燕黄大机
黄循逢黄守南
黄循梧黄建
黄千　黄守淑
符祥焕六十者
黄守鸿黄守标

港门村捐人民币
五十元者
傅启光傅人椿
傅英玉傅人益
刘衍帅刘统鼎
刘统帅刘统武
傅人泰刘衍来
刘衍红刘炎文
刘统明椰林湾
黄循敏
刘庆位黄循铭
马头村捐五十
元者伍振河
朱运洪符文君
周经富陈香花
朱运　高亚凤
陈绵敬符妙贞
伍振月符祥瑜
蔡森

蔡秋凤陈爱娥
豹山村捐五十元
者郑汉雄
郑文　郑恩
符英敏郑文雄
郑有明郑有富
郑庆海郑心庄
郑庭振郑在勇
郑文博郑月炳
郑立强郑庆岭
郑道文豹山蔡
村蔡仁恺
蔡仁权蔡奕波
蔡奕今蔡桂贞
豹山陈村
陈垂海陈永三
陈昌贝陈诗平
陈昌森陈柏昌

陈美利陈诗良
郑心保郑心桥
上福园村捐五十
元者符致芳
符致勇陈菊梅
黄循财黄坚
黄会华黄良梓
福坡村捐五十
元者郑月兰
黄少荣　符均
陈月英　符策仕
玉树村黄兹迁
黄良庆黄良英
豹山村郑心吾
郑文群符福荣
郑有益南港村
郑庆文港边村
郑有香

公元一九九三年

萬世流芳
重建水尾聖娘殿芳名如下
公元一九九三年

31. 万世流芳　重建水尾圣娘殿芳名列下

文昌马沟村　白延市福上村　台北县新垄镇　村韩江元先生　湄沚武吕桦先生捐
居马来西亚　叶熊利先生捐　后巷一路二十　捐人民币一百　人民币一百
陈永榜先生捐　马币五十元　游祥乐陈明煌　东郊市泰山村　琼海县灵山镇
人民币一百元　星加坡曾传心　先生捐人民币　石良波先生捐　冯峰先生捐人民
陈永松先生捐　陈秀娟捐人民币　二百元　人民币一百元　币一百元
人民币一百元　一百元　文昌潭牛居马　文昌东阁市　文昌文教溪西
李仁兴先生捐　海口市花园大　来西亚王邦才　良茂村林洪浪　村林明逵先生
人民币一百元　厦雷春海女士　先生捐人民币　先生捐人民币　捐人民币二百
文昌冯坡镇里　捐人民币二百　二百元　二百元　文炳村黄华明
美村吴乘福先　良梅岷尾村　琼海长坡居马　海口市庆丰公司　先生捐人民币
生捐人民币　符传杨先生捐　来西亚叶亚基　刘宪忠先生捐　一百元
一百九十元　港币四百元　先生捐人民币　人民币一百　东郊良梅村
清港坡城三村　北港村符菊兰　二百元　海口市美国太　陈贻鸣先生捐
王和国先生捐　女士捐人民币　文昌文城下洞　平洋公司杨　人民币一百元
人民币五十元　五十五元　村香港同胞　佑权先生捐　印尼华侨
居马来西亚　清澜陈家村　龙能斌先生捐　人民币一百元　鹿建侨鹿朝闻
陈永泉先生捐　陈贻训先生捐　人民币二百元　意大利萧彦先生　两先生每人捐
人民币一百元　人民币一百元　文昌公坡官皇　捐港币一百　人民币一百元
公元一九九三年

萬世流芳

32. 万世流芳　重建水尾圣娘殿理事委员

理事　委员

符和孔符玉娥　郑妚桂黄守坤　符福进蔡仁恺　黄大鳌郑家奉　郑有贯黄循冠

郑宛庭符翠娥　陈妚大符月英　符致芳符致东　黄良铣王月芳　郑有行朱允兴

邢美君陈冠英　郑爱姑庄妚姑　黄宏淦麦联锋　郑有孝王妚尾　陈爱娥吴玉莲

符详焕郑士东　黄富贵郑爱梅　郑有香符春花　庄运英潘于昱　符祥瑜郑有川

郑诒燕符和珊　郑学东符兰香　符气福黄得全　郑心棣潘正波　黄大珉庄妚四

符和松黄世荣　黄冬菊陈礼瑞　曹声文庄耿安　郑有锦符秋金　郑荷莲翁诗圣

郑士修潘先孝　王绥安郑有道　黄良冠陈联姨　郑心保符春莲　黄循雄黄循成

黄循球蔡秋凤　黄奇星黄良泉　伍书法郑心援　郑叶符和兰　庄花荣郑心庄

王安存符亚梅　黄良深潘妚二　符致良郑有益　郑有嘉黄菊花　符福雄符月明

符气洪潘妚三　黄少荣陈妚凤　符惠兰郑心维　郑庆万陈颖秋　黄爱娥李秋萍

庄耿熠陈菊英　符月英符致春　黄月香黄金荣　符气礼符俊兰　黄爱荣陈垂娥

李业标庄爱莲　符玉花潘秀珍　郑爱玉陈妚妹　郑庆莲郑爱英　黄玉女郑英玉

韩春珠陈爱卿　符史若梁秀英　蔡玉金郑心镇　郑士炎庄珠兰　郑庆民陈琼花

黄月娇　陈玉英梁昌贵　郑华东符和联　郑玉英

公元一九九三年

萬世流芳

重建水尾聖娘殿理事委員

公元一九九三年

33. 万世流芳　重建水尾圣娘庙芳名列下　公元一九八九年冬

台湾省基隆市渔船宜昌　居新加坡华侨清𬇙新园

十六号船长杨庆宗五百元　村翁丽英女士新加坡市

文昌县迈号琼岛咖啡综　五十元

合厂三百元　居泰国华侨湖山大道村

深田村黄守能捐二百元　傅启位捐人民币五十元

居泰国华侨文昌县罗豆　居泰国华侨文林村林宏

市东成村陈文瑸捐港币　雄港币五十元

二百元　清𬇙市永发冷冻厂陈秀

坡城村黄慈海捐一百元　五十元

清𬇙乡下后村吴科大捐　台湾省基隆市面定路四十二

八十元　巷十四号二楼杨文生三十元

文昌县迈号汤振朝五十元　坡城村王式林捐五十元

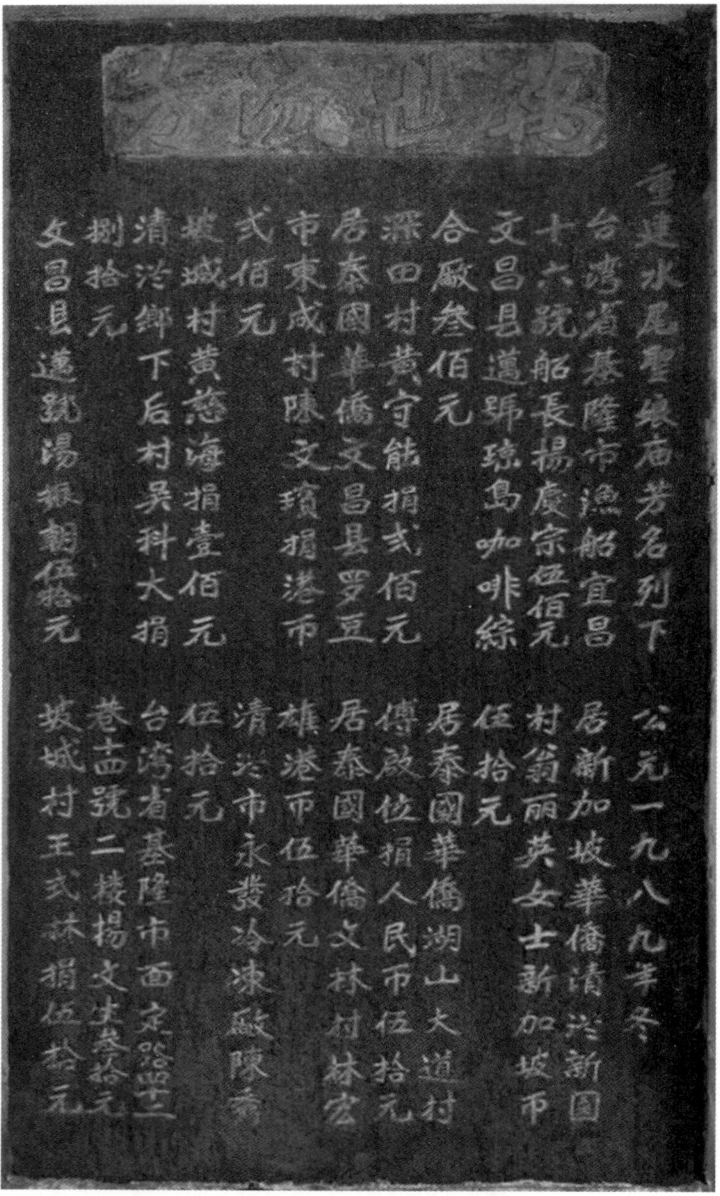

重建水尾聖娘庙芳名列下　　公元一九八九年冬

台湾省基隆市漁船宜昌十六號船長揚慶宗伍佰元

文昌县邁號琼島咖啡綜合厰叁佰元

深田村黄守能捐弍佰元

居泰國華僑文昌县罗豆市東成村陳文琼捐港币弍佰元

坡城村黄慈海捐壹佰元

清兴鄉下后村吳科大捐捌拾元

文昌县邁號湯振翻伍拾元

居新加坡華僑清兴新国村翁丽英女士新加坡币伍拾元

居泰國華僑湖山大道村傅啟位捐人民币伍拾元

居泰國華僑文林村林宏雄港币伍拾元

清兴市永發冷凍厰陳秀伍拾元

台湾省基隆市西定路十三巷四十號二樓揚文生叁拾元

坡城村王弍林捐伍拾元

34. 重建水尾圣娘沐恩亭

理事　村信会民代表

李业标符和孔　潘仔昱潘正三　符福池符春花　符月英符月明　符气兰符春运庄耿初
符祥焕潘正波　符淑兰符秋金　符和兰李世忠　陈炳坚陈颖秋　黄守爱黄得全黄兰菊
郑诒燕符和松　黄守坤郑宛庭　潘心青符史珊　陈垂娥陈淑英　黄大民潘文兰蔡仁英
庄耿熠符和珊　黄月娇黄世珊　郑爱英庄珠兰　陈桂英黄桂英　正浩母潘正道郑庆民
黄循铭韩春珠　潘正桐李秋月　麦菊英庄妚姑　符妚兰王缓安　潘凤仙符绩明黄良槐
符气洪符祥渝　郑有仔黄良颜　潘妚二郑士冬　符气礼符世诚　符致芳黄良君符致新
梁秀英黄世荣　王缓雄郑士丰　黄菊花黄爱荣　潘春香庄兰菊　郑有鸿郑心本郭泽书
黄循三黄良旭　符气明黄世伟　黄玉汝符德村　黄良芳郑庆文　黄循球郑建新符致梁
潘先东潘先孝　庄华荣符菊玉　符和联符妚香　符福环黄守蜜　郑心球黄良深梁定昌
郑庭森蔡秋凤　王妚尾符玉花　郑爱玉陈菊英　郑士修符气馥　符惠兰哇女桂郑在淦
潘翠英黄爱淑郑心恩
符翠娥符玉娥　黄冬菊黄良钰　翁妚玉正英玉　符致春许士惠　庄迫雄翁诗圣郑有山
王安存郑家庚　黄良申黄循逵　陈爱娥符俊兰　郑家新郑士祝　庄迫建庄耿安潘先志
潘妚三符气芳　邢美娟曹声文　陈荣花符史养　潘　联符致琼　许士位黄大鳌庄迫环
黄循成符亚梅　黄金花郑春荣　许环和符福标
符军

公元一九九〇年春

理重建水尾聖娘沐恩存事

李葉標 符和孔
符祥煥 潘正波
鄭詒燕 符和松
莊耿熠 符和珊
黄循銘 韩春珠
符氣洪 符祥渝
梁秀英 黄世崇
黄循叁 黄良旭
潘先東 潘先孝
鄭庭森 蔡秋鳳
符翠娥 符王娥
王安存 鄭家庚
潘妚叁 符氣芳

村信会民代表

潘仔昱 潘正叁 符福池 符春花 符月英 符月明 符氣兰 符春運 庄耿初
符淑兰 符秋金 符和兰 李世忠 陈炳坚 陈顯秋 黄守愛 黄得金 王兰菊
黄守坤 鄭莞庭 潘心青 符史珊 陈亚娥 陈淑英 黄大民 潘文兰 蔡仁英
黄月娇 黄世珊 鄭愛英 庄瑛兰 陈桂英 黄桂英 王涛母 潘正道 鄭庆民
潘正桐 李秋月 麦菊英 庄妚姑 符妚兰 王[illegible]安 潘凤仙 符绩明 黄良[illegible]
鄭有仔 黄良願 潘妚二 鄭士東 符氣礼 符世[illegible] 符致芳 黄良君 符政[illegible]
王纖雄 鄭士丰 黄菊花 黄愛崇 潘春香 庄兰菊 鄭有鴻 鄭心本 鄭烽[illegible]
符氣明 黄世伟 黄王汝 符德存 黄良芳 鄭庆文 黄循球 鄭建新 符致[illegible]
庄華崇 符菊王 符和聯 符妚香 符福環 黄守雲 鄭心球 黄良[illegible] [illegible]定昌
王妚尾 符王花 鄭愛王 陈菊英 鄭仕修 符氣馥 符惠兰 王女柱 鄭在滄
黄冬菊 黄良钰 翁妚王 鄭英王 符致春 許士惠 潘翠英 黄愛淑 鄭心[illegible]
黄良申 黄循逵 陈愛娥 符俊兰 鄭家新 鄭士叔 庄迫雄 [illegible][illegible]圣 鄭有上
邢美娟 曹声文 陈崇花 符史养 潘仔聯 符致琼 庄迫建 庄[illegible]安 潘先志
黄循成 符亜梅 黄金花 鄭春崇 許環和 符福標 許士位 黄大[illegible] 庄[illegible][illegible]
符[illegible]覃

公元一九九〇年春

35. 万世流芳　重建水尾圣娘庙芳名列下　公元一九八九年冬

居新加坡华侨南港村符和芳五百元

居泰国华侨文林村潘家菊港币五十元

居泰国华侨侨头苑村云昌樑云昌鑫二百元

居泰国华侨头苑村云昌顺五十元

居泰国华侨头宛村云昌兴五十元

居台湾南港村符和统捐一百元

居泰国华侨头宛村云昌业五百元

清澜南海村黄循南一百七十元

清澜走马园村韩杨光捐四十元

居泰国华侨文林村潘家娥港币一百元

坡城村王苐新捐三十元

文昌烟堆昌村王金汝五十元

居泰国华侨文林村潘正桐港币一百元

重建水尾聖娘廟芳名列下
居新加坡華僑南港村符
和芳伍佰元
居泰國華僑頭宛村雲昌
標雲昌鑫弍佰元
居台灣南港村符和統捐
壹佰元
清瀾南海村黄循南壹佰
叁拾元
居泰國華僑文林村潘家
娥港币壹佰元
居泰國華僑文林村潘正
桐港币壹佰元

公元一九八九年冬
居泰國華僑文林村潘家
菊港币伍拾元
居泰國華僑頭宛村雲昌
順伍拾元
居泰國華僑頭宛村雲昌
興伍拾元
居泰國華僑頭宛村雲昌
裴伍拾元
清瀾走馬園村韓揚光捐
四拾元
坡城村王弟新捐叁拾元
文昌烟墩昌郎村王金洪伍拾元

36. 万世流芳 重建水尾圣娘庙芳名列下

香港侨胞调炳村郑士光
捐人民币888元
台湾省基隆港宜昌十六
号船长杨庆宋一百二十元
文昌县会文粟胶厂三百元
泰国华侨文昌县头苑村
李碧霞女士港币三百元
美国华侨南坡村王绥雄
捐人民币二百元
泰国华侨港头村林月英
女士捐一百元金链一条
清滥高龙村祝家旺二百元

新加坡马头村朱冬菊捐
人民币二百元
坡尾村潘先炎捐二百元
文昌县迈号琼岛综合厂
捐一百五十元
迈号市伍书宴捐一百元
会文市良所园村符策天五十元
坡城村王学良捐五十元
调炳村潘正深捐三十元
调炳村郑家贵捐二十元
调炳村郑家任捐二十元
深田村邢力捐二十元

文昌县城文东巷十四
欧大汉二十元琼山县上
乡上昌村杨名荣二十元
宫后村潘冠波五十元
文林村居泰国侨胞潘在达
先生捐人民币二百元
林春国黄良铣捐三十元
豹山村郑兰植三十元
调炳村郑士仿三十元
港头村黄守江捐五十元
居新加坡南港村符亚历三十元
白沙县查苗缝纫厂符绩花三十元

重建水尾聖娘廟芳名列下

香港僑胞調炳村鄭士光
捐人民币888元
台湾省基隆港宜昌拾陸
号船長楊庆宗壹佰弍拾元
文昌县会文票殷徧叁佰元
泰國華僑文昌县頭苑村
李碧霞女士港币叁佰元
美國華僑南坡村王緣雄
捐人民币弍佰元
泰國華僑港頭村林月英
女士捐壹佰元金鏈壹條
清澜高龙村祝家旺弍佰元

新加[illegible]村[illegible]各[illegible]捐
人民币弍佰元
坡尾村謝先炎捐弍佰元
文昌县[illegible]号[illegible]島綜合殿
捐壹佰伍拾元
進号市伍書宴捐壹佰元
会文市良新園村符叁天伍拾元
坡城村王学良捐伍拾元
調炳村[illegible]正深捐叁拾元
調炳村鄭家貴捐弍拾元
調炳村[illegible]家任捐弍拾元
深田村邢力捐弍拾元

文昌县城[illegible]
[illegible]
[illegible]
宫[illegible]
文[illegible]村[illegible]
先生捐人民币弍佰[illegible]
[illegible]春國[illegible]
約山村[illegible]
調炳村[illegible]
港頭村[illegible]
居新[illegible]
白沙[illegible]

37. 万世流芳　重建水尾圣娘庙芳名列下　公元一九八九年冬

头苑村赖昌隆四百元
香港蓝田村黄良雄三百元
新加坡清澜严村黄循南二百元
马头村黄亚兰女二百元
李永冠二百元
李永科二百元
李永忠二百元
李华容女二百元
泰国溪头坡村林猷轩二百元
清澜锦山村陈世茂一百四十五元
马来西亚文林村朱运梓一百二十元
文林村朱兴连一百元

长春村符祥群一百元
邦塘村黄循娇女一百元
港头村黄宏本六十元
新加坡田尾村符亚娟女五十元
迈号阁乡村赵札敦五十元
迈号李经坤五十元
迈号琼岛四公司五十元
调炳村郑国伟五十元
调炳村郑士模五十元
深田村潘正寿肆拾元
三亚市红沙区曹声行三十元

深圳市坑口李芝二十元
五湖村符敦伯二十元
南坡村王安尧二十元
港边村郑秋桂女二十元
马来西亚文炳村黄宇淑女二十
文炳村李光强三十元
三亚市符穗兰三十元
水涯村何荣熙二十元
清澜区龙潮村翁翠英捐三十元
调炳村杨玉花捐三十元
调炳村郑家鸿捐三十元
琼山县东山镇玉下村陈大隆三十元

马头村李裕光二十元

萬古流芳

重建水尾聖娘廟芳名列下　公元一九八[illegible]年[illegible]

頭苑村賴昌隆四佰元　長春村符祥群壹佰元　深圳[illegible]口[illegible]

香港藍田村黄良雄叁佰元　邦塘村黄循編女壹佰元　[illegible]

新加坡清瀾村黄循飛式佰元　港頭村黄宏本陸拾元　南坡村王[illegible]

馬頭村黄亞蘭女式佰元　新加坡田尾村符亞娟女伍拾元　港边村符秋桂式[illegible]元

李永冠式佰元　遙號閏鄉村邀扎鼓伍拾元　馬來西亞[illegible]

李永科式佰元　遙號李經坤伍拾元　文[illegible]村李光強叁拾元

李永忠式佰元　遙號號島四公司伍拾元　三亞市符福[illegible]叁拾元

李華容女式佰元　銅鼓村鄭國偉伍拾元　水[illegible]村[illegible]叁拾元

泰國溪頭坡村林獻軒式佰元　銅鼓村鄭士樸伍拾元　[illegible]

清瀾錦山村陳世栽壹佰四拾伍元　深田村潘正壽四拾元　銅鼓村[illegible]

馬來西亞文林村柔延梓壹佰式拾元　三亞市紅沙區曾声行叁拾元　銅鼓村[illegible]

文林村柔兴連壹佰元　馬頭村李裕光式拾元　瓊山县東山鎮[illegible]

38. 光绪元年仲夏月吉日重修水尾圣娘庙宇捐资姓氏开列于左[1]

潘开文刅[2]二千

监生符定业刅三千　　庠生符天驹刅二千

监事：

一椿潘于球仝众　　二椿黄才兴仝众

三椿郑成孔仝众　　四椿庄士信、庄兴文仝众

五椿符道钦仝众　　六椿黄才孚仝众

七椿黄才琳仝众　　八椿黄才美仝众

九椿符才安仝众　　十椿潘昌电仝众

十一椿郑大思、郑大九仝衆　　十二椿符显芬仝衆

以上各刅二十千

助理贡生郑则中艮[3]三元

岁贡陈德孚、州同郑德辉各刅二千

军功符世江艮十元

铺前：

宝兴盛装 艮二元　　金长兴装艮五元

金丰泰装艮三元　　琼福成装、金琼兴装各艮二元

韩益盛装众商艮十元　　刘胜、刘发装众商艮三元三角五

大塘村陈源兴艮六元　　里美村何题隆艮五元

黄尧燨刅二千　　监生朱际明刅一千

林鸿耀　唐有庆　郑宪元　吴乾章　谢家兴　周绍显

陈如纲　王绪延　钟进魁　吴乃成　林桂馨　钟恒昭

林鸿立　叶连青　叶廷辉　叶联辉　梁开裕　张乃茂

方万青　黄璧辉　朱志芳　张敬四　张敬勉　史其仁

云茂峯　韩崇翌　陈如秋　叶桐蒌　邢定耀　潘于封

符宏贵　陈贵雨　云茂岭　云茂建　陈振景　叶俊华

---

① 碑刻下部有小部分内容被掩，无法录入。此外，碑刻中提及的铺前地区的“宝兴盛装”、“金长兴装”等疑为港口的装卸业者。——王澍注。

② 此处“刅”为“認”的简写，表示认捐金额。——王澍注。

③ 此处“艮”为“银”的简写。——王澍注。

吴基利	叶桃荣	周绪德	陈如庆	洪明书	韩宜华
林开坤	黄善全	陈文全	陈嘉恒	符用兴	韩士翌

以上各艮六角

陈昌志	曾秋辉	陈如佳	陈宝和	陈贵欣	潘有万
符文成	王大纯	张敬仁	许书养	符洪河	符用通
史学贯	黄善凤	钱宏谟	韩安准	赖显标	林开龙
韩全翊	林天柏	林树秀	潘汉光	郑宇琚	李世宣
许居纪	林树茂	邢祖章	潘金辉	谢渊明	潘于云
韩美准	云茂璿	韩昭英	潘于武	韩尊彝	符用伦
符和清	张用志	韩信准	吕考哲	陈贵松	韩扶彝
徐环书	洪明理	洪明通	韩宜准	陈如何	陈开法
张敬启	张敬伯	张敬书	梁居位	潘有怡	韩作准
韩爱准	韩成丰	韩恒准	张敬循	张敬其	符树美
李有荣	李发柏	冯思齐	潘有恒	张用扶	叶章华
叶昌华	叶泰明	张用昌	张敬深	谢渊如	谢渊游
张敬地	林树花	云于昭	林树喜	云逢德	云逢昊
王道招	云茂循	卢道珍	苏家林	黎有道	陈义熙
徐维钦	李国祚	陈贵朝	韩宝翊	欧纯儒	陈通明
韩潘翼	符鸿惠	符文瑗	潘铣辉	张修身	张忠美
许人士	陈如忠	林宏忠	杨维翊	杨日启	符用启
符廷林	黄善愈	韩美准	杨金运	韩章准	谢渊潮
胡龙纪	云崇淮	云崇华	曾志逢	杨维盛	林天□
潘项炬	黄士忠	潘炳耀	王盛利	黄琼利	韦家兴
吴安□	韩□□	韩□□			

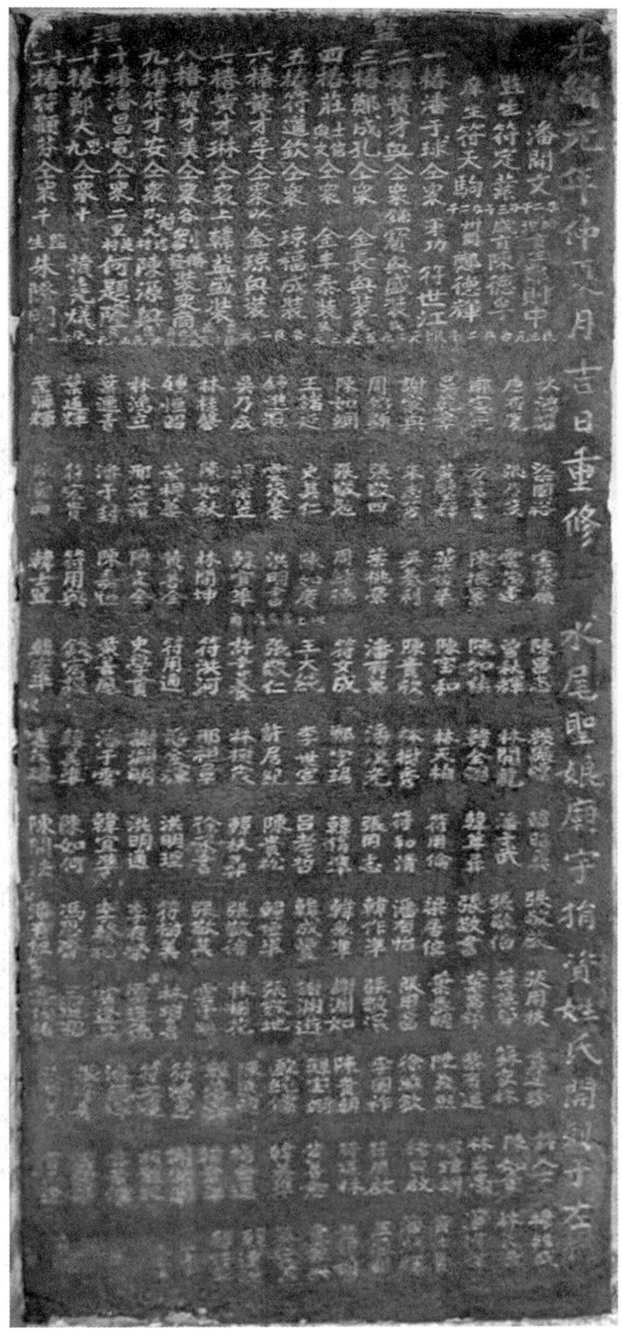

39. 图为41—59完整大图

40.

日本株式会社日本环境サービス
五十岚武先生捐人民币四百元
蓬莱大山四队曾传佳先生捐人民币二百元
东郊镇白石村陈文冠先生捐人民币二百元
林海南坡村美国华侨王康保先生
王康琼先生共捐六百元
海南省轴承厂陈剑二先生捐人民币二百元
东郊建华山玉坡村庄光成先生捐人民币二百元
东郊田头村符气胜先生捐人民币二百元
冯坡镇湖淡村冯玉兰女士捐人民币二百元
迈号镇屯后村陈世流先生捐人民币二百元

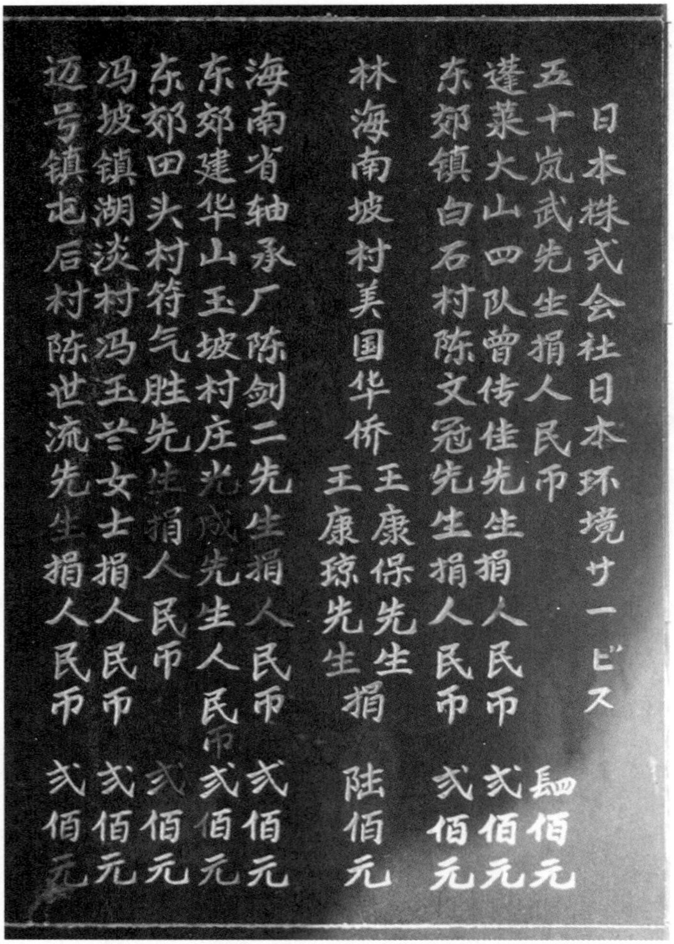

日本株式会社日本环境サービス

五十岚武先生捐人民币肆佰元

蓬莱大山四队曾传佳先生捐人民币弍佰元

东郊镇白石村陈文冠先生捐人民币弍佰元

林海南坡村美国华侨王康保先生

王康琮先生捐陆佰元

海南省轴承厂陈剑二先生捐人民币弍佰元

东郊建华山玉坡村庄光成先生人民币弍佰元

东郊田头村符气胜先生捐人民币弍佰元

冯坡镇湖淡村冯玉芸女士捐人民币弍佰元

迈号镇屯后村陈世流先生捐人民币弍佰元

41.

新加坡华侨黄家总先生捐人民币五百元
陈亚悦先生捐人民币二百元
赵月珠女士捐人民币二百元
赵达标先生捐人民币二百元
会文镇候元峰村候雷波先生捐人民币三百元
候文雪女士捐人民币二百元
铺前镇铺渔村07108船杨成宏先生三百元
建华山拜山村符和友先生捐人民币三百元
红华山豹山村郑东杨先生捐人民币二百元
东郊市东街徐光茂先生捐人民币二百元
海口市沙门中村杨德基先生捐人民币二百元
良田乡坑边村蔡佣诚先生捐人民币二百元

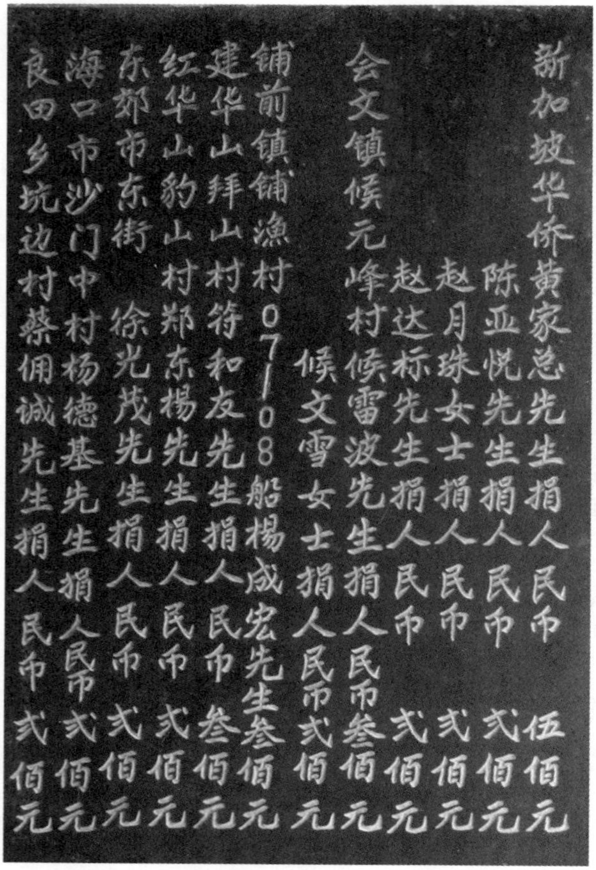

新加坡华侨黄家悳先生捐人民币伍佰元
陈亚悦先生捐人民币弍佰元
赵月珠女士捐人民币弍佰元
赵达标先生捐人民币弍佰元
会文镇候元峰村候雷波先生捐人民币叁佰元
候文雪女士捐人民币弍佰元
铺前镇铺渔村07/08船楊成宏先生叁佰元
建华山拜山村符和友先生捐人民币叁佰元
红华山豹山村郑东楊先生捐人民币弍佰元
东郊市东街徐光茂先生捐人民币弍佰元
海口市沙门中村杨德基先生捐人民币弍佰元
良田乡坑边村蔡佣诚先生捐人民币弍佰元

42.

冯坡镇文堆村潘在楠先生人民币二百元

迈号镇水北仔村韩发光先生人民币二百元

迈号昌茂公司琼岛咖啡厂捐人民币六百元

广州白鹤洞庭西一巷二号

任恩来先生捐人民币五百元

琼山大致坡根竹村符国那捐人民币三百元

深圳市观兰深雅厂陈川雨捐人民币三百元

公坡官皇村 韩江元先生捐人民币二百元

东郊泰山福绵村陈在需捐人民币二百元

大致坡美浑村符永比捐人民币二百元

海南真太郎大荣贸易公司捐人民币二百元

迈号龙山乡屯后村陈贻电捐人民币二百元

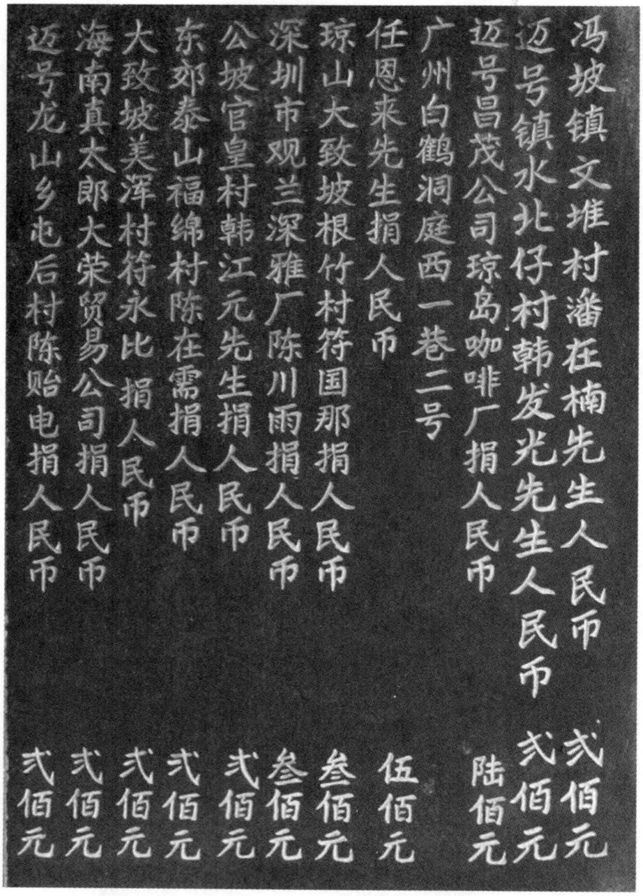

冯坡镇文堆村潘在楠先生人民币 弍佰元
迈号镇水北仔村韩发光先生人民币 弍佰元
迈号昌茂公司琼岛咖啡厂捐人民币 陆佰元
广州白鹤洞庭西一巷二号
任恩来先生捐人民币 伍佰元
琼山大致坡根竹村符国那捐人民币 叁佰元
深圳市观兰深雅厂陈川雨捐人民币 叁佰元
公坡官皇村韩江元先生捐人民币 弍佰元
东郊泰山福绵村陈在需捐人民币 弍佰元
大致坡美浑村符永比捐人民币 弍佰元
海南真太郎大荣贸易公司捐人民币 弍佰元
迈号龙山乡屯后村陈贻电捐人民币 弍佰元

43.

广州市北京路仰忠街六十六号任恩来捐五百元
抱罗镇湖塘村梁定洁梁振川先生捐四百元
梁振华梁振芳先生捐四百元
梁振初梁振德先生捐四百元
迈号镇琼岛咖啡厂捐人民币四百元
新街一十六号陈昌福先生捐二百元
醉仙楼大酒店冯裕刚夫妇捐人民币三百元
清澜镇新村林晃夫妇捐人民币二百元
东郊良田村邢万财先生捐人民币二百元
海口市玉沙村黄容芳女士捐人民币二百元
文昌市南阳停车场翁飞艳女士捐二百元

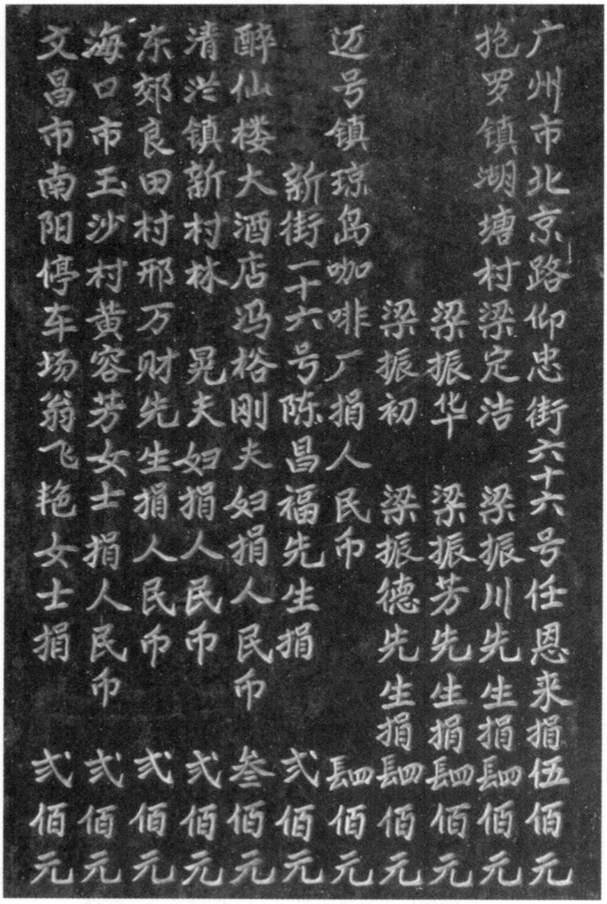

广州市北京路仰忠街六十六号任恩来捐伍佰元
抱罗镇湖塘村梁定浩 梁振川先生捐肆佰元
梁振华 梁振芳先生捐肆佰元
梁振初 梁振德先生捐肆佰元
迈号镇琼岛咖啡厂捐人民币肆佰元
新街一十六号陈昌福先生捐贰佰元
醉仙楼大酒店冯裕刚夫妇捐人民币叁佰元
清兴镇新村林晃夫妇捐人民币贰佰元
东郊良田村邢万财先生捐人民币贰佰元
海口市玉沙村黄容芳女士捐人民币贰佰元
文昌市南阳停车场翁飞艳女士捐贰佰元

44.

星洲华侨黄家总先生捐人民币二百元
万宁工商局刘德平先生捐人民币二百元
万宁工商局刘德民先生捐人民币二百元
广州白鹤洞庭西一巷二号
蔡云飞先生捐人民币二百元
广东省轻工业出品进出口集团公司二百元
李文玉捐人民币二百元
海南宝利食品有限公司二百元
琼岛咖啡厂捐人民币二百元
迈号龙山乡屯后村陈世流捐人民币二百元
迈号水北仔韩发光捐人民币二百元
清澜南海乡堆头村陈旭捐人民币二百元

星洲华侨黄家总先生捐人民币 弍佰元

万宁工商局刘德平先生捐人民币 弍佰元

万宁工商局刘德民先生捐人民币 弍佰元

广州白鹤洞庭西一巷二号

蔡云飞先生捐人民币 弍佰元

广东省轻工业出品进出口集团公司

李文玉捐人民币 弍佰元

海南宝利食品有限公司

琼岛咖啡厂捐人民币 弍佰元

迈号龙山乡屯后村陈世流捐人民币 弍佰元

迈号水北仔村韩发光捐人民币 弍佰元

清澜南海乡堆头村陈　旭捐人民币 弍佰元

45.

海南昌茂咖啡奶业有限公司捐人民币七百元
马来西亚华侨傅启珊先生捐人民币二百元
谭牛镇南来村曾传严先生捐人民币二百元
新加坡华侨潘容祝女士捐人民币二百元
广州市工业大道关展雄先生人民币二百元
新加坡宏茂桥第三行
大牌三二六一方宝铠先生捐人民币二百元
南京市六合县万其林先生捐人民币二百元
马来西亚新山皇后士古来
华侨简金明先生捐人民币二百元
符锦绣
女士捐人民币二百元
广东省深圳市孙小军先生人民币五百元

海南昌茂咖啡奶业有限公司捐人民币柒佰元
马来西亚华侨傅啟珊先生捐人民币贰佰元
谭牛镇南来村曾传严先生捐人民币贰佰元
新加坡华侨潘容祝女士捐人民币贰佰元
广州市工业大道关展雄先生人民币贰佰元
新加坡宏茂桥第三行
大牌三二六一方宝镗先生捐人民币贰佰元
南京市六合县万其林先生捐人民币贰佰元
马来西亚新山皇后士古来
华侨简金明先生捐人民币贰佰元
符锦娣女士捐人民币贰佰元
广东省深圳市孙小军先生捐人民币伍佰元

46.

冯坡乡湖淡村泰国华侨五百元
冯玉兰女士合家捐人民币五百元
冯坡乡湖淡村泰国华侨五百元
云天柏先生捐人民币二百元
东郊墩下村邢国时先生捐人民二百元
文昌市迈号陶坡村新加坡华侨二百元
韩尧光先生捐人民币二百元
良田坑边村旅澳华侨二百元
蔡富先生捐人民币二百元
清澜镇永加村陈贻光先生捐人民币二百元
陈贻南先生捐人民币二百元
马来西亚吉隆坡华侨马金财先生捐人民币二百元

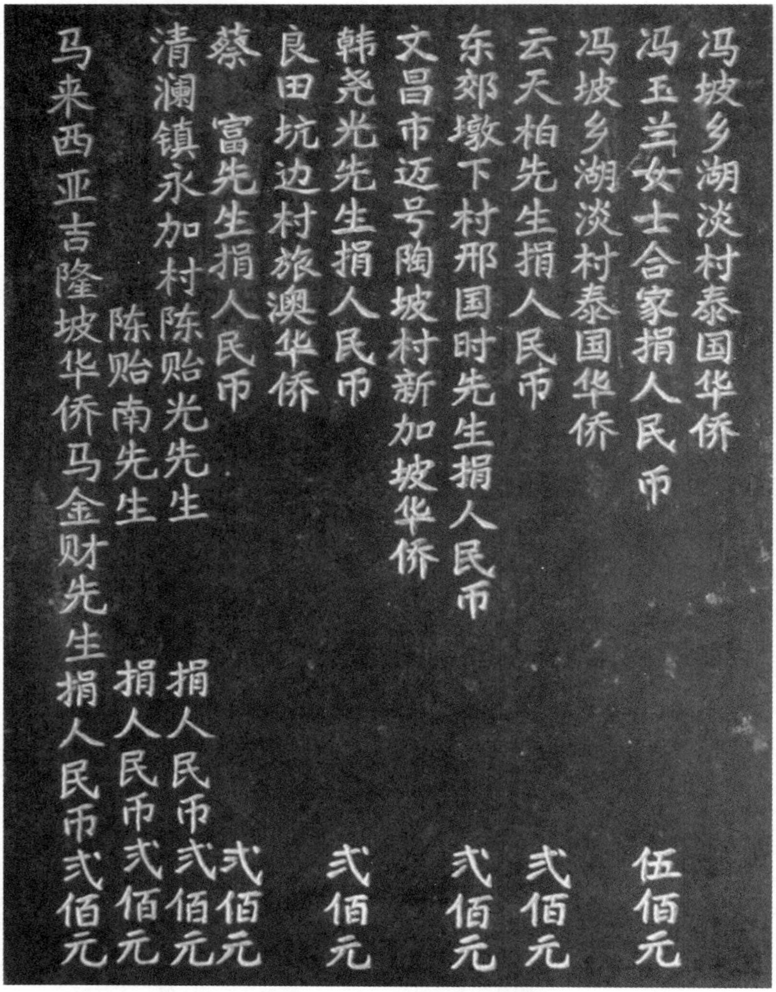

冯坡乡湖淡村泰国华侨
冯玉兰女士合家捐人民币伍佰元
冯坡乡湖淡村泰国华侨
云天柏先生捐人民币弍佰元
东郊墩下村邢国时先生捐人民币弍佰元
文昌市迈号陶坡村新加坡华侨
韩尧光先生捐人民币弍佰元
良田坑边村旅澳华侨
蔡　富先生捐人民币弍佰元
清澜镇永加村陈贻光先生捐人民币弍佰元
陈贻南先生捐人民币弍佰元
马来西亚吉隆坡华侨马金财先生捐人民币弍佰元

47.

万宁市水果公司刘德平先生捐人民币二百元
万宁市工商局刘德民先生捐人民币二百元
马来西亚槟城华侨
林符爱菊女士捐人民币二百元
林鸿焵先生乐捐人民币二百元
林鸿钧先生乐捐人民币二百元
林鸿焯先生乐捐人民币二百元
林鸿坤先生乐捐人民币二百元
林鸿鑫先生乐捐人民币二百元
林玉兰女士乐捐人民币二百元
林玉英女士乐捐人民币二百元
邱金兰女士乐捐人民币二百

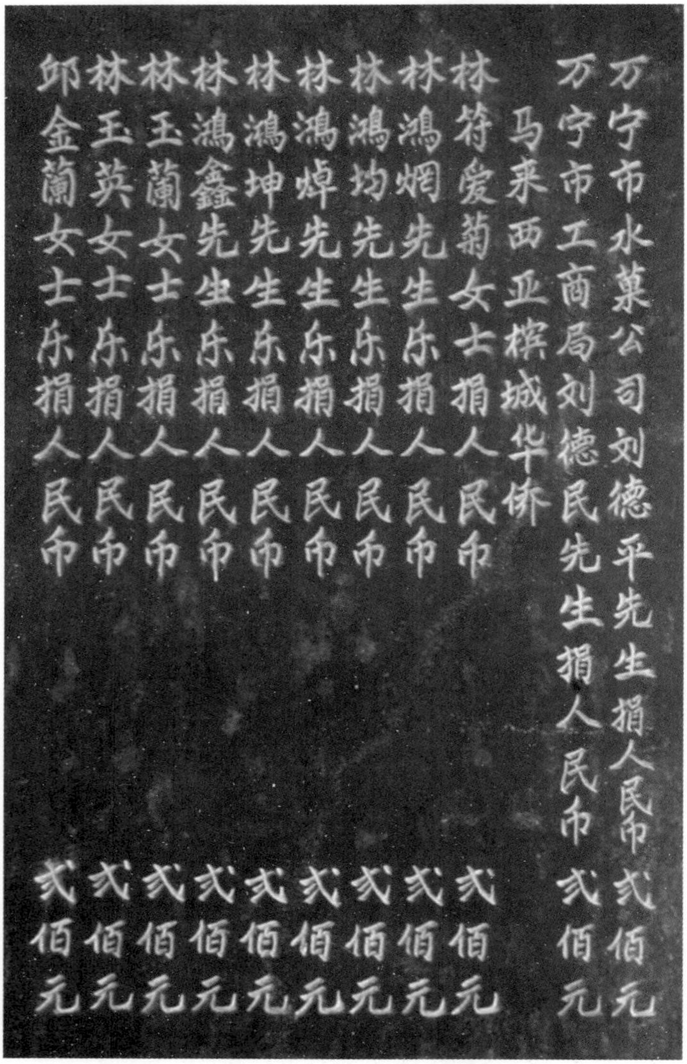

万宁市水菓公司刘德平先生捐人民币 贰佰元

万宁市工商局刘德民先生捐人民币 贰佰元

马来西亚槟城华侨

林符爱菊女士乐捐人民币 贰佰元

林鴻烱先生乐捐人民币 贰佰元

林鴻均先生乐捐人民币 贰佰元

林鴻焯先生乐捐人民币 贰佰元

林鴻坤先生乐捐人民币 贰佰元

林鴻鑫先生乐捐人民币 贰佰元

林玉蘭女士乐捐人民币 贰佰元

林玉英女士乐捐人民币 贰佰元

邱金蘭女士乐捐人民币 贰佰元

48.

马来西亚雪兰莪洲新市镇华侨

符传权、符传文先生合家捐人民币四百元

迈号镇琼岛食品厂捐人民币三百

深圳市观兰镇陈川雨先生捐人民币三百元元

印尼华侨杨金来先生捐人民币三百元

庞廷侨先生捐人民币二百元

庞朝开先生捐人民币二百元

中泰国佛弟子捐人民币二百元

新加坡华侨冯风仙女士捐人民币二百元

迈号镇龙山村韩发光先生捐人民币二百元

陈金春女士捐人民币二百元

韩朝霞女士捐人民币二百元

韩明畴先生捐人民币二百元

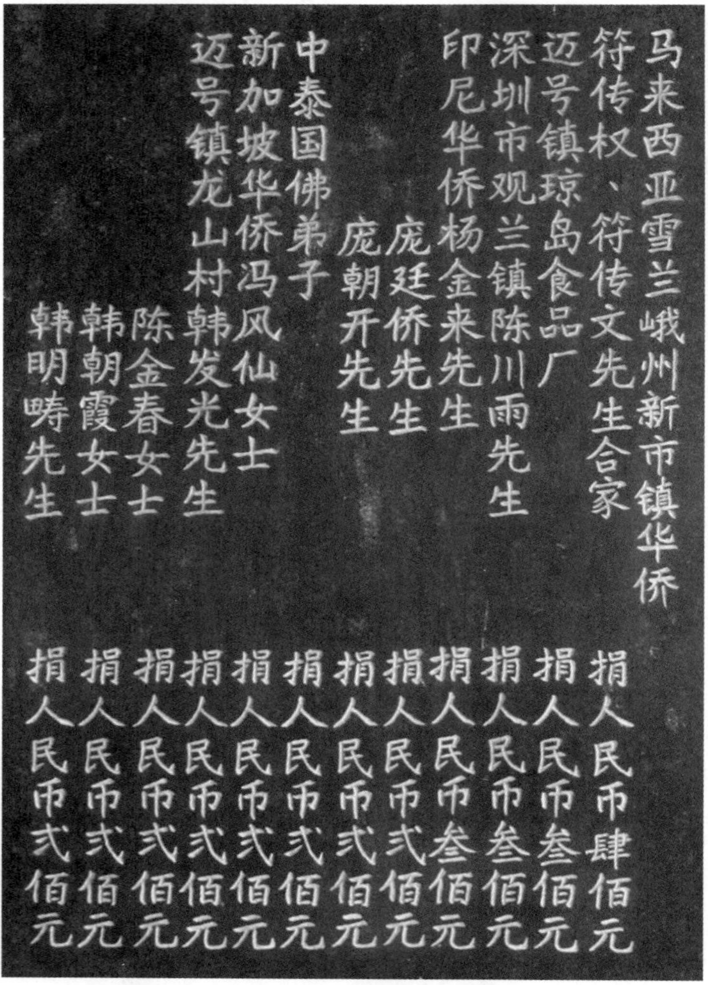

马来西亚雪兰峨州新市镇华侨
符传权、符传文先生合家 捐人民币肆佰元
迈号镇琼岛食品厂 捐人民币叁佰元
深圳市观兰镇陈川雨先生 捐人民币叁佰元
印尼华侨杨金来先生 捐人民币叁佰元
庞廷侨先生 捐人民币弍佰元
庞朝开先生 捐人民币弍佰元
中泰国佛弟子 捐人民币弍佰元
新加坡华侨冯凤仙女士 捐人民币弍佰元
迈号镇龙山村韩发光先生 捐人民币弍佰元
陈金春女士 捐人民币弍佰元
韩朝霞女士 捐人民币弍佰元
韩明畴先生 捐人民币弍佰元

49.

香港屯门韩霞女士捐人民币二百元
会文镇冠南龙头村梁文先生捐人民币二百元
东郊镇豹山村郑有振先生捐人民币二百元
东郊镇文林村朱运行先生捐人民币二百元
迈号镇韩发光先生捐人民币二百元
迈号镇韩朝霞女士捐人民币三百元
龙楼镇锁龙谭村符郁先生人民币二百元
龙楼镇锁龙谭村林爱珍女士人民币二百元
文昌市文东巷周世秀先生捐人民币二百元
新加坡华侨陈洳介先生捐人民币二百元
新加坡华侨陈洳苑先生捐人民币二百元
文昌市迈号琼岛咖啡厂捐人民币四百元

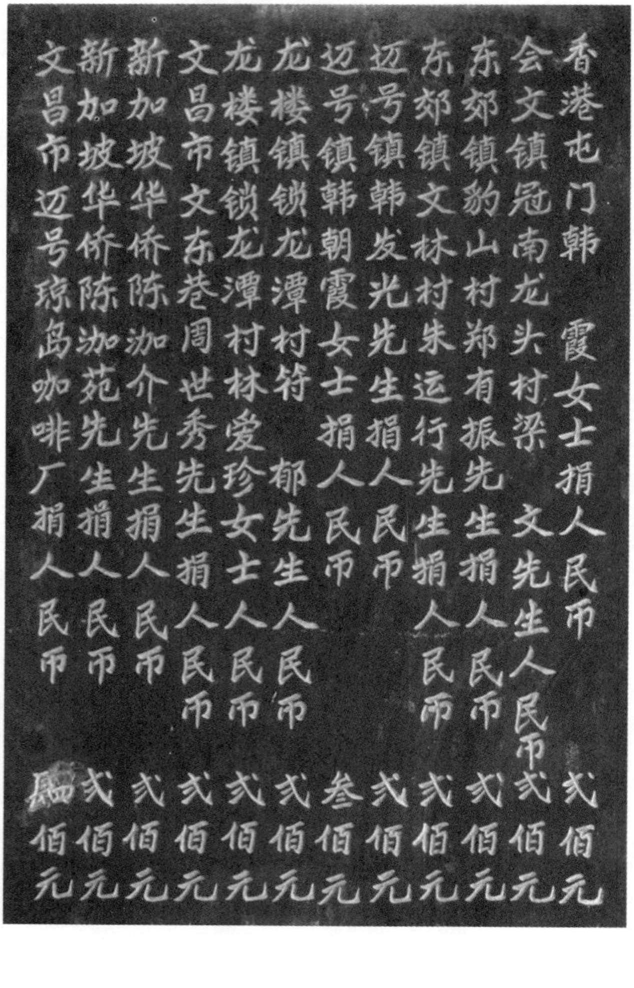

香港屯门韩　霞女士捐人民币　贰佰元
会文镇冠南龙头村梁　文先生人民币贰佰元
东郊镇豹山村郑有振先生捐人民币　贰佰元
东郊镇文林村朱运行先生捐人民币　贰佰元
迈号镇韩发光先生捐人民币　贰佰元
迈号镇韩朝霞女士捐人民币　叁佰元
龙楼镇锁龙潭村符　郁先生人民币　贰佰元
龙楼镇锁龙潭村林爱珍女士人民币　贰佰元
文昌市文东巷周世秀先生捐人民币　贰佰元
新加坡华侨陈迦介先生捐人民币　贰佰元
新加坡华侨陈迦苑先生捐人民币　贰佰元
文昌市迈号琼岛咖啡厂捐人民币　[illegible]佰元

50.

东郊镇良梅村王安喜先生捐人民币二百元
公坡镇官皇村韩江源先生捐人民币二百元
万宁市工商局刘德平先生捐人民币二百元
刘德民先生捐人民币二百元
山西省太原市任进财先生捐人民币五百元
铺前镇林梧六坡村美国华侨
韩宝定先生捐人民币三百元
昌洒镇莲花心村舒儒先生捐人民币二百元
福城园村印尼华侨潘花蓉女士捐人民币二百元
潘琼梅女士捐人民币二百元
潘琼珍女士捐人民币二百元

东郊镇良梅村王安喜先生 捐人民币弍佰元

公坡镇宫皇村韩江源先生 捐人民币弍佰元

万宁市工商局刘德平先生 捐人民币弍佰元

刘德民先生 捐人民币弍佰元

山西省太原市任进财先生 捐人民币伍佰元

铺前镇林梧六坡村美国华侨

韩宝定先生 捐人民币叁佰元

昌洒镇莲花心村云舒儒先生 捐人民币弍佰元

福城园村印尼华侨潘花蓉女士 捐人民币弍佰元

潘琼梅女士 捐人民币弍佰元

潘琼珍女士 捐人民币弍佰元

51.

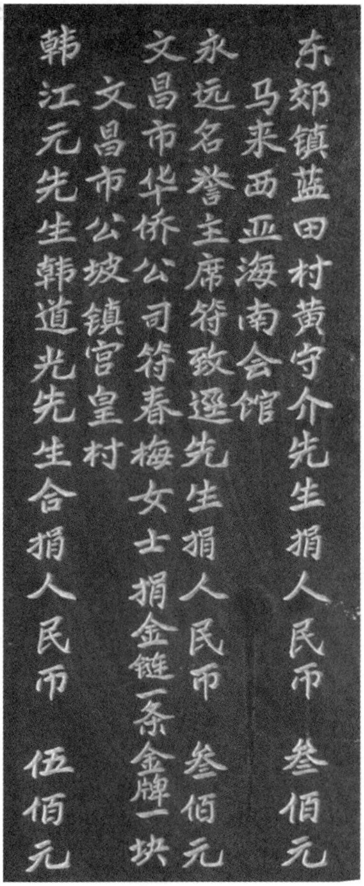

东郊镇蓝田村黄守介先生捐人民币三百元
马来西亚海南会馆
永远名誉主席符致迳先生捐人民币三百元
文昌市华侨公司符春梅女士捐金链一条金牌一块
文昌市公坡镇宫皇村
韩江元先生韩道光先生合捐人民币五百元

52.

文昌市清澜镇迈陈村台湾同胞

翁诗岑先生乐捐人民币一千元

海口市海新村朱殷先生人民币三百元

海口市海新村朱淑梅女士人民币三百元

文昌市铺前镇林梧美仍村

史叶贞女士乐捐人民币三百元

海口市大通房地产梁定宪先生人民币二百元

文昌市清澜薰陶村陈川雨先生人民币二百一十元

罗豆昌梅村周美莲女士乐捐人民币二百元

文昌市铺前镇福坡村卢敬章先生二百元

文昌市会文镇欧村林道望先生二百元

罗豆昌梅村韩丁光先生人民币二百元

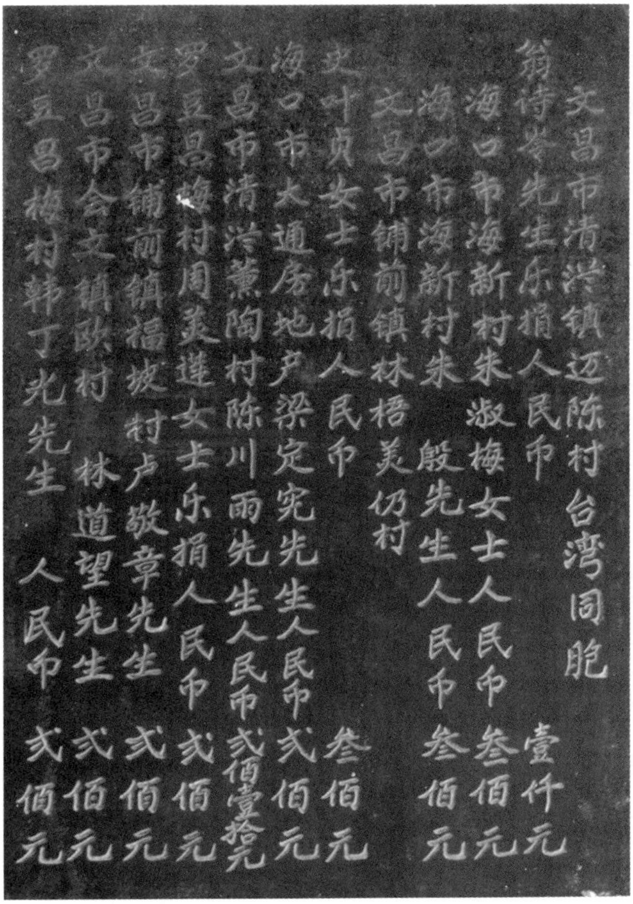

文昌市清澜镇迈陈村台湾同胞
翁诗考先生乐捐人民币　壹仟元
海口市海新村朱淑梅女士人民币　叁佰元
海口市海新村朱殷先生人民币　叁佰元
文昌市铺前镇林梧美仍村
文叶贞女士乐捐人民币　叁佰元
海口市大通房地产梁定宪先生人民币　贰佰元
文昌市清澜薰陶村陈川雨先生人民币　贰佰壹拾元
罗豆昌梅村周羡莲女士乐捐人民币　贰佰元
文昌市铺前镇福坡村卢敬章先生　贰佰元
文昌市会文镇欧村　林道望先生　贰佰元
罗豆昌梅村韩丁光先生　人民币　贰佰元

53.

东郊镇玉树村黄循林先生捐人民币一千元
东郊镇椰海文炳村李光润先生乐捐一千元
文昌市迈号琼岛咖啡综合厂捐人民币八百元
东郊镇建华山南港村黄雪瑶女士捐三百元
东郊镇建华山港门村刘衍来先生捐三百元
东郊镇福罗仔村符祥云先生捐人民币二百元
东郊镇建华东坡村王安存先生捐人民币二百元
东郊镇建华山南港头黄循炎先生捐二百元
东郊镇东坡市南街郑有娥女士乐捐二百元
东郊镇建华山邦塘村黄良球先生捐二百元
迈号镇屯后村陈昌福先生捐人民币二百元
抱罗镇丰家村韩青女士捐人民币二百元

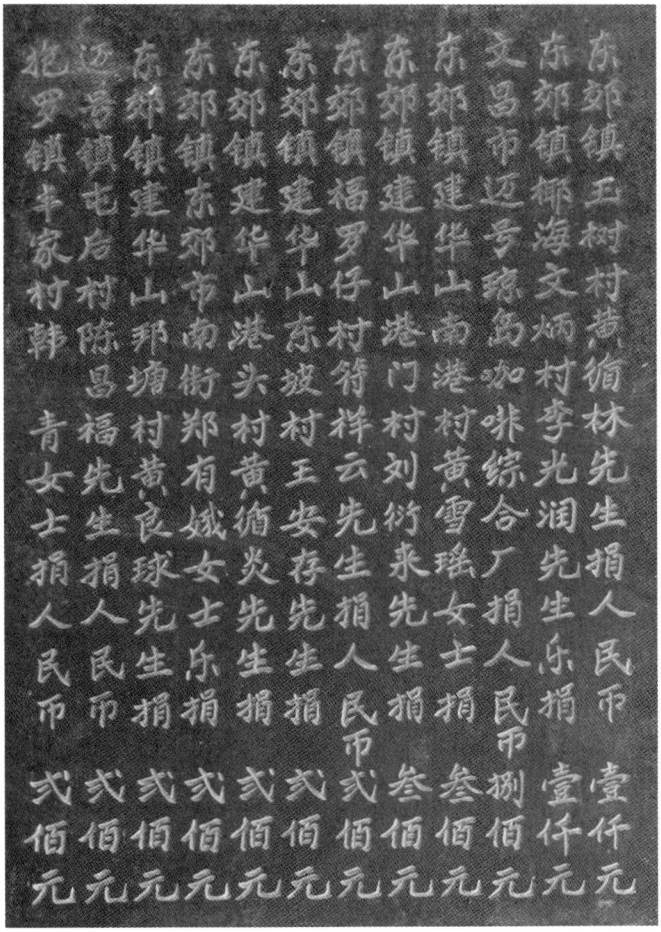

东郊镇王树村黄循林先生捐人民币壹仟元
东郊镇椰海文炳村李光润先生乐捐壹仟元
文昌市迈号琼岛咖啡综合厂捐人民币捌佰元
东郊镇建华山南港村黄雪瑶女士捐叁佰元
东郊镇建华山港门村刘衍来先生捐叁佰元
东郊镇福罗仔村符祥云先生捐人民币贰佰元
东郊镇建华山东坡村王安存先生捐贰佰元
东郊镇建华山港头村黄循炎先生捐贰佰元
东郊镇东郊市南街郑有娥女士乐捐贰佰元
东郊镇建华山邦塘村黄良球先生捐贰佰元
迈号镇屯后村陈昌福先生捐人民币贰佰元
抱罗镇丰家村韩青女士捐人民币贰佰元

54.

日本林兼产业株式会社中国营业部
总经理 常宁炎先生捐人民币 三百元
陕西省咸阳市北环西路建设小区
市委家属院内张媛媛女士捐人民币二百元
东郊镇建华山南港村
符建民先生捐人民币三百元
文昌市文城镇和平里
许达美女士乐捐人民币二百元
文昌市东坡镇坡城三村
王英先生献捐金耳环一对
广州市任恩来先生乐捐人民币五百元
新加坡华侨黄循琛先生乐捐人民币三百元

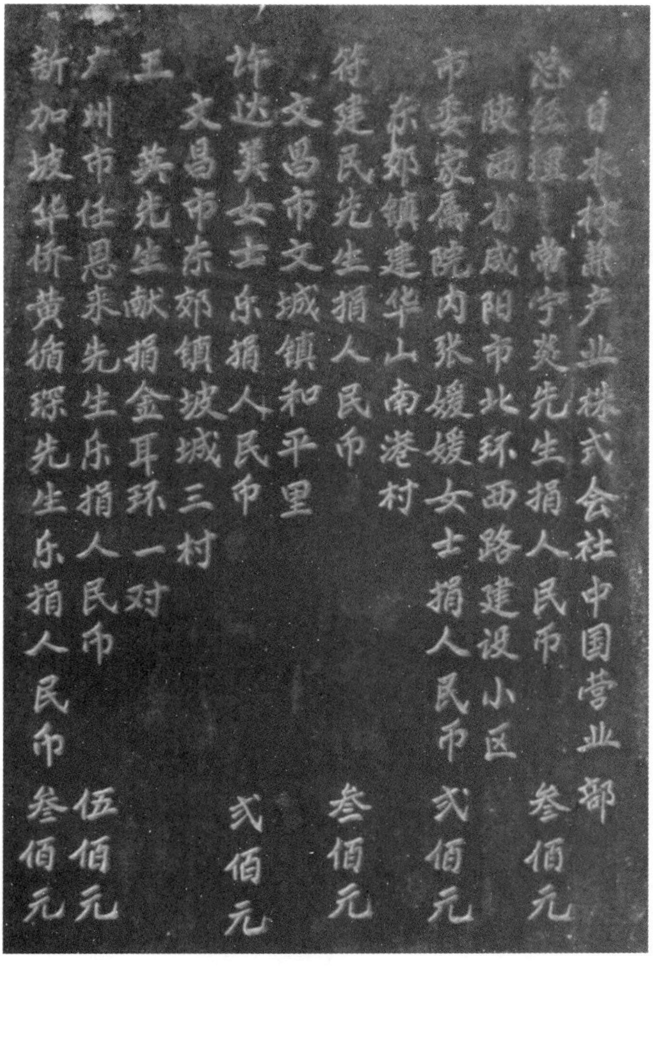

日本林业产业株式会社中国营业部
总经理　曾宁焱先生捐人民币　叁佰元
陕西省咸阳市北环西路建设小区
市委家属院内张嫒嫒女士捐人民币　贰佰元
东郊镇建华山南港村
符建民先生捐人民币　叁佰元
文昌市文城镇和平里
许达英女士乐捐人民币　贰佰元
文昌市东郊镇坡城三村
王英先生献捐金耳环一对
广州市任恩来先生乐捐人民币　伍佰元
新加坡华侨黄循琛先生乐捐人民币　叁佰元

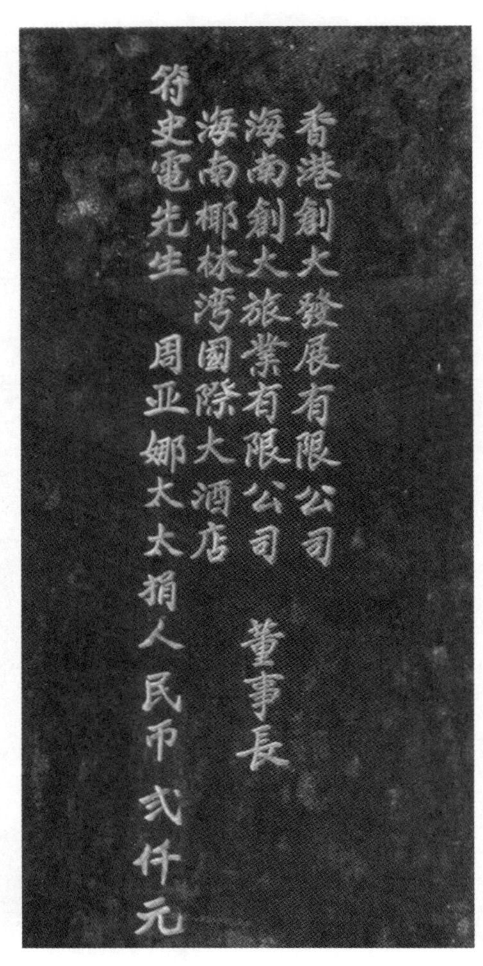

55.

香港创大发展有限公司
海南创大旅业有限公司董事长
海南椰林湾国际大酒店
符史电先生　周亚娜太太捐人民币二千元

56.

文昌市清澜镇深田村新加坡华侨
陈嘉成先生乐捐人民币一千元
新加坡宏茂侨大牌三一六二〇楼
伍尚贤先生乐捐人民币六百元
中国湖北省
武当山万法祖师八宅派弟子
文昌市符史新先生乐捐人民币五百元
东郊镇文炳村香港同胞郑妚二女士五百元
符史云先生五百元
东郊镇马头村黄汝南女士捐人民币四百元
建华山北港村潘若先生捐人民币二百元
建华山玉坡村庄光成先生捐人民币二百元

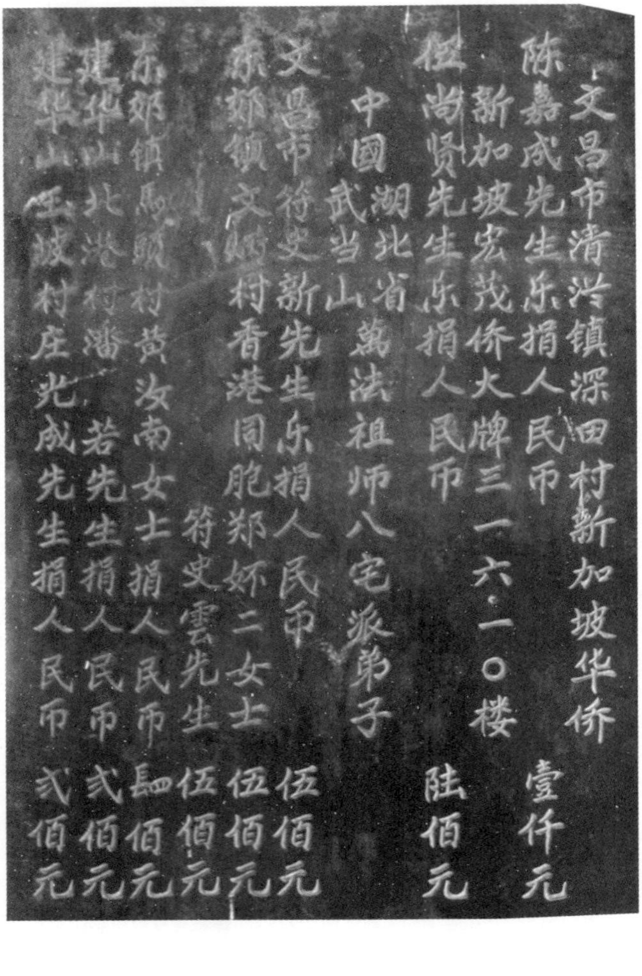

文昌市清澜镇深田村新加坡华侨
陈嘉成先生乐捐人民币 壹仟元
新加坡宏茂侨大牌三一六·一〇楼
侄尚贤先生乐捐人民币 陆佰元
中國湖北省
武当山萬法祖师八宅派弟子
文昌市符史新先生乐捐人民币 伍佰元
东郊镇文娇村香港同胞郑妚二女士 伍佰元
符史雲先生 伍佰元
东郊镇驼头村黄汝南女士捐人民币 肆佰元
建华山北港村潘若先生捐人民币 贰佰元
建华山屯坡村庄光成先生捐人民币 贰佰元

57.

万世流芳

水尾圣娘文物保护委员会

丙子年孟冬月

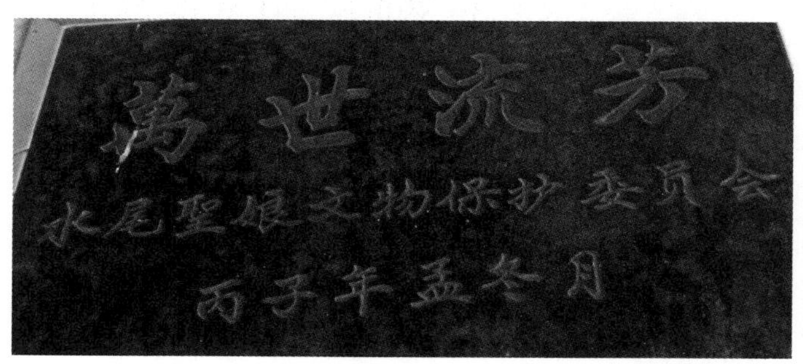

58.

建华山北港村潘正炎先生捐人民币二百元

建华山港尾村潘先喜先生捐人民币二百元

东郊镇玉树村黄世系先生捐人民币二百元

黄循山先生捐人民币二百元

文昌抱罗丰家村林尤劲先生捐人民币二百元

文昌清兰新港路韩书畴先生捐人民币二百元

文昌市迈号镇迈众白玉三村

符慧敏女士捐人民币二百元

文昌市东郊镇椰海文炳村黄世诚先生

献捐不锈钢统二支价值人民币一千元

黄武先生乐捐人民币五百元 又二百元

黄强先生乐捐人民币 二百元

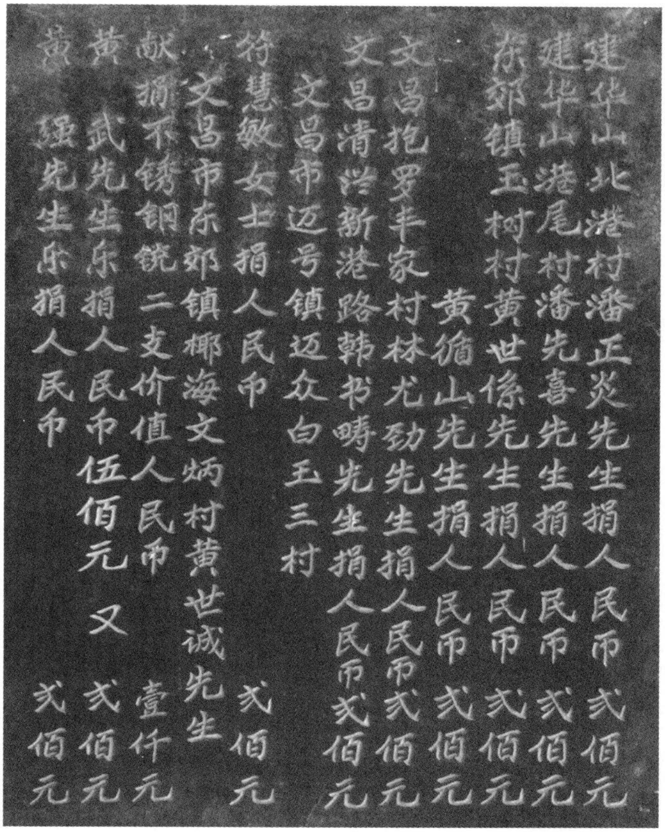

建华山北港村潘正炎先生捐人民币　贰佰元
建华山港尾村潘先喜先生捐人民币　贰佰元
东郊镇玉树村黄世條先生捐人民币　贰佰元
黄循山先生捐人民币　贰佰元
文昌抱罗丰家村林尤劲先生捐人民币贰佰元
文昌清澜新港路韩书畴先生捐人民币贰佰元
文昌市迈号镇迈众白玉三村
符慧敏女士捐人民币　贰佰元
文昌市东郊镇椰海文炳村黄世诚先生
献捐不锈钢铳二支价值人民币　壹仟元
黄武先生乐捐人民币伍佰元　又　贰佰元
黄强先生乐捐人民币　贰佰元

59.

文昌市清澜镇大园村新加坡华侨
朱兴华先生人民币八百元
文昌市湖山镇吴乾琚先生港币五百元
文昌市锦山镇吴乾英先生港币五百元
文昌市东郊镇上坡村
符载举先生人民币二百元 金链一条
东郊镇马头村符文霞女士人民币二百元
琼山市桂林洋林排村
陈雪娟女士人民币二百元
文昌市头苑镇头苑村泰国华侨
云李碧霞女士捐人民币三百元

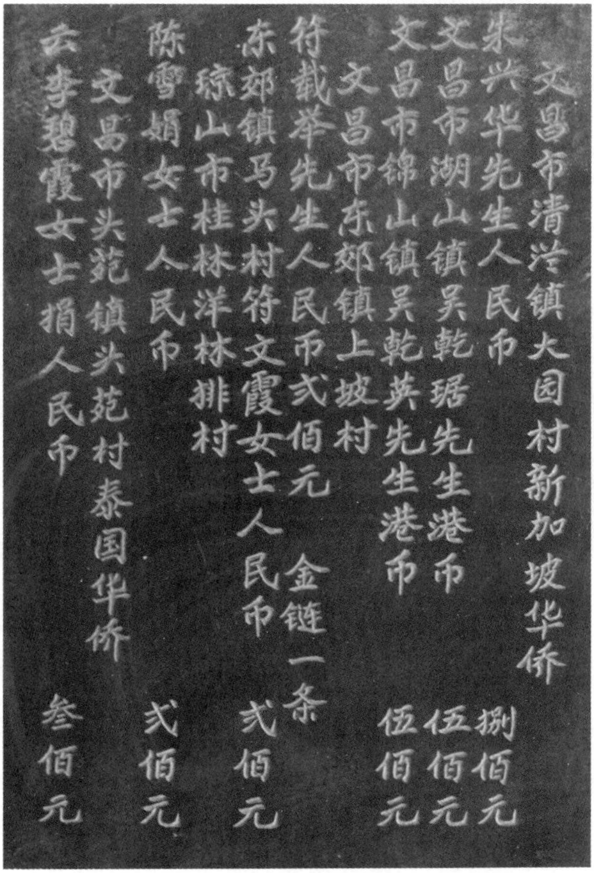

文昌市清澜镇大园村新加坡华侨
朱兴华先生人民币　捌佰元
文昌市湖山镇吴乾琚先生港币　伍佰元
文昌市锦山镇吴乾英先生港币　伍佰元
文昌市东郊镇上坡村
符载举先生人民币贰佰元　金链一条
东郊镇马头村符文霞女士人民币　贰佰元
琼山市桂林洋林排村
陈雪娟女士人民币　贰佰元
文昌市头苑镇头苑村泰国华侨
云李碧霞女士捐人民币　叁佰元

60. 为图63—71完整图

61.

海口市东郊椰林海鲜城捐人民币一千元
湖南省衡阳市
东城砂石公司曹剑平先生捐人民币一千元
星洲华侨赵祚标先生捐人民币二千元
香港九龙通菜街五十五号地下
黄风雷先生捐人民币一千元
东郊椰林海鲜城捐人民币一千元
冯坡镇青蓝坡村韩建定先生捐人民币一千元
胡淡村冯玉兰女士捐人民币六百元
广州市文信无锈钢厨具厂
任恩来先生捐人民币五百元
潭牛镇宝珠村邢谷瑚先生捐人民币五百元
文昌市重兴镇庙岭村黄循发先生捐人民币五百元

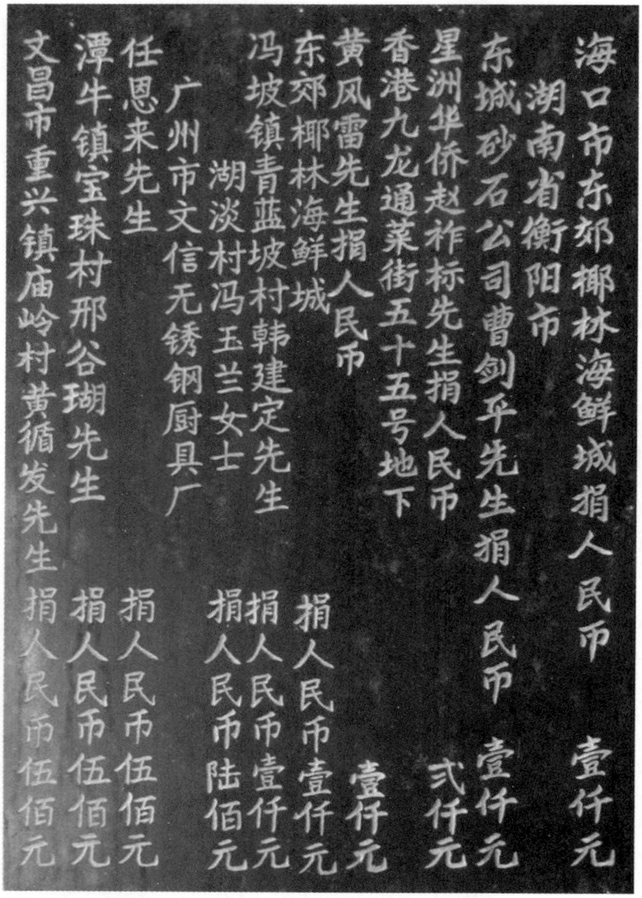

海口市东郊椰林海鲜城捐人民币 壹仟元

湖南省衡阳市

东城砂石公司曹剑平先生捐人民币 壹仟元

星洲华侨赵祚标先生捐人民币 弍仟元

香港九龙通菜街五十五号地下

黄风雷先生捐人民币 壹仟元

东郊椰林海鲜城 捐人民币壹仟元

冯坡镇青蓝坡村韩建定先生 捐人民币壹仟元

湖淡村冯玉兰女士 捐人民币陆佰元

广州市文信无锈钢厨具厂

任恩来先生 捐人民币伍佰元

潭牛镇宝珠村邢谷瑚先生 捐人民币伍佰元

文昌市重兴镇庙岭村黄循发先生 捐人民币伍佰元

62.

公元一九九八年十月十五日军坡榜
东郊镇调炳村 郑斐先生捐人民币二千元
二〇〇〇年军坡筹款芳名
符玉娥、符翠嫦、黄桂花、韩春珠、梁秀英
二〇〇二年十月十五日军坡芳名榜
建华山港门村傅敬先生捐人民币一千零六元
加拿大大安省海南同乡会同仁敬捐人民币一千元
东郊椰岛餐厅黄循炎先生捐人民币五百元

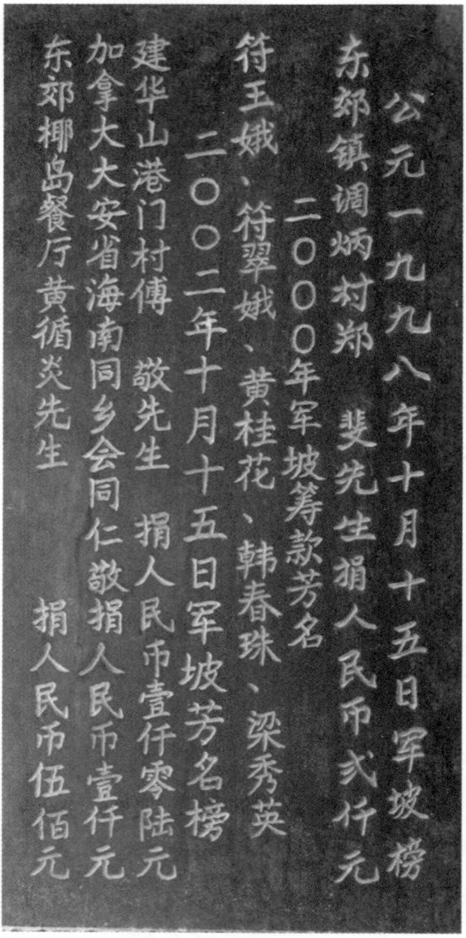

公元一九九八年十月十五日军坡榜
东郊镇调炳村郑 斐先生捐人民币弍仟元
二〇〇〇年军坡筹款芳名
符王娥、符翠娥、黄桂花、韩春珠、梁秀英
二〇〇二年十月十五日军坡芳名榜
建华山港门村傅 敬先生 捐人民币壹仟零陆元
加拿大大安省海南同乡会同仁敬捐人民币壹仟元
东郊椰岛餐厅黄循炎先生 捐人民币伍佰元

63.

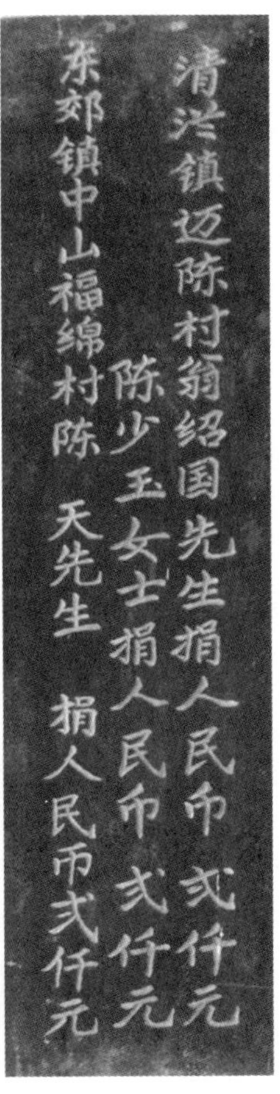

清兰镇迈陈村翁绍国先生捐人民币二千元

陈少玉女士捐人民币二千元

东郊镇中山福绵村陈天先生捐人民币二千元

64.

文昌市抱罗镇云大桐先生等港币三千元
新加坡华侨黄家総梁亚兰夫妇人民币二千元
琼山市三江镇吴淑书先生港币一千元

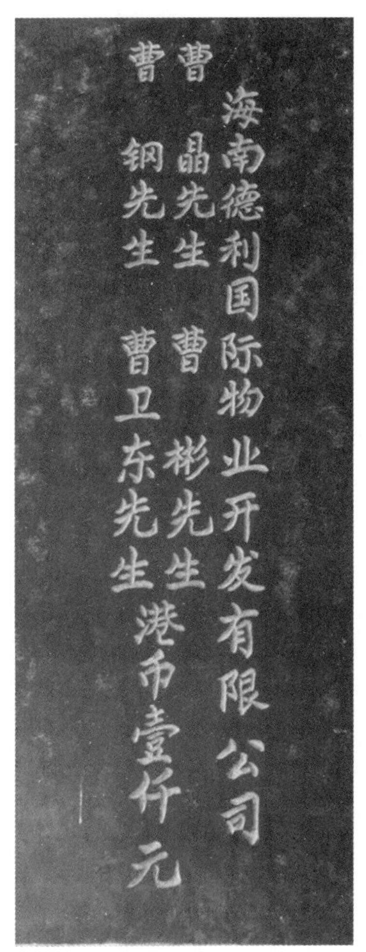

65.

海南德利国际物业开发有限公司

曹晶先生　曹彬先生港币一千元

曹钢先生　曹卫东先生港币一千元

66. 东郊镇马头村许环球先生捐人民币二千元

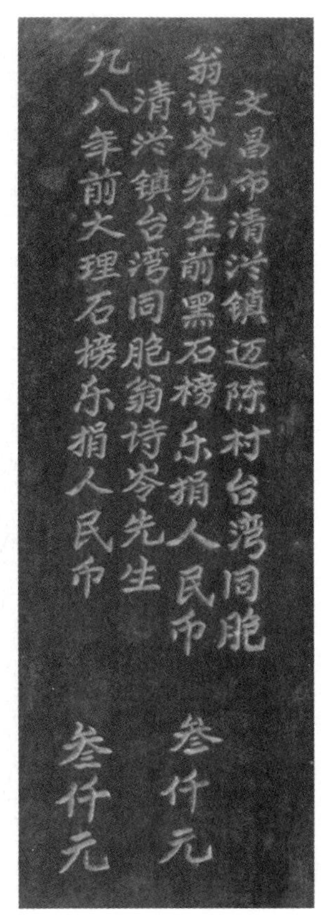

67.

文昌市清浴镇迈陈村台湾同胞
翁诗岑先生前黑石榜乐捐人民币三千元
清浴镇台湾同胞翁诗岑先生
九八年前大理石榜乐捐人民币三千元

68.

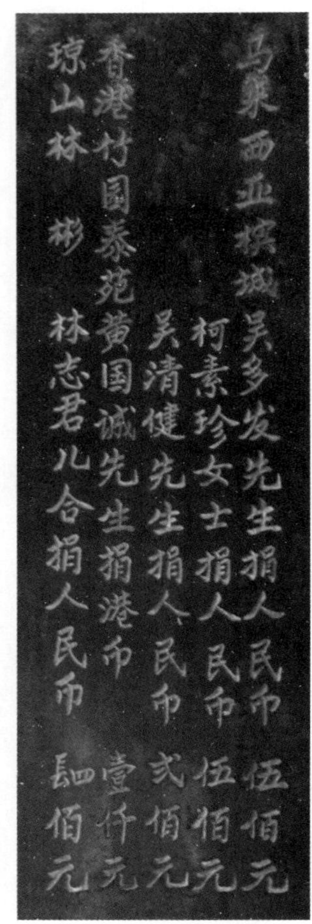

马来西亚槟城吴多发先生捐人民币五百元
柯素珍女士捐人民币五百元
吴清健先生捐人民币二百元
香港竹园泰苑黄国诚先生捐港币一千元
琼山林彬　林志君儿合捐人民币四百元

69.

万世流芳

水尾圣娘文物保护委员会

丙子年孟冬月

70. 图为71—120完整图

71. 清澜镇新园村翁忠仁 300 元

坡尾村居悉尼郑平 500 元澳币

坡尾村郑庆仕 300 元　郑畅 300 元

东阁镇良丰坎下园村　符福登 500 元

东郊红华山队　郑全飞 1000 元

深圳市永佳合一科技发展有限公司

王琳 1000 元

72. 乐捐水尾圣娘庙芳名榜

蓝田村黄剑英 800 元

良梅村邢文宠 200 元

田头村云路园村 符祥芝 200 元

建华山拜村 符策龙 潘祝丽 680 元

文昌春莲贸易有限公司王胜 陈春莲

王建 680 元

73. 乐捐芳名榜

文昌市东郊镇福坡村　符气调 10000 元　新加坡郑福海 500 元

文昌市东郊镇文龙四队　符藻 200 元　海口市新港符萍 100 元

海南嘉德信会计师事务所余明慧 200 元

文昌市东郊镇文炳村黄强 500 元

文昌市罗豆茶场岩坡郭村　郭向阳　邓小燕 2000 元

文昌市迈号镇西园村　韩喜全 200 元

文昌市抱罗镇大学村　连魁勇 100 元

文昌市阿连百货商行　王胜　陈春莲 308 元

文昌东郊镇文炳村　黄世诚（子）黄武 500 元

文昌市东郊镇中山福绵村　符少玲 200 元

裕廊东二十四街大牌 251 门牌 05 - 110　梁月霞 1000 元

深圳市福田区八卦岭工业区 412 栋 5 楼深圳永佳合电子厂王琳 1000 元

大致坡镇美浑村　符永比 200 元　公坡官皇村　黄英联 100 元

泰国　余沏钦 200 元　何双豪　陈映虹 100 元

陈锐南　林惠荣 200 元蔡令珠 100 元　周瑶珊　100 元

廖贵梅子　廖雅惠 100 元　姚建华 100 元　赵锡龙 200 元

赵锡林 100 元　康术士 400 元　蔡锦炎（合家）200 元

文昌市东郊镇桃李村潘心史　金链一条　文昌市公安局　符载光 100 元

文昌市东郊镇文龙四队符青梅金链一条

文昌市东郊镇红华山　符玉娥金耳环一对

文城镇德田德国浦王村　王国沈 500 元

文昌市东郊镇玉坡村庄昌 200 元

二〇〇八年

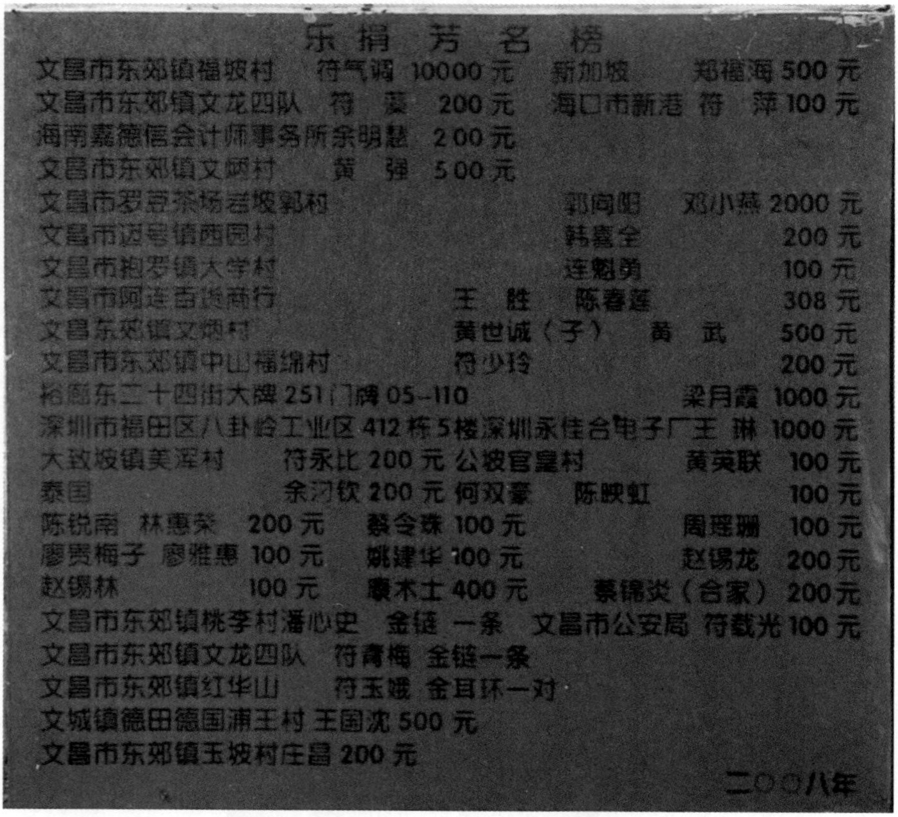

乐捐芳名榜

文昌市东郊镇福坡村 符气调 10000元 新加坡 郑福海 500元

文昌市东郊镇文龙四队 符 蓁 200元 海口市新港 符 萍 100元

海南嘉德信会计师事务所余明慧 200元

文昌市东郊镇文衡村 黄 强 500元

文昌市罗豆茶场岩坡郭村 郭尚明 邓小燕 2000元

文昌市迈号镇西园村 韩嘉全 200元

文昌市抱罗镇大学村 连魁勇 100元

文昌市阿连百货商行 王 胜 陈春莲 308元

文昌东郊镇文烟村 黄世诚（子） 黄 武 500元

文昌市东郊镇中山福绵村 符少玲 200元

裕邕东二十四街大牌251门牌05-110 梁月霞 1000元

深圳市福田区八卦岭工业区412栋5楼深圳永佳合电子厂王 琳 1000元

大致坡镇美浑村 符永比 200元 公坡官皇村 黄英联 100元

泰国 余河钦 200元 何双豪 陈映虹 100元

陈锐南 林惠荣 200元 蔡令珠 100元 周瑶珊 100元

廖贵梅子 廖雅惠 100元 姚建华 100元 赵锡龙 200元

赵锡林 100元 蔡木士 400元 蔡锦炎（合家） 200元

文昌市东郊镇桃李村潘心史 金链一条 文昌市公安局 符载光 100元

文昌市东郊镇文龙四队 符青梅 金链一条

文昌市东郊镇红华山 符玉娥 金耳环一对

文城镇德田德国浦王村 王国沈 500元

文昌市东郊镇玉坡村庄昌 200元

二〇〇八年

74. 乐捐芳名

文城镇德清村委会德清村王国沈捐 10500 元

良梅村南王安喜捐 500 元杨兴全 200 元

泰国佛弟　曾春花捐 100 元　王志春 100 元

泰国六队　符式锋捐 200 元　陈少华 100 元

蓝田村　黄剑英捐 300 元　赵子权 100 元

迈号鸿昌椰果厂　郑叶青捐 200 元　文昌潭牛陈亭桥圣娘庙 200 元

建华山南边园黄亚强捐 200 元　会文镇福上村叶能恩 200 元

宝土村　符若琴捐 200 元　海口市美兰区东营乡陶郎村　中山福锦村　陈在需捐 200 元

陈玉剑、王雁、陈婧瑜 200 元

文昌 00026 号船杨绳雄捐 200 元　海口市南宝路 16 号 3 楼梁安裕、

三亚市符积均捐 100 元　符积儒 100 元

云雪秋 100 元

符惠兰 100 元　符惠芳 100 元　建华山港头村黄循炎、

符玉桐 100 元　符惠萍 100 元　黄倡捐 1000 元

文龙四队符藻 300 元　泰国郑有海 100 元　郑有难 100 元

建华山西沟村符云杨 200 元　抱罗南坡村符文香 100 元

建华山港尾村郑汝英（二次）1000 元

马来西亚吉隆坡崇真堂 2000 元

陈修昌捐 200 元　张泰鹏 100 元　周联琼 100 元

林成漳 100 元　王会诗 100 元

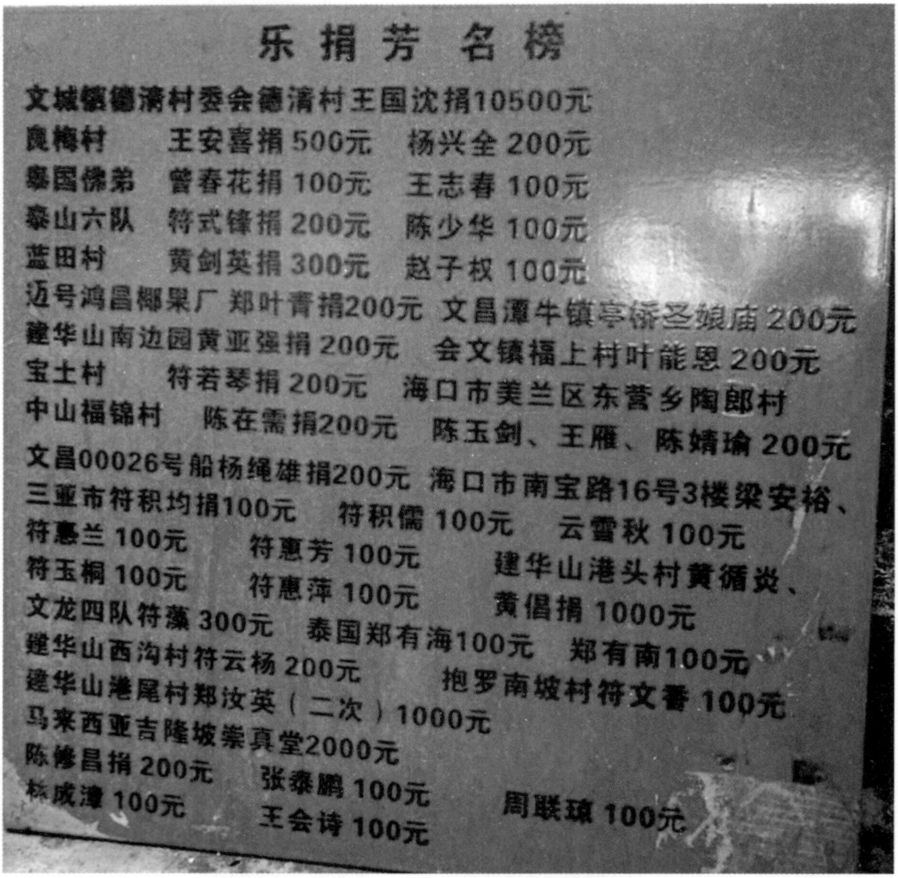

乐捐芳名榜

文城镇德清村委会德清村王国沈捐10500元
鹿梅村 王安喜捐500元 杨兴全200元
泰国佛弟 曾春花捐100元 王志春100元
泰山六队 符式锋捐200元 陈少华100元
蓝田村 黄剑英捐300元 赵子权100元
迈号鸿昌椰果厂 郑叶青捐200元 文昌潭牛镇亭桥圣娘庙200元
建华山南边园黄亚强捐200元 会文镇福上村叶能恩200元
宝土村 符若琴捐200元 海口市美兰区东营乡陶郎村
中山福锦村 陈在需捐200元 陈玉剑、王雁、陈婧瑜200元
文昌00026号船杨绳雄捐200元 海口市南宝路16号3楼梁安裕、
三亚市符积均捐100元 符积儒100元 云雪秋100元
符惠兰100元 符惠芳100元 建华山港头村黄循炎、
符玉桐100元 符惠萍100元 黄倡捐1000元
文龙四队符藻300元 泰国郑有海100元 郑有南100元
建华山西沟村符云杨200元 抱罗南坡村符文番100元
建华山港尾村郑汝英（二次）1000元
马来西亚吉隆坡崇真堂2000元
陈修昌捐200元 张泰鹏100元
林成潭100元 王会诗100元 周联琼100元

75.

清澜镇

堆头村　周秀兰　二百元

高隆村　邢诒章　一百元

黄奇章　一百元

新村一百元者　赖广新　李玉遵

邢诒山　邢诒江　邢谷深　赖白川

冯德兰　冯德华　林山　林彤

76.

东郊港头村黄循炎　二百元

黄良森　一百元

南坡村　黄守裕　二百元

锦㟾村　庄光福一百元

黄良铁　一百元

玉坡村　何和清　一百元

陈明存　一百元

77.

东郊马头村　一百元者　吴桂玉
符致麟　符和深　符文霞　范在香
椰林湾傅人导　一百八十元
庄迪史　一百八十元
庄　焕　一百五十元
陈颖民　一百五十元
庄　昌　一百元

78.

新桥石峎村华侨萧桂骈　二百元
何荣延　一百五十元
丹麦华侨　吴多彬　二百元
马来西亚华侨　符南英　一百元
郑有江　一百元
马来甘马仕海南会馆　一百元
美国华侨　王绥雄　一百元

79.

东郊豹山村郑有儒　二百三十元
郑馨科　二百元　一百元如下
郑心奉　郑馨荣　郑馨成　陈诗卫
陈礼海　郑有贵　郑馨德　郑有佚
郑有亿　郑馨伦　陈吉川　陈育好
良田村一百元者符致望　符永干
伍书爱　朱爱　潘运行

80.

东郊良田村陈诗桂　二百元

田头村一百元者黄宏东　符和雄

黄为民　黄为群　符气环　符策亿

符策雄

玉树村一百元者黄守瑛　黄循山

黄守珀　黄守潘　黄循荣　黄守奉

黄世亿　黄大权　黄守辉

81.
桃李村一百元者
潘正群　潘玮　潘正文　潘先月
潘于栋　潘先胜　潘小飞　潘先业
潘雄　潘正任　潘荣　黄守本
黄奔　黄循远　黄晓明　黄循阳
海口市　陈海波　一百元
陈海红　一百元

82.

马头村 朱国华 一百元

锦崀村 黄守瓊 一百元

西春村 黄良乙 一百元

调炳村 郑家良 一百元

北港村 潘在光 一百元

坡城村 符致东 一百元

沙尾村 伍书堂 一百元

83.

桃李村　潘流萤　二百八十元
豹山村旅星华侨郑家瑞　二百五十元
　　旅美华侨郑英能　二百元
马头城内村　李永康　二百元
　　　　曹桂英　一百元
豹山村旅欧华侨郑心旭　二百元
豹山村　郑有前　一百元

84.

头苑市云惟佼　一百元
南阳有乐城村一百元者
唐匍良　唐甸友　唐甸光　唐甸文
唐旬明　唐妙　唐亮
万宁工商局　刘和　二百元
海口市杨建华　一百元
铺渔　杨成雄　一百元

85.

东郊邦塘村黄宏道　一百一十元
一百元者　黄宏瓊　黄良干
黄循杏　黄循耀　黄循干　符史良
伍书民
文炳村一百元者符致忠　郑奷二
任云芳　符致安　符致全　李光运
南港村一百元者黄良瓊　符建强

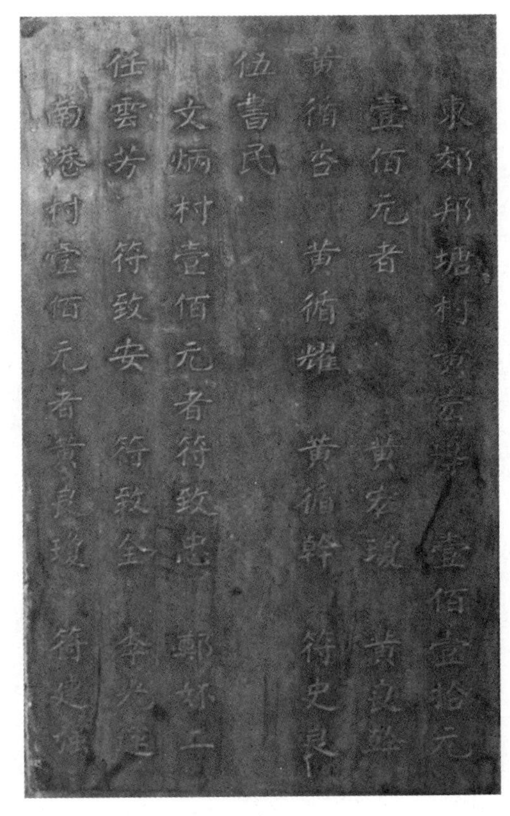

86.

清澜上市　许振培　一百元

许振敏　一百元　欧英民　一百元

清澜锦山村　符菊英　一百元

韩东元　一百元　韩平花一百元

清澜上坎村　林道河　一百元

会文官新村　黄良机　一百元

文教嘉美村　林明梓　一百元

87.

锦山南来村　吴宁　一百元
锦山市　黄兰英　一百元
锦山南坡村　冯彩梅一百元
文城镇　蔡笃仁　一百元
李强　一百元　云惟青　一百元
孙敬云　一百元　李桂梅　一百元
翁绍忠　一百元　翁诗益　一百元

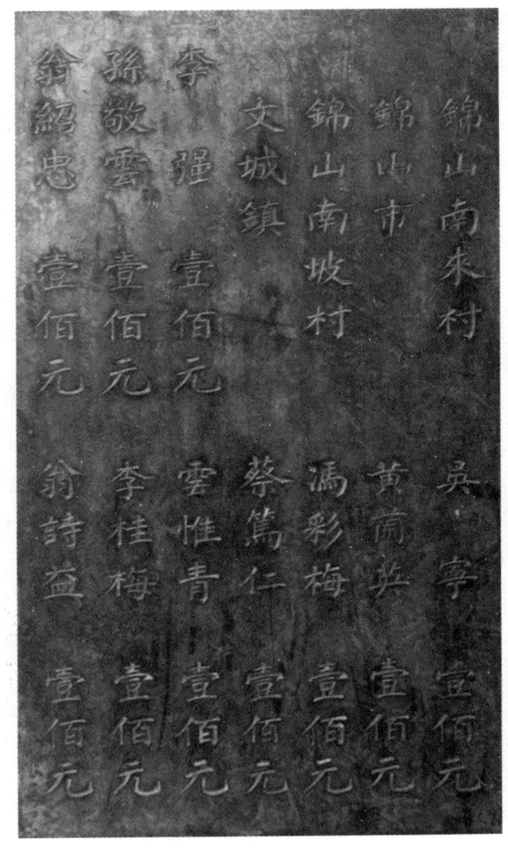

88.

清澜堆头村 陈行权 一百元
南海严村严崇利 一百元
东郊港头村 黄良成 一百元
宝土仔 黄良明 一百元
南阳高隆百月园村李文宝 二百元
清泮镇吾能村 华景彬 二百元
清泮南海薰头村 陈川雨 二百

89.

白延后佳村　林熙海　一百元
迈号琼岛咖啡厂陈昌福　一百元
麻坑村　王绥雄一百元
群后村　陈维越　一百元
铺前新田村　王绥宝　一百元
十二号船　冯锦英　一百元
东郊口牙村　郑有钦　一百元

90.

文城水涯村一百元者
符尚雄　符尚双　韩桂梅　胡隆煌
大潭村　张人略　一百元
万利镜店　伍书明　一百元
东郊锦坡村　郑玉英　一百元
良田村　黄世伍　一百元
迈号迈豆村　范高忠　一百元

91.

东郊地方村

黄守豪　黄守冠各一百二十五元

黄守英　一百元

长春下村黄爱梅　一百元

港头村　黄循钲　一百元

邦塘村　黄良平　一百元

福城村　黄德符气全各一百元

92.

东郊上福园村一百元者

黄循冠　黄振兴　黄良平

福坡村　符绩汉　一百元

西春村一百元者

黄剑　潘家儒　黄循英　黄循恺

文科村　符史电　一百元

下田村　杨爱梅　一百元

93.

文城镇和平里　许达美

云惟明

新加坡　朱亚四

林英全

海口市华侨大厦陈宗

陈煌

头苑镇上村一队陈俊辉一百二十元

94.

文昌铺前渔船 杨成 一百元
广东省朝阳市 陈新 二百元
谢宁宏
文昌县公坡市 韩平 一百元
东郊镇福城村 符致东 一百元
琼山大致坡良官村冯所萃 三百元
迈号新街五十四号符祖伟 二百元

95.

抱罗镇后坡村旅泰华侨符国秋二百元

抱罗镇大位村旅泰华侨黄开冰　二百元

旅泰华侨金不成　二百元

谭牛镇旅马华侨符之洋　二百元

东郊镇桃李村潘明　二百元

星加坡希达路李昌盛夫妇二百元

迈号井头村王茀江夫妇二百元

96.

台湾台北市刘维谅　四百元
迈号镇下水村　符策桐　二百元
冯坡市官墩村　云天佑　二百元
云怀芹　二百元
云永伟　二百元
文昌县烟堆市　吴淑何　二百元
文昌零零八八八船　杨成　二百元

97.

文林良畝仔村　曾爱花　一百元
林仁美　一百五十元
张民莲　一百五十元
头苑市头苑村李碧雫等七人八百元
广州北京任恩甫　任恩来
任恩远　任恩惠
清滢镇昌出村丁　亮先生　二百元

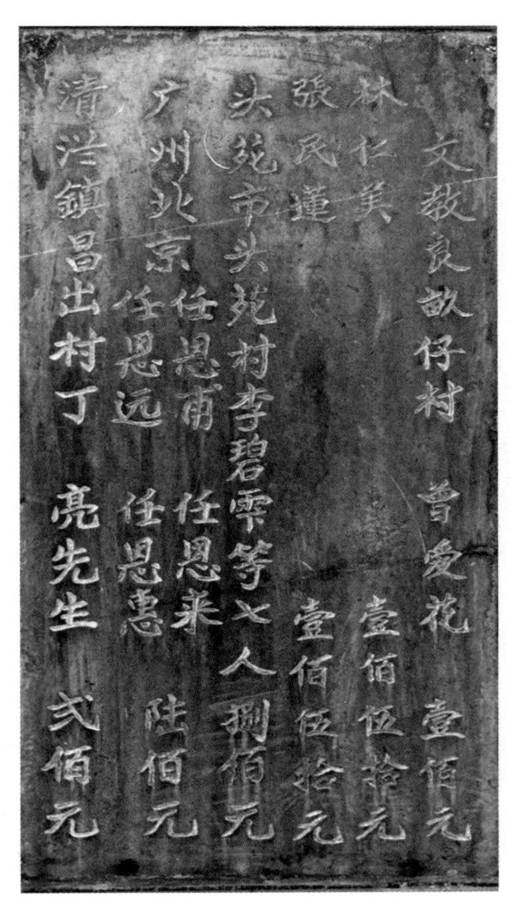

98.

南港村　符建强　一百元
建华山玉坡村　庄迫锦　二百元
湖山大道村　傅启位港币二百元
广东文联郑心伶　一百元
林春园村　黄循球　一百元
马来西亚古纳　周威廉　二百元
泰国丁园村　卢章星　二百元

99.

迈号排城村　符傅辉　二百元
东阁港尾村　邢益邦　二百元
新桥石岘村　萧桂骈　二百元
文昌下洋村　符永恺一百元
清澜多文村　王禄华　一百元
新安村　翁诗铭　一百元
翁田艳元村　韩英　一百元

100.

清澜深田村 一百元者
李秋菊 陈惠兰 陈月娥 陈加清
陈加明 陈加盛 陈加瓊 陈加成
潭牛石盘村 唐奋 一百元
铺前新田村 符淑英 一百元
广东潮阳市田心镇一百元者
陈新 谢崇宏

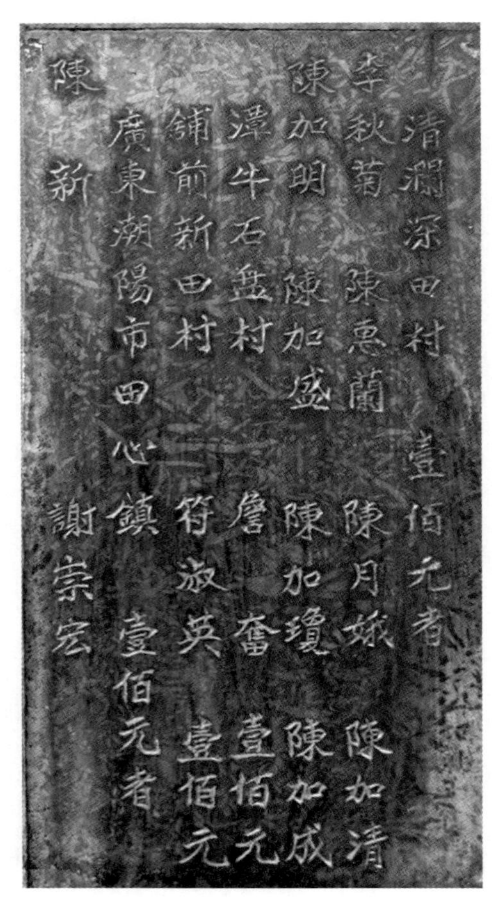

101.

头苑蓝田村张德强张德光　四百元
罗豆江道村林鸿景黎金英　四百元
信坡村林鸿业谢惠芬　三百元
林鸿惠周秀南　三百元
东郊镇西村大村　黄玉玲　二百元

102.

海南物业贸易公司林武　三百元

湖山下泉村林鸿超符爱荣　三百元

罗豆山峎村施云潘林玉梅　三百元

新桥山塘村翁诗波陈剑南　二百元

新加坡　陈岳雄　二百元

103.

锦峎村马来西亚

黄得君　三百元

桃李村

潘正本　三百元

南坡村

郑庭袒　三百元

104.

良田村
潘家伍　三百元
黄远雄　三百元
上福园村　黄循华　三百元

105.

马来西亚雪邦琼州会馆

黄文逊　三百元

陈德文　三百元

上福园村

黄循垂　三百元

106.

泰国华侨

吴赤汉春江夫妇港币　三百元

文城镇文东路

林均　三百元

深圳市　张宝林　三百元

107.

马来西亚雪邦琼州会馆

黄有喜　三百元

朱运志　三百元

朱国辉　三百元

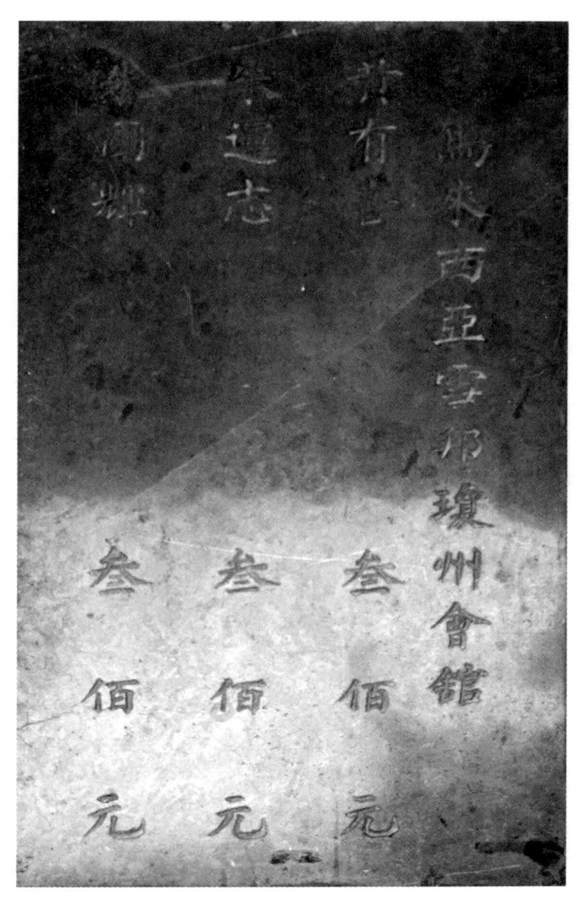

108.

清澜僚家里村

林斯水李有冠　三百元

石坎村

李有冠林斯水　三百元

僚家里村

李先群　三百元

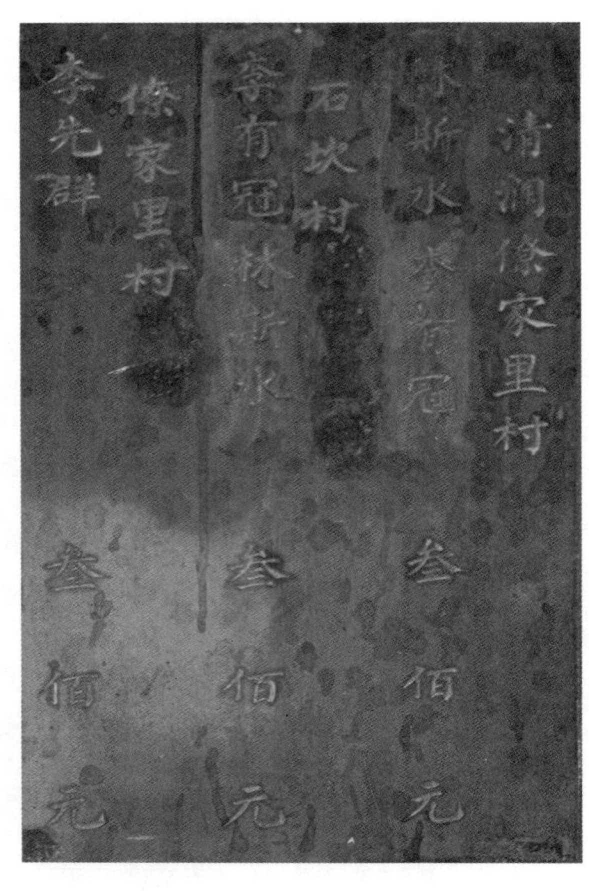

109.

马来西亚官罗味拉市

龙历盛　三百元

豹山蔡村　郑立群三百元

南坡村

郑心凯三百元

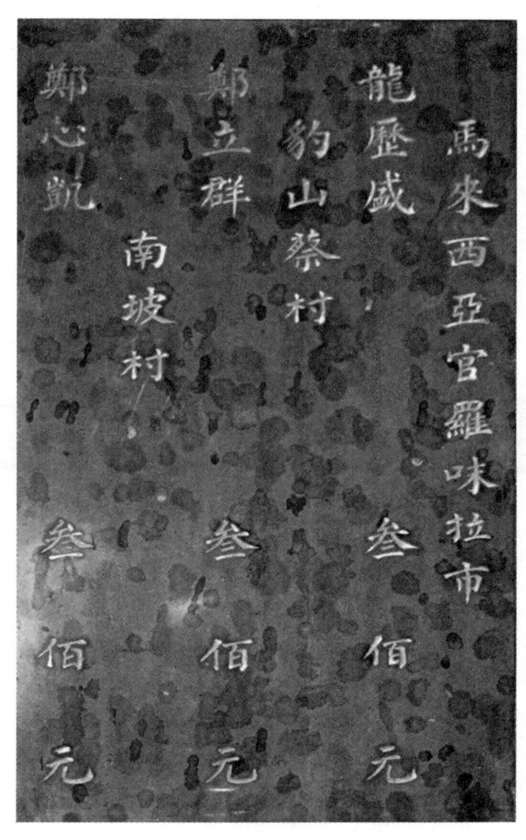

110.

迈号镇新街
周容英　三百元
星加坡明地迷亚路
李昌全合府　三百元
东郊港头村
黄循炎　三百元

111.

头苑蓝田村张德强张德光　四百元
罗豆江道村林鸿景黎金英　四百元
信坡村林鸿业谢惠芬　三百元
林鸿惠周秀南　三百元
东郊镇西村大村　黄玉玲　二百元

112.

万世流芳

癸酉年冬月

水尾圣娘殿乐捐重建

水尾圣娘文物委员会

113.

建华山港头村

黄俊先生　五百元

建华山港尾村

潘先喜夫妇五百元

文山村

王玉梅女士　三百元

114.

香港长洲

罗镇良　五百元

马头城内村

李黄亚兰全家　五百元

头苑市头苑村　云昌光

杨淑娟

文昌县大道坡村傅启伍港币二百元

115.

泰国普吉岛

符何龙　符鑽　港币　伍佰元

马来西亚吉隆坡　郑英舷　五百元

白延镇万州村　林连桐　五百元

东郊镇椰海管区　李光润　五百元

清烂市深田村　李秋菊　四百元

清烂市深田村　陈惠英　四百元

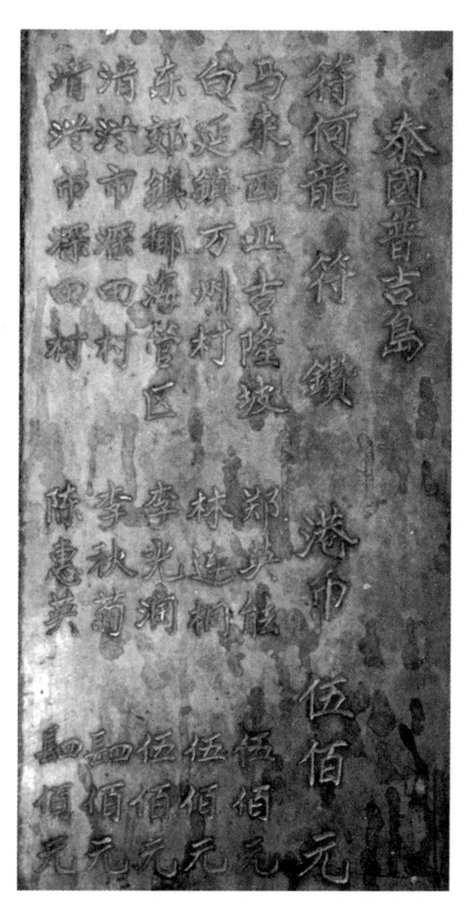

116.

豹山村香港同胞郑有炳先生五百元
广东省深圳市　张保林先生三百元
迈号琼岛咖啡厂　三百五十元
抱罗镇梅山村　林鸿照　三百元
宝方镇坡头村　詹尊铜　三百元
宝方镇坡头村　詹尊甫　二百元
文教后田西山村郑心辉　二百元

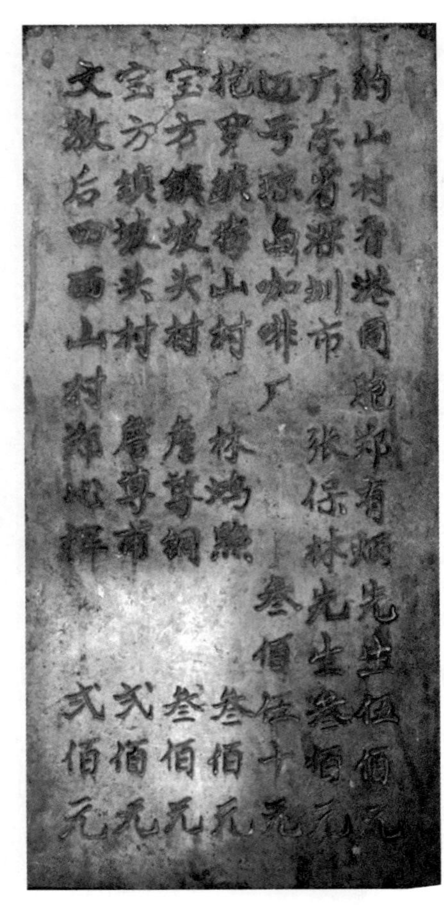

117.

锦山溪头村

李诗仙　三百元

东郊调炳村

潘正深　三百元

文城霞洞村

汤有循郑春芳夫妇五百元

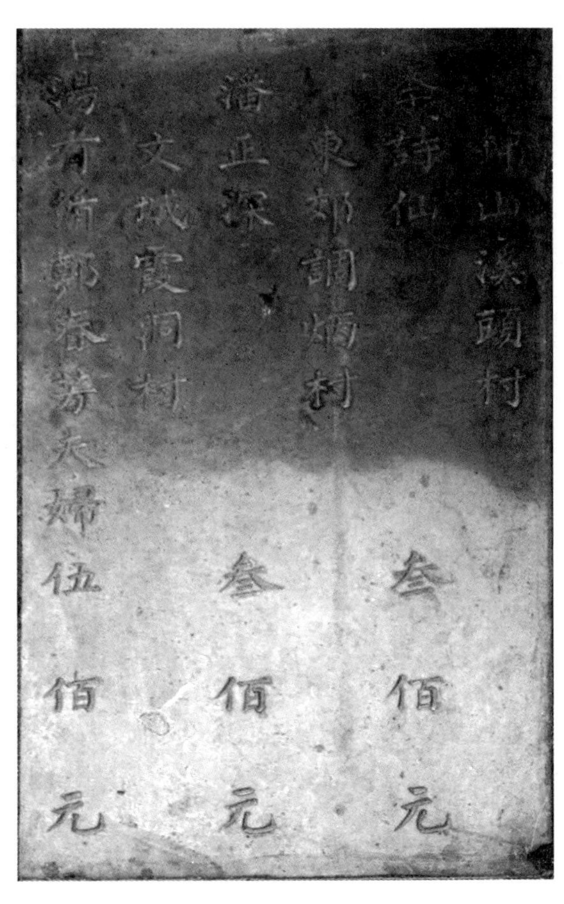

118.

豹山大峎坡村
郑士修　五百元
豹山南坡村
郑馨业　五百元
山西太原市
任进财　四百元

119.

椰林湾显发公司

翁诗波　五百元

清澜高隆村

骆英夫妇　五百元

泰国华侨

陈秋鸿黄美香夫妇港币五百元

120.

文昌迈号镇

琼岛咖啡厂　八百五十元

文炳村

符史云　六百元

锦㟨村马来西亚华侨

黄宏荫　五百元

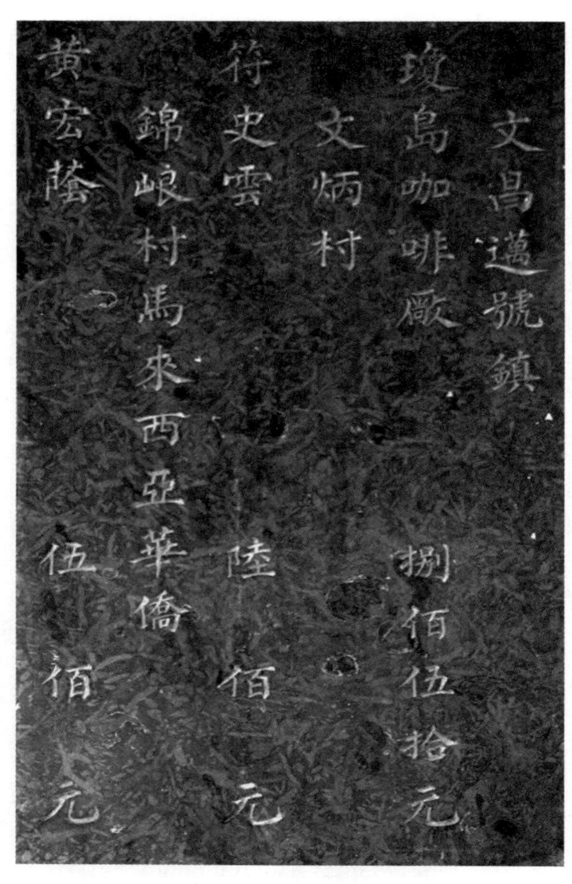

121.

捐助水尾圣娘庙芳名榜

马来西亚吉隆坡贡宏荫捐 500 元

任思来、刘德民、刘德平、刘德洁共：600 元

文昌市东郊镇拜山村符军龙、潘祝丽共：680 元

泰侨捐款共 1800 元

陈鸿英 100 元　吴乾勇 200 元　林曼玉 200 元

傅月娥 200 元　冯金菊 200 元　陈川莉 200 元

符瑞金 100 元　韩顺雄 200 元　陈川蓉 200 元

马来西亚华侨：林金莲、潘先冠、潘先鑫、潘先发、潘先林、潘正为、潘正业，捐款共：3000 元

南边园村黄亚强女士：1000 元

东郊镇椰庄文龙村符永发捐金链一条价值人民币：一千八百元

公元 2013 年 9 月 18 日

捐助水尾圣娘庙芳名榜

马来西亚吉隆坡贡宏荫捐500元

任思来、刘德民、刘德平、刘德洁共：600元

文昌市东郊镇拜山村符军龙、潘祝丽共：680元

泰侨捐款共1800元

陈鸿英 100元 吴乾勇 200元 林曼玉 200元

傅月娥 200元 冯金菊 200元 陈川莉 200元

符瑞金 100元 韩顺雄 200元 陈川蓉 200元

马来西亚华侨：林金莲、潘先冠 潘先鑫、潘先发、潘先林、潘正为、潘正业，捐款共：3000元

南边园村黄亚强女士：1000元

东郊镇椰庄文龙村符永发捐金链一条价值人民币：壹仟捌佰元

公元2013年9月18日

122.

林爱民、陈腾 120 元　八仙 120 元

陈苗 500 元　陈英姿 200 元　黄兰稀 100 元

符月兰 30 元　潘于法 50 元　符传森 50 元

潘于昱 50 元　潘正叁 50 元郑杰 100 元

许宇难　许海鸿　黄秋菊

许明柳　许志师许志勇（合家）100 元

符秋金　潘妚三 20 元　许小翠黄爱娥 20 元

许玲玲陈雪箐 20 元

符祝兰 30 元　庄菊梅 20 元

潘翠英 20 元　潘正海 50 元　郑贻秋 50 元

符玉芳 20 元　郑涛 50 元　符永乐 20 元

符祝英 50 元　杨爱芳 30 元　林尤胜 100 元

华海山 100 元　赖琼文 200 元（文昌昌洒镇昌共中村）

翁艾冰 50 元　庄焕 50 元　庄叶 30 元

庄向光 20 元　符史良 20 元　邢美娟 20 元

黄月桥 20 元　符和爱 120 元　陈桂梅 50 元

南岸酒家 200 元

合计：2850. 00 元

乐捐水尾圣娘十月十五军坡

林爱民、陈腾 120元　八仙 120元
陈　苗 500元 陈英姿 200元 黄兰稀 100元
符月兰 30元 潘于法 50元 符传森 50元
潘于昱 50元 潘正叁 50元 郑　杰 100元
许宇难　许海鸿　黄秋菊
许明柳　许志师　许志勇　（合家）100元
符秋金 潘妚三 20元　许小翠 黄爱娥 20元　许玲玲 陈雪菁 20元
符祝兰 30元 庄菊梅 20元 潘翠英 20元
潘正海 50元 郑贻秋 50元 符玉芳 20元
郑　涛 50元 符永乐 20元 符祝英 50元
杨爱芳 30元 林尤胜 100元 华海山 100元
赖琼文 200元（文昌昌洒镇昌共中村）
翁艾冰 50元 庄　焕 50元 庄　叶 30元
庄向光 20元 符史良 20元 邢美娟 20元
黄月桥 20元 符和爱 120元 陈桂梅 50元
南岸酒家 200元

合计：2850.00元

123. 乐捐芳名榜

文炳村　黄武　统一支　黄鹰 500 元

海口三亚东郊海鲜城 2000 元

南阳镇罗郭村　范冰 300 元　铺前镇　蔡亲 220 元

新加坡　王崇英（新币）100 元　桃李村　潘于栋 100 元

新加坡后港街 51 号　何墩坊 500 元　符明英 200 元　莫奕鸿 200 元

郑声婵 300 元　中山村　符岑 200 元　文昌阿连商店 380 元

军坡留念　符永比 200 元　许震山 500 元　黄史旭　韩春莲夫妇 500 元

桃李村　郑平 100 元　郑玉英 100 元　郑祺 100 元

东郊东星村　黄循喜　黄循宏　黄循超（合捐）1000 元

文龙四队符致花　金链一条

良田文林南村朱运凯庙自来水 320 元

2008 年

乐捐芳名榜
文炳村　黄武 统一支 黄鹰500元　海口三亚东郊海鲜城　2000 元
南阳镇罗郭村　范冰300元　铺前镇　蔡 亲　220元
新加坡 王崇英（新币）　100元　桃李村　潘于栋　100 元
新加坡后港街51号 何墩坊500元　符明英200元　莫奕鸿　200元
郑声婵300元　中山村　符岑2 00元　文昌阿连商店　380元
军坡留念 符永比200元　许震山5 00元　黄史旭 韩春莲夫妇 500元
桃李村　郑 平100元　郑玉英100元　郑 祺 100元
东郊东星村　黄循喜　黄循宏　黄循超（合捐）　1000元
文龙四队符致花 金链一条　良田文林南村朱运凯庙自来水　320元
二００八年

124.

建华山玉坡村庄焕二百元、良田芒园村蔡永江五百元

文昌市头苑村云李碧霞合家捐四百元

加太文一百元、泰国佛币一百元、才崇武一百元

曾春花一百元

海口市白坡里 32 号　508 号　陈正剑　王雁二百元

文昌市文教镇昌政仔村符庆华一百元

符庆国一百元　符庆忠一百元

海口市海秀路蔡绍方崇林青一百元

文昌市龙所园村林道铨一千二百元

文昌市抱罗镇茂山村周成源二百元

文昌市谭牛镇潭牛街 92 号韩大光二百元

中山福绵村陈在需二百元

建华山港头村黄焕光二百元

清澜陈家黄村黄海斌　郑雪娇二百元

桃李村潘正本二百元

文炳村李光润一百元

2007 年 12 月

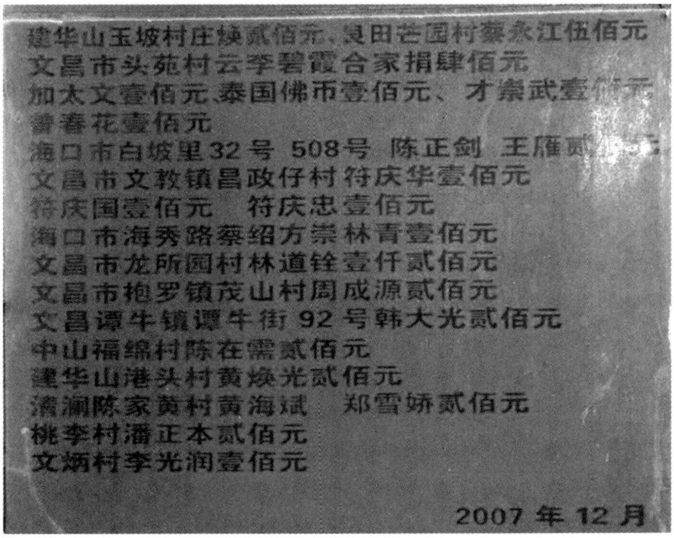
建华山玉坡村庄焕贰佰元、良田芒园村蔡永江伍佰元
文昌市头苑村云李碧霞合家捐肆佰元
加太文壹佰元、泰国佛币壹佰元、才崇武壹佰元
曾春花壹佰元
海口市白坡里32号 508号 陈正剑 王雁贰
文昌市文教镇昌政仔村符庆华壹佰元
符庆国壹佰元　符庆忠壹佰元
海口市海秀路蔡绍方崇林青壹佰元
文昌市龙所园村林道铨壹仟贰佰元
文昌市抱罗镇茂山村周成源贰佰元
文昌谭牛镇谭牛街 92 号韩大光贰佰元
中山福绵村陈在需贰佰元
建华山港头村黄焕光贰佰元
清澜陈家黄村黄海斌　郑雪娇贰佰元
桃李村潘正本贰佰元
文炳村李光润壹佰元

2007 年 12 月

125. 乐捐芳名榜

庞安二百元　福伟二百元

多民二百元　多信二百元

香连一百元　周成源二百元

罗长明一百元　韩朝霞一百元

福亚、福全、桂英四百元

黄循炎一百元

罗若综二百元

郑声台三百元　海口东郊海鲜城一千元

三亚东郊海鲜城一千元　庄焕二百元

黄宏远一百三十元　黄兹炎一百元

黄兹石一百元　黄兹龙一百元

黄玉影一百元　黄燕一百元

黄慈若一百二十五元　庄月媚一百元

黄梨一百元　黄远扬一百元

黄远东一百元　海南宝利食品公司三百元

海口文昌琼岛食品　有限公司三百元

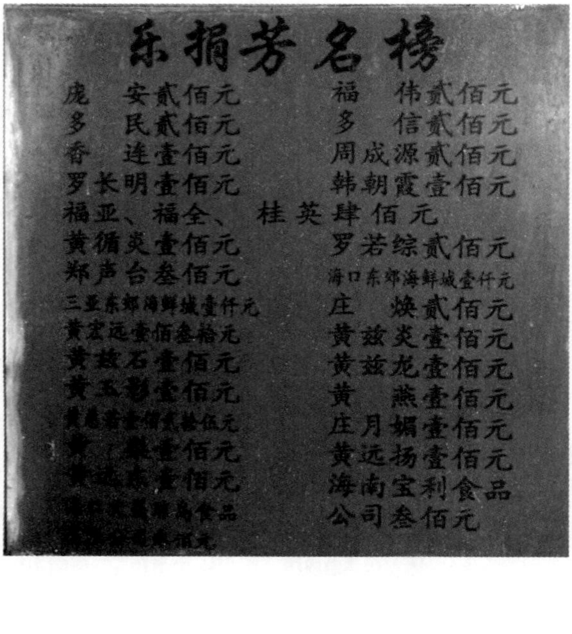

126.

海口市：潘兆兰　二百元　黄守芳二百元　陈守芳二百元
泰　国：陈文和　二百元　陈文利一百元　林诗栋二百元
　　　　许昌裕　二百元　方楚婵　二百元　翁振华　五百元
　　　　恭良发　一百元　唐木士等一千二百元傅军一百元
　　　　陈瑞云女士　一百元　李玉良女士三百元
锦山镇：黄奕蒲　二百元　陈发金二百元　符莲花二百元
　　　　邢谷炎二百元
台　湾：苏相溪　二百元　冯坡镇：曾纪荣二百元
尚兴村：郑心焕　三百元　灵山镇：陈正剑　二百元
翁田镇：林诗和　一百元　良田村：符爱春二百元
福绵村：陈喜雪二百元　张雨鸿、郑建二百元　陈在需二百元
昌里村：云超群二百元　　上坡村：黄良枋一百元
文城镇：王国政二百元　　文炳村：黄武五百元

127. 图为136—185完整版

128.

文昌宝利食品有限公司琼岛咖啡厂

捐三百元

泰国陈文和捐二百元

泰国邢福干捐二百元

澳大利亚悉尼卡市符玉霜捐二百元

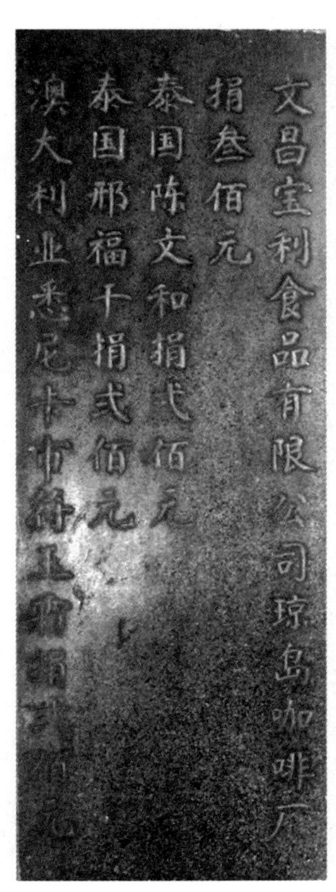

129.

公坡西湖村

韩宁光先生港币一千元

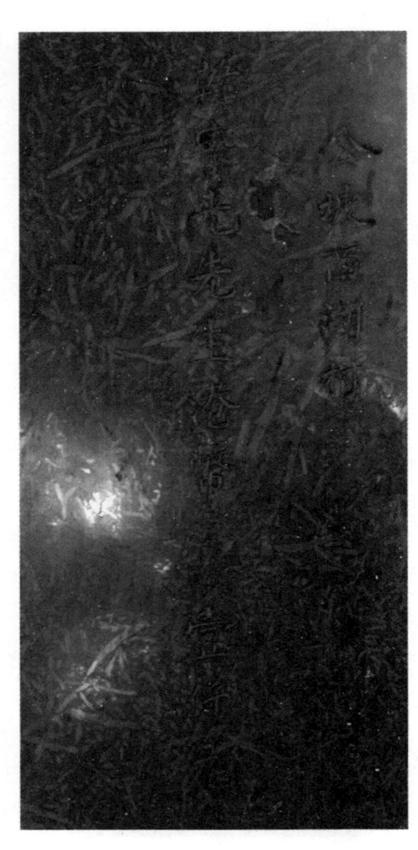

130.

东郊南坡村美国华侨

王绥雄先生　一千元

131.

头苑上僚村马来西亚华侨

张运兴先生　一千元

132.

东郊玉树村

黄乙标先生一千元

133.

海南石琼建筑公司
韩兆光先生　一千元

134.

泰国华侨

陈成鑫先生港币一千元

135.

台北新庄村
苏相溪先生
苏俊豪先生

136.

椰林湾百莱马公司

蔡鸿能先生　一千元

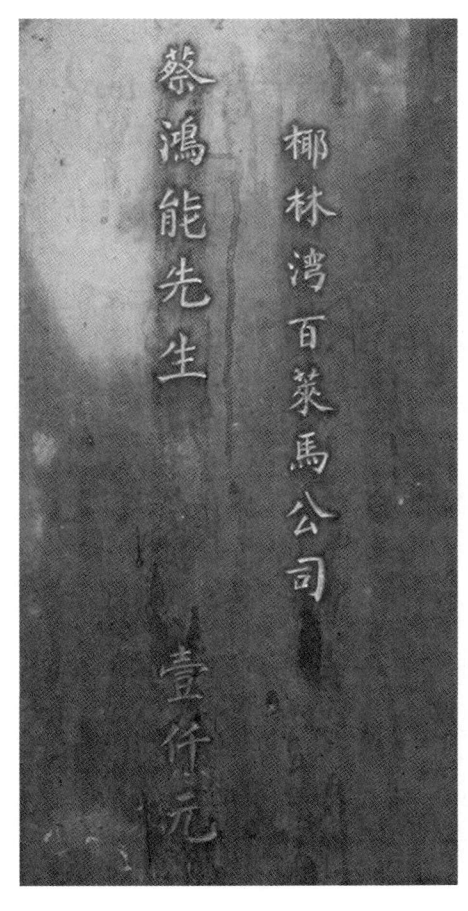

137.

东郊马头村
范秋玉女士　二千元

138.

星加坡道义路
李昌伍先生合府　一千元

139.

日本林兼产业株社会社
饲料　水产营业部　中国营业部
常宁炎经理　一千元
三百元

140.

海口市

张符林黄先生一千二百元

141.

良田村旅美先生华侨

宋星英　宋子甦先生　一千元

142.

良田村旅美华侨

宋焕娥、宋焕清女士一千元

143.

文山村

黄红武先生一千元

144.

重兴镇育英西坡村

龙兴炯先生一千元

龙兴山先生一千元

145.

东郊镇建华山北港村

潘正荣先生港币　一千元

冯坡镇湖谈村泰国华侨

冯玉兰女士港币　一千元

上海市常宁炎先生人民币　五百元

146.

马来西亚

巴星海南会馆　一千元

147.

泰国云惟锦合家捐二百五十元
清澜镇堆头村陈川雨捐五百元
东郊玉坡村庄光诚捐三百元
昌洒镇昌志村符策鑫捐二百元
新居村吴美芳捐二百元

148.

东郊码头大宝土村符若琴女士

捐二百元

文昌市阿连百货商行王胜先生

陈春莲女士合捐五百零八元

文城李碧霞邱桂英合家捐三百元

149.

翁田帮古村泰国华侨黄闻彬
张春兰五百元
清澜锦山村美国华侨王振深二百元
广州市白鹤　蔡云飞二百元
广州市白鹤洞平西一巷二号
蔡云飞先生人民币　二百元

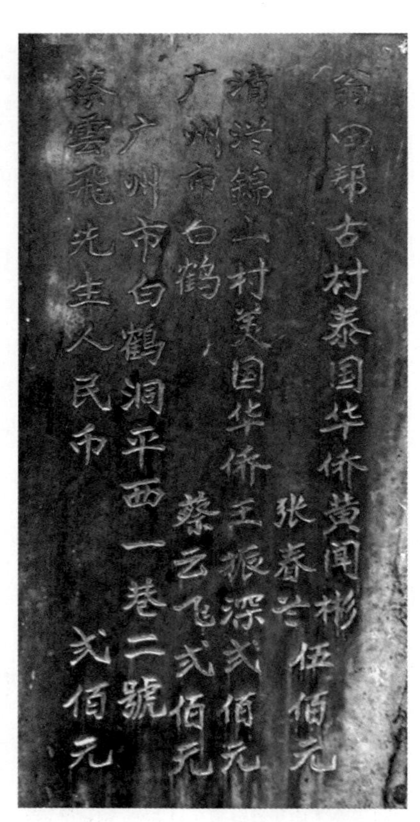

150.

东郊镇东坡村　庄玉兰女士二百元
湖山东山村泰国华侨韩佑翼二百元
东郊镇新民村　陈川琼
　　　　　　　陈川珍
万宁县工商局　刘德民　二百元
迈南部队　　　梁　健　二百元
海南省轴承厂　陈剑二　二百元

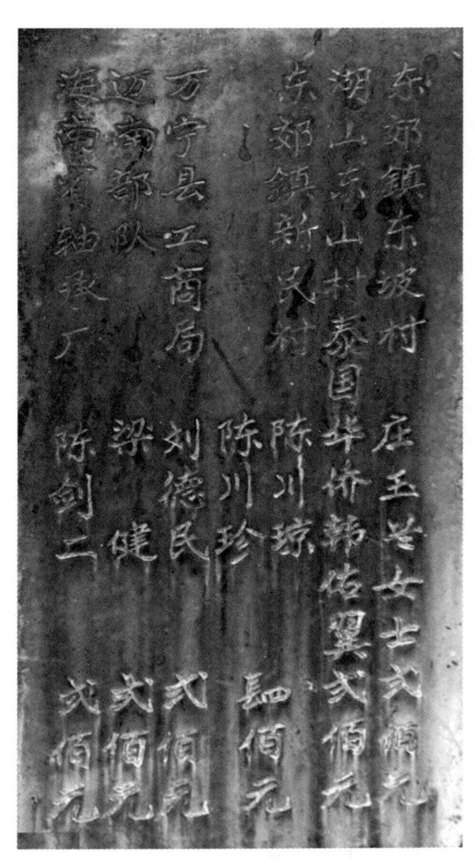

151.

迈号镇迈豆村范高忠先生二百元
冯坡镇良湾庙卢霞桂女士二百元
文昌市和平里八号王绥鑫二百元
万宁县工商局刘和先生二百元
万宁县农业局刘德民先生二百元
刘德平先生二百元

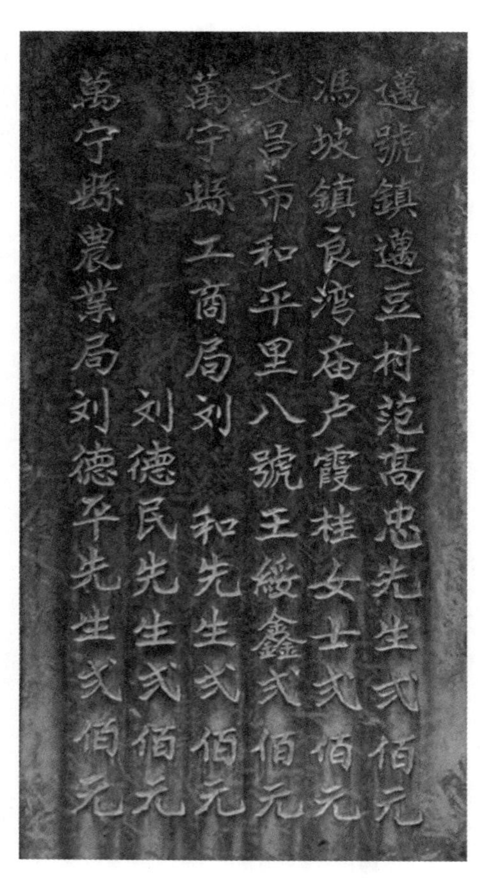

152.

文昌冯坡镇良堆村
云永峰先生人民币　五百元
广州市白鹤洞平西一巷二号
任恩来先生人民币　五百元
台湾省高雄市仁美村
卢票扯女士人民币　五百元

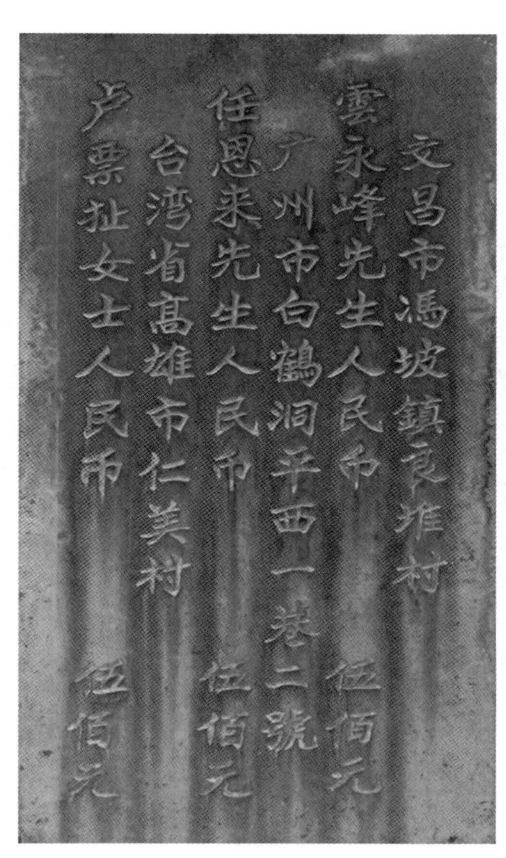

153.

抱罗镇足才村黄兹桐先生二百元

椰海乡文炳村　黄鹰先生　二百元

番禺市政工程公司邓志坚二百元

冠南南昌村新侨陈行杰先生二百元

头苑镇鹿堀村苏运琼先生二百元

湖山镇东山村华侨韩佑翼二百元

铺前镇林吾乡美仍村史叶贞二百元

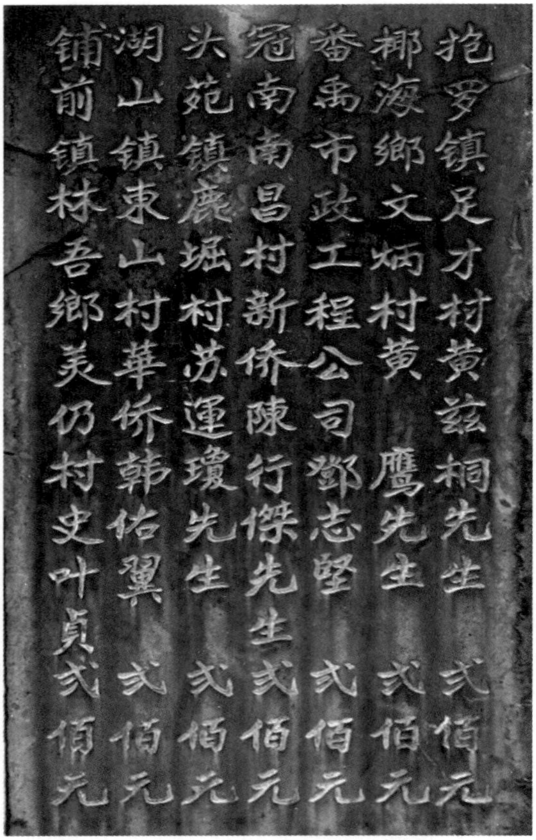

154.

文昌县湖山镇罗首村
冯所瑛先生港币　一千元
文昌县铺前镇
杨许广船人民币一千元
迈号琼岛咖啡厂人民币　四百元
广东南澳县瀛台远洋渔业公司三百元

155.

文昌县头苑镇下场村泰国华侨
赖昌隆先生港币一千元
文昌县冯坡镇湖溪村泰国华侨
冯玉兰女士港币一千元
文昌县冯坡镇南圩村
云大椽先生欧金玉女士港币一千元

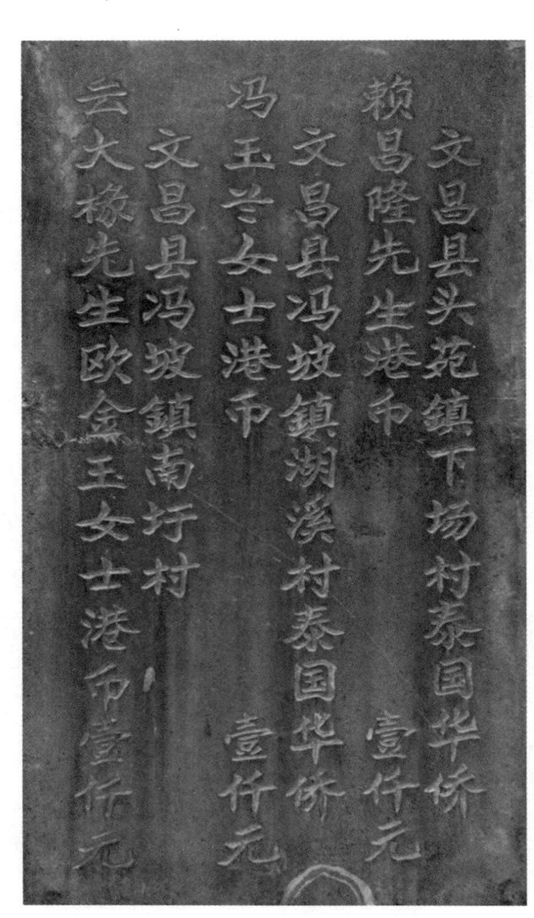
文昌县头苑镇下场村泰国华侨
赖昌隆先生港币壹仟元
文昌县冯坡镇湖溪村泰国华侨
冯玉兰女士港币壹仟元
文昌县冯坡镇南圩村
云大椽先生欧金玉女士港币壹仟元

156.

文昌县湖山镇罗吴村

卢炳业先生　港币一千元

马头乡城里村周宾女士人民币二百元

金链一条

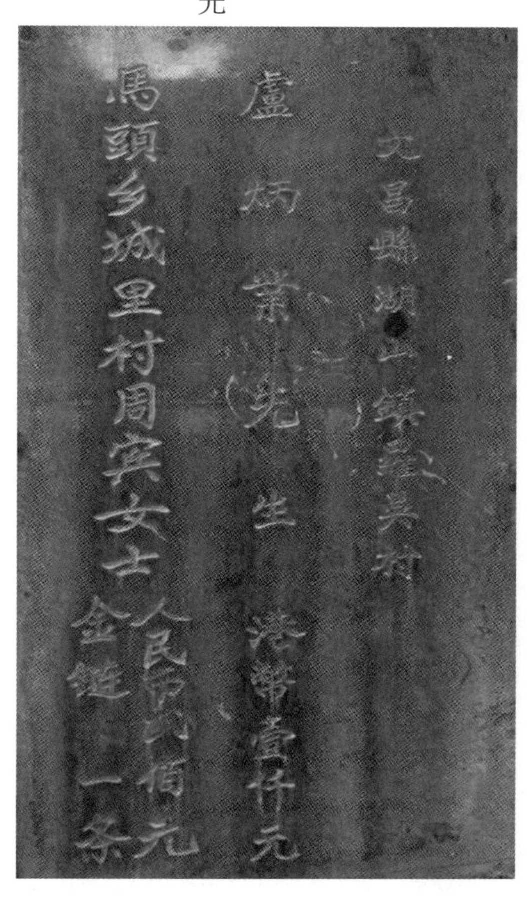

157.

东郊良梅村

王安喜黄妳四夫妇　一千元

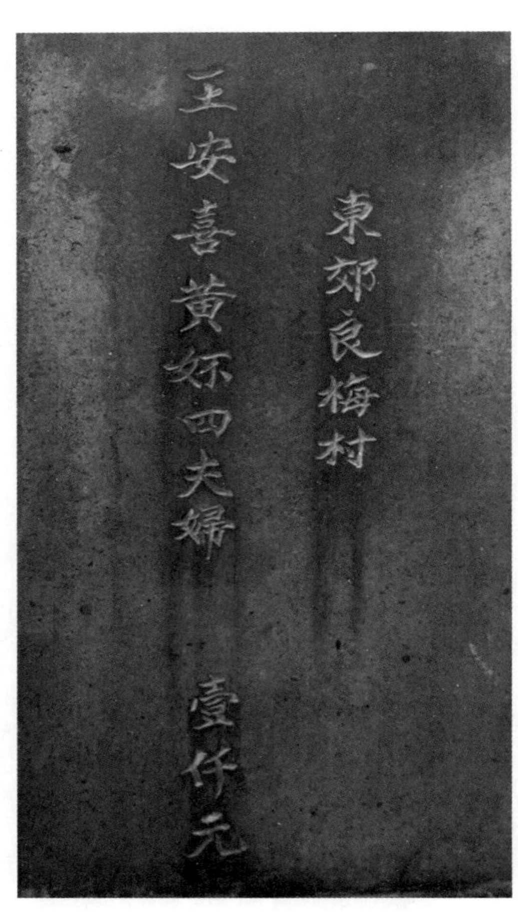

158.

吴澄成夫妇捐二百元

李运秩夫妇二百元

罗潘敏捐二百元

罗衍泽捐二百元

东郊蓝田村黄英才捐三百元

159.

豹山南坡村

郑馨业先生　二千元

160.

东郊镇港头村

黄良壮先生

黄松越先生人民币　一千元

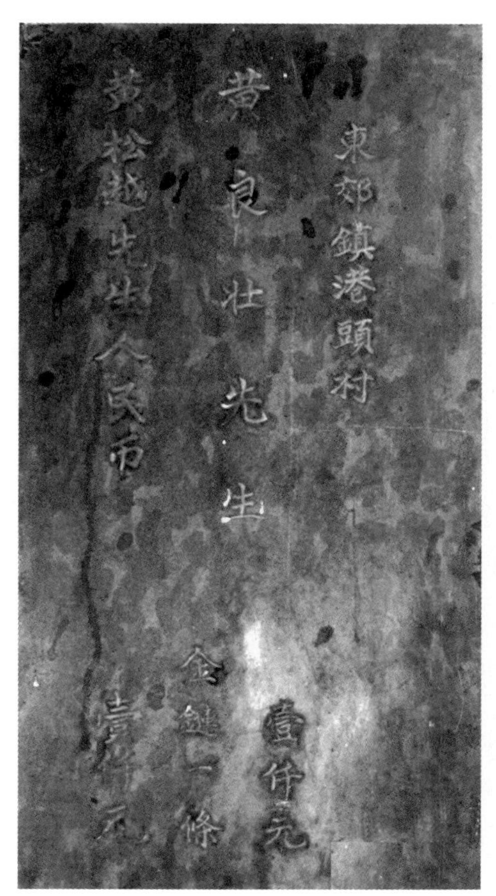

161.

东路镇约亭排秋园村

符策劝先生人民币　一千元

琼山市大致坡镇

冯所芳先生人民币　一千元

文昌市湖山镇罗吴村

冯所瑛先生人民币　一千元

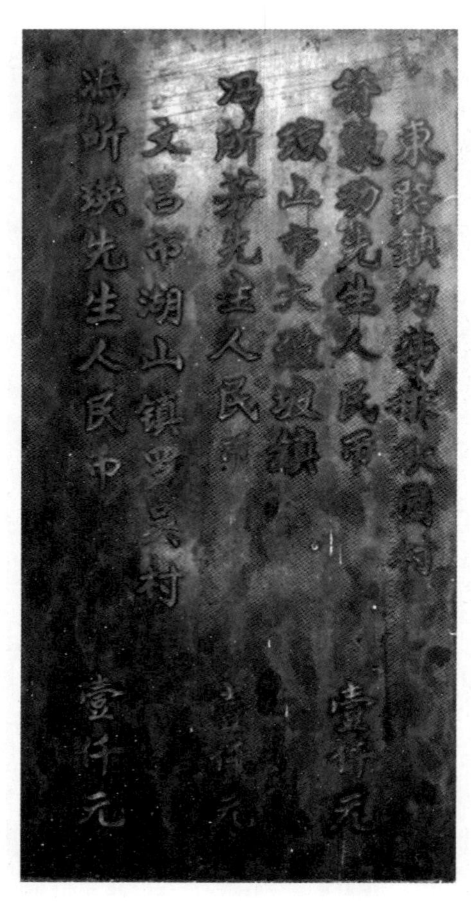

162.

文昌市头苑镇上僚村

张新梁先生人民币　二千元

163.

翁田镇田前南村王禄群先生五百元

冯坡镇东排坡村曾广胜先生五百元

马来西亚雪州巴生陈行民郑月乡夫妇四百元

马来西亚雪州巴生　郑有杨朱美君夫妇四百元

马来西亚雪州巴　郑有铮黄玉贞夫妇四百元

海南当芪咖啡有限公司　三百五十元

清兰镇薰陶村陈川雨先生二百五十元

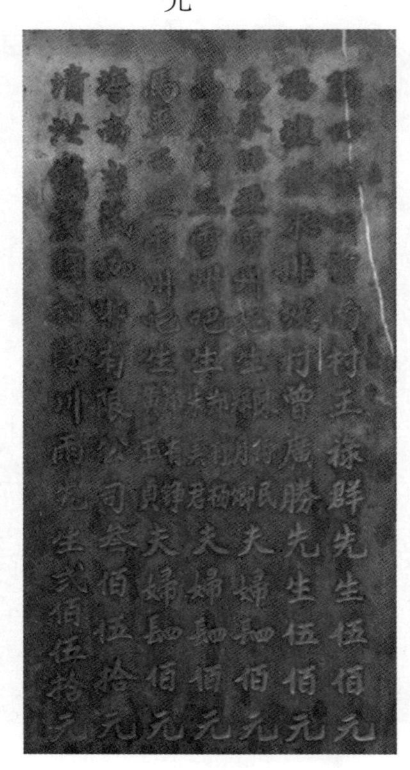

164.

加拿大同乡会捐二百元
罗绪强夫妇捐二百元
潘正涓夫妇捐二百元
叶保宁夫妇捐二百元
吴多城夫妇捐二百元

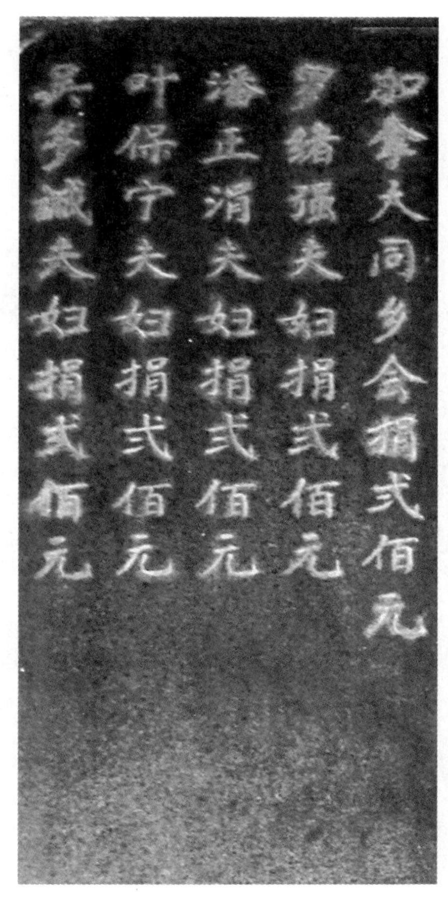

165.

文昌市文城镇和平里
许达美詹美娇云大洪云惟青云惟明
合捐人民币二千元
清兰新园乡迈陈村台湾同胞
翁诗苓先生捐人民币二千元

166.

椰海桃李村

潘正本先生人民币　二千元

167.

符和友先生一万元

168.

东郊港头拜山村

海口和友海鲜馆董事长

169.

文昌市铺前镇00026船
杨许广先生人民币　一千元
深圳市文锦中路市民
张宝林先生金链一条人民币一千元
文昌市冯坡镇
云大椽欧金玉港币　一千元

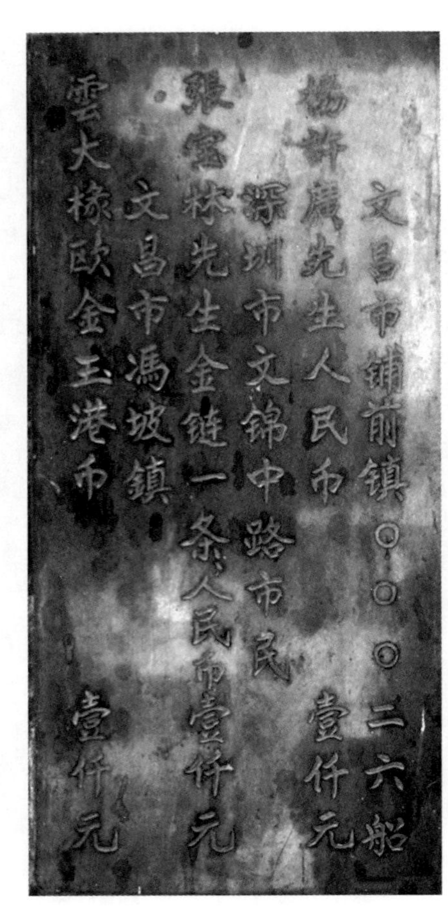

170.

泰国华侨韩金玉女士人民币二百元

泰国华侨韩佑丰先生人民币二百元

清𬇙镇锦山村新加坡华侨　王德渊

王月金玉德祥王月群合一千二百元

头苑镇下场村泰国华侨　赖杨氏

赖昌隆赖昌丰赖昌财赖昌运赖昌连

赖昌拉广力广民家合一千二百元

171.

泰国曼谷华侨
韩万元郑白雪夫妇人民币二千元

172.

文昌县抱罗镇麻园村
陈玉辉先生
蔡清女士

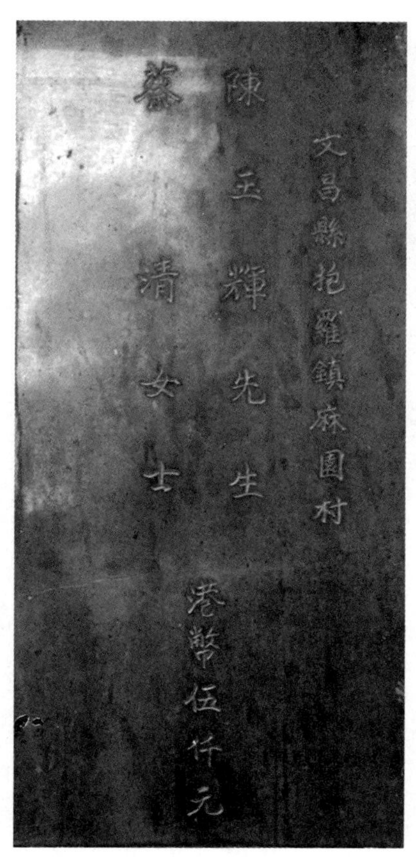

173.

琼山市大致坡镇

冯锦忠先生

冯锦良先生

174.

东郊镇豹山村

海南海口太平洋宾馆

文昌恒达房地产　开发总公司

175.

家严 郑士修先生

郑有坚总经理

人民币一万二千元

176.

海口市王海玉女士灵峰儿合捐一千元

177.

万世流芳　癸酉年冬月

乐捐重建水尾圣娘殿

水尾圣娘文物保护委员会

178. 乐捐芳名榜

郑家春三百元	杨成雄三百元	陈川南三百元
林爱民贰佰贰拾元	符明英二百元	郑福海二百元
吴奕鸿二百元	吴乃美二百元	周成源二百元
符永比二百元	叶仕宏二百元	黄翠琴二百元
陈㚷梅二百元	陈文和二百元	陈明青二百元
陈积绵二百元	陈吉恒夫妇二百元	江召二百元
邢福栋二百元	许振山二百元	符永恒二百元
朱立二百元	黄海萍二百元	占道硕二百元
符惠兰二百元	黄惠芬二百元	
韩春珠一百八十元	石水德一百五十元	符树荣一百元
邢谷炎一百元	林树全一百元	陈少娥一百元
陈川东一百元	陈颖初一百元	陈川表一百元
郑林一百元	黄月娥一百元	潘正照一百元
潘正焕一百元	陈贻涛一百元	翁奋一百元
黄晓翔一百元	黄宏帅一百元	符建强一百元
黄雪遥一百元	潘苗三一百元	黄循炎一百元
林道铨一百元	韩岸丰一百元	梁明弟一百元
郑小敏一百元	朱宝一百元	林尤胜一百元
王桂英一百元	范在香一百元	陈如福一百元
朱运群一百元	符若琴一百元	符荷莲一百元
陈如苑一百元	陈如介一百元	陈华山一百元
陈贻贤一百元	陈贻建一百元	翁丽霞一百元
麦良涛一百元	宝利有限公司一百元	

琼岛食品有限公司一百元

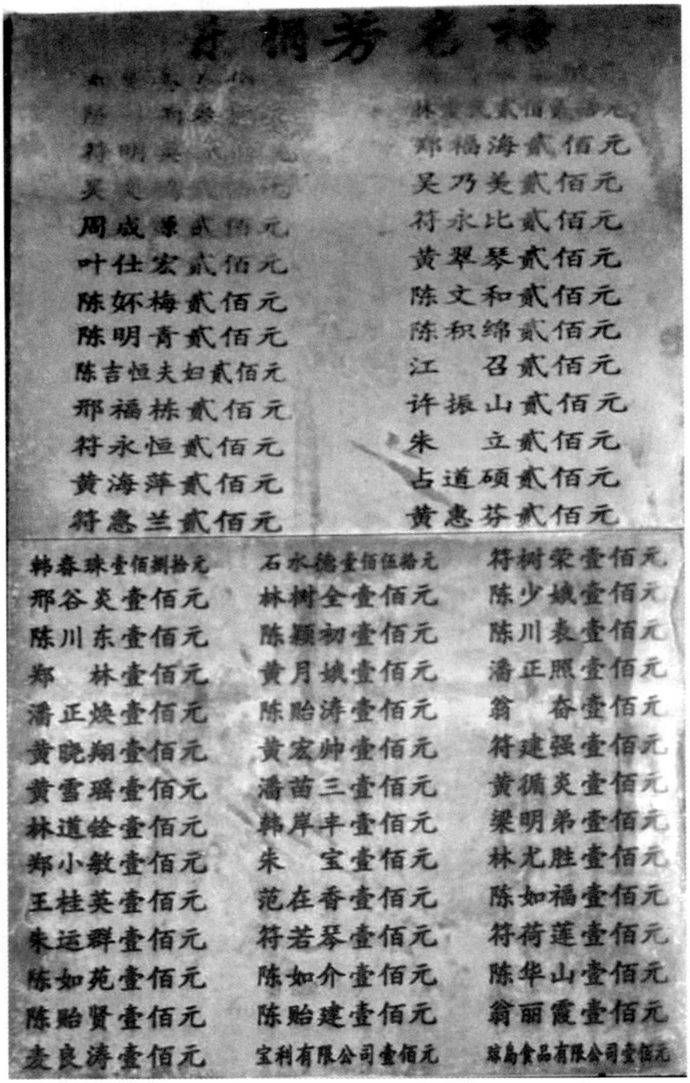

[illegible]

[illegible]	[illegible]
陈[illegible]	林[illegible]元
符明[illegible]	郑福海贰佰元
吴[illegible]	吴乃美贰佰元
周成[illegible]贰佰元	符永比贰佰元
叶仕宏贰佰元	黄翠琴贰佰元
陈妳梅贰佰元	陈文和贰佰元
陈明青贰佰元	陈积绵贰佰元
陈吉恒夫妇贰佰元	江　召贰佰元
邢福栋贰佰元	许振山贰佰元
符永恒贰佰元	朱　立贰佰元
黄海萍贰佰元	占道硕贰佰元
符惠兰贰佰元	黄惠芬贰佰元

韩春珠壹佰捌拾元	石水[illegible]壹佰伍拾元	符树荣壹佰元
邢谷炎壹佰元	林树全壹佰元	陈少娥壹佰元
陈川东壹佰元	陈颖初壹佰元	陈川泰壹佰元
郑　林壹佰元	黄月娥壹佰元	潘正照壹佰元
潘正焕壹佰元	陈贻涛壹佰元	翁　奋壹佰元
黄晓翔壹佰元	黄宏帅壹佰元	符建强壹佰元
黄雪璐壹佰元	潘苗三壹佰元	黄循炎壹佰元
林道铨壹佰元	韩岸丰壹佰元	梁明弟壹佰元
郑小敏壹佰元	朱　宝壹佰元	林尤胜壹佰元
王桂英壹佰元	范在香壹佰元	陈如福壹佰元
朱运群壹佰元	符若琴壹佰元	符荷莲壹佰元
陈如苑壹佰元	陈如介壹佰元	陈华山壹佰元
陈贻贤壹佰元	陈贻建壹佰元	翁丽霞壹佰元
麦良涛壹佰元	宝利有限公司壹佰元	琼岛食品有限公司壹佰元

179. 乐捐芳名榜

黄桂英夫妇人民币五千元

范秋玉	三千元
符和友	二千元
黄守江	二千元
海口东郊椰林海鲜城	一千元
三亚东郊椰林海鲜城	一千元
潘正本	一千元
陈绵顺	八百九十元
陈家会夫妇	六百元
潘正炔	五百元
黄良颜	五百元
姚金汉	五百元
龙兴山	五百元
符积儒	五百元
郭石德	五百元
符史杰	五百元
陈明雄	五百元
潘纣铭夫妇	五百元

[illegible]夫妇人民币伍仟元
[illegible]叁仟元
符和来 贰仟元
黄守江 贰仟元
海口东郊椰林海鲜城壹仟元
三亚东郊椰林湾鲜城壹仟元
潘正本 壹仟元
陈绵顺 捌佰玖拾元
陈家会夫妇 陆佰元
潘正焕 伍佰元
黄良颜 伍佰元
姚金汉 伍佰元
龙兴山 伍佰元
符积儒 伍佰元
郭石德 伍佰元
符史杰 伍佰元
陈明雄 伍佰元
潘纣铭夫妇 伍佰元

第 三 章

文昌东郊镇坡尾村 水尾圣娘庙灵签

图 180—《水尾圣娘灵签》完整图。

181.

水尾圣娘签诗

第乙签

太极初分混沌时　阳明配合两仪全

森罗万象皆精彩　造化无私事自然

解曰　混沌初开　乾坤始奠

阴阳配合　万事兴生

水尾圣娘签诗

第二签

昨夜浮云障碧空　今朝玉兔又升东

时人莫讶天无意　运转云开日见红

解曰　浮云散开　日见东升

天缘有意　运转时通

182.

水尾圣娘签诗

第四签

梦里逢金醒未真　劝君渐作守穷人

荣华富贵皆前定　何必劳生枉用心

解曰　梦里逢金　醒来没有

富贵莫贪　只当耐守

水尾圣娘签诗

第三签

姻缘配合事真奇　天地安排到此时

修福自然添百福　人无忧虑喜扬眉

解曰　事物偶然　天排已定

当行则行　莫阻登程

183.

水尾圣娘签诗

第六签

前林说有虎惊人

未入山林虎未真

正直自然天默佑

逢凶化吉报君知

解曰　涸鱼得雨　凶中见吉

待时指引　事须得实

水尾圣娘签诗

第五签

雨顺风调是稔华　及时耕种莫迟延

士农鼓腹含哺日　遍地禾花却胜莲

解曰　风调雨顺　万物滋生

升平世界　任意而行

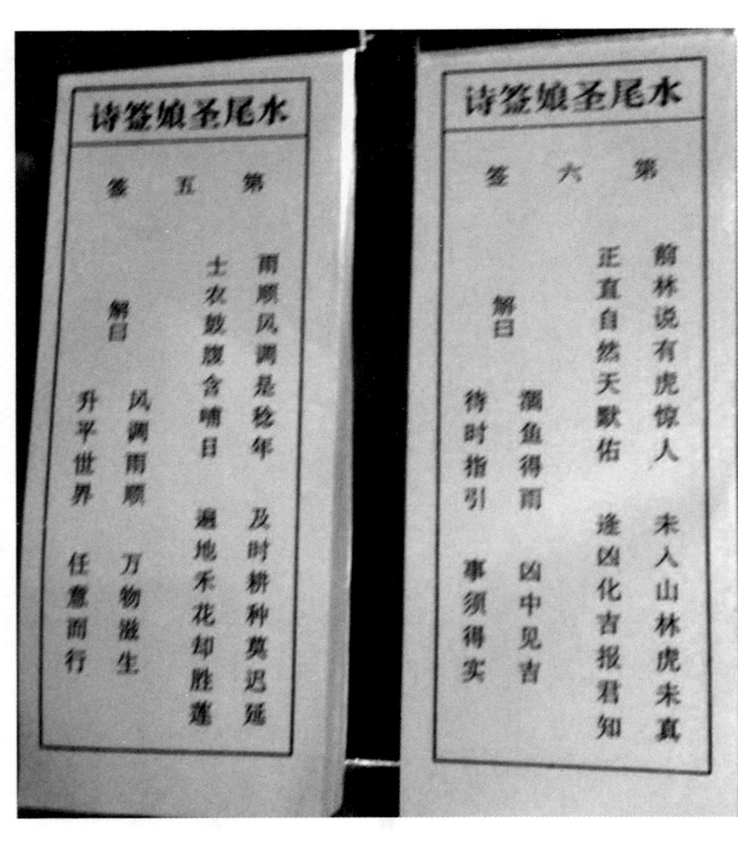

184.

水尾圣娘签诗

第八签

金鸡报晓速行装　揽辔徐行君莫忘

若问前程何处去　笑指蹯溪胜咯阳

解曰　西北高东南　行程路坦坦

金鸡来指引　平地起高山

水尾圣娘签诗

第七签

湘江野岸击横舟　举目萧萧芦荻秋

路上行人歌未到　谁知砧杵月中流

解曰　白岸行舟　湘江水流

行人渡难　急早回头

185.

水尾圣娘签诗

第十签

青松种就欲成园　苍翠陵霄傲雪衣

几度西风吹去雁　亭亭林下故人稀

解曰　蒂固根深　寒暑不移

万事坚心　百胜花开

水尾圣娘签诗

第九签

前无桥架后无舟　进退两难真可忧

日落西山归路远　寥寥空对水中流

解曰　人生百年　光阴未几

若问前程　只问自己

186.

水尾圣娘签诗

第十二签

天时人事两相违　种花栽瓜在园西
费力徒劳空自苦　生成到底有晓蹊
解曰　山高水深　非人所料
时运未到　恐难舍调

水尾圣娘签诗

第十一签

子结枝头花又开　重重叠叠尽新栽
无拘高下皆成实　矢志殷勤不负怀
解曰　劳而有功　时运亨通
不须疑虑　任往从容

187.

水尾圣娘签诗

第十四签

秋去冬来春又到　桃红柳绿拂花枝

游人莫笑花开早　时令于今正是期

解曰　命运得时　作事便宜

甜来苦去　保与君知

水尾圣娘签诗

第十三签

一山过了一山高　恐负肩头不惮劳

唯有纲常担独重　却从男子出英豪

解曰　阴弱阳刚　日出扶桑

渐渐得意　不得慌忙

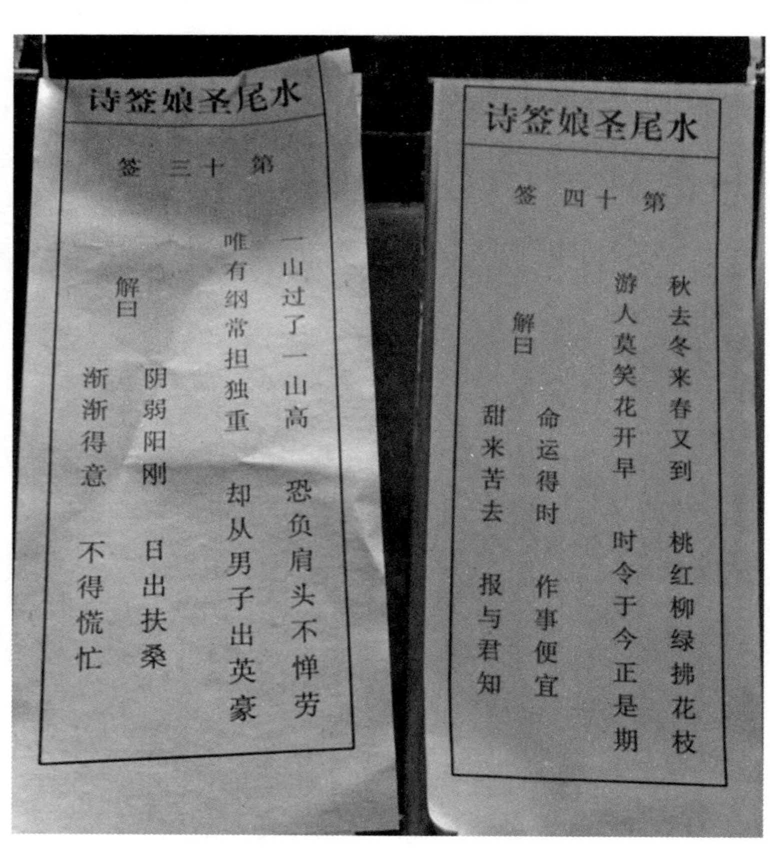

188.

第十五签

装整戎衣扣上弦　据鞍飞马更扬鞭

一朝三箭天山定　赢得名声万古传

解曰

君问行藏　志气昂昂

此去光明　何用不藏

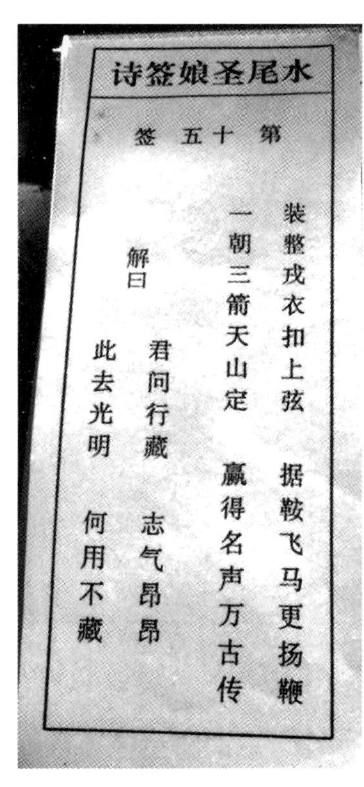

189.

水尾圣娘签诗

第十七签

美景逢春万物华　夏天更发白莲花

若叫秋月团团照　冬至如梅招岁嘉

解曰　听天顺时　荣华依命

万事不违　从心就成

水尾圣娘签诗

第十六签

项羽当年逞霸功　万夫无敌镇江东

八千子弟今何在　一世英雄若梦中

解曰　志气英雄　行却不通

山林树翳　荆棘相逢

190.

水尾圣娘签诗

第十八签

满天云雾蔽长空　四望朦胧路不通

直待薰风吹拂去　扶桑涌出一红轮

解曰　有勇无谋　作事妄求

须待风到　始可行舟

水尾圣娘签诗

第十七签

美景逢春万物华　夏天更发白莲花

若叫秋月团团照　冬至如梅招岁嘉

解曰　听天顺时　荣华依命

万事不违　从心就成

191.

水尾圣娘签诗

第二十签

春归天上花情惨　看尽床头士减颜

悦看戏场锣鼓歇　悲欢离合一齐完

解曰　春花先不实　冬夏独求免

尚有三秋月　天时人事塞

水尾圣娘签诗

第十九签

一条大路若天阔　且劝君家慢着行

若遇知音携手去　千和万合保财丁

解曰　角响三声　寂莫更长

贵人指引　万载名扬

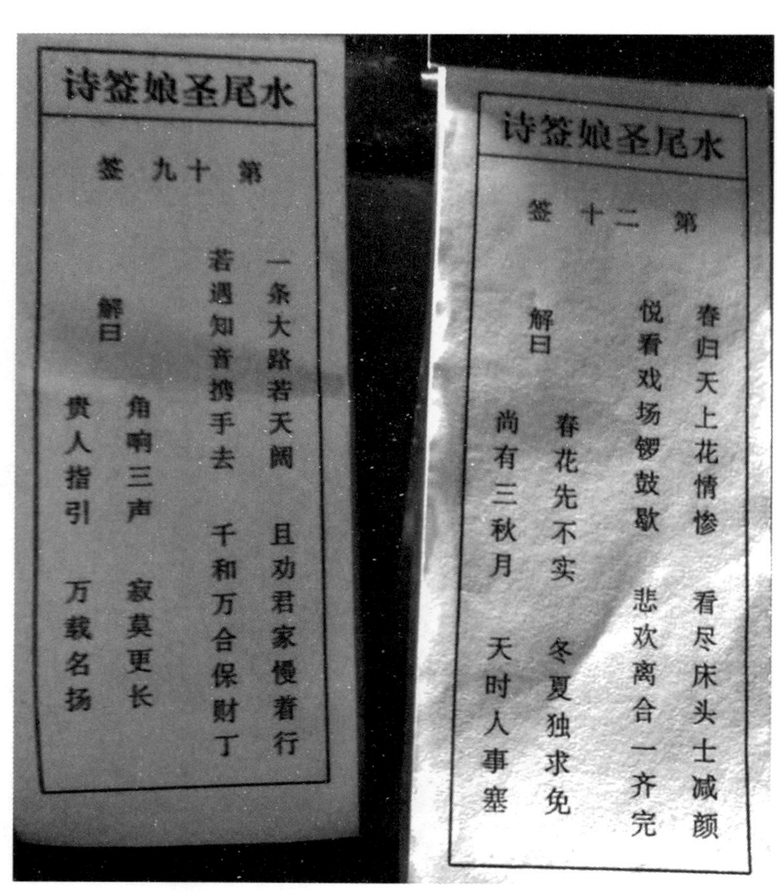

192.

水尾圣娘签诗

第二十一签

世事犹如一局棋　当场细看要三思
若叫一声轻步移　满局无归败战时
解曰　凡事宜慎　错步难行
　　　莫说无虑　到底艰辛

水尾圣娘签诗

第二十二签

昨夜天书出上方　今朝士子出行装
忽然夺得蟾宫桂　永作朝中探花郎
解曰　贵人指引　得意行藏
　　　珍宝出现　独步康庄

水尾圣娘签诗

第二十一签

世事犹如一局棋　当场细看要三思
若叫一声轻步移　满局无归败战时
解曰　凡事宜慎　错步难行
　　　莫说无虑　到底艰辛

水尾圣娘签诗

第二十二签

昨夜天书出上方　今朝士子出行装
忽然夺得蟾宫桂　永作朝中探花郎
解曰　贵人指引　得意行藏
　　　珍宝出现　独步康庄

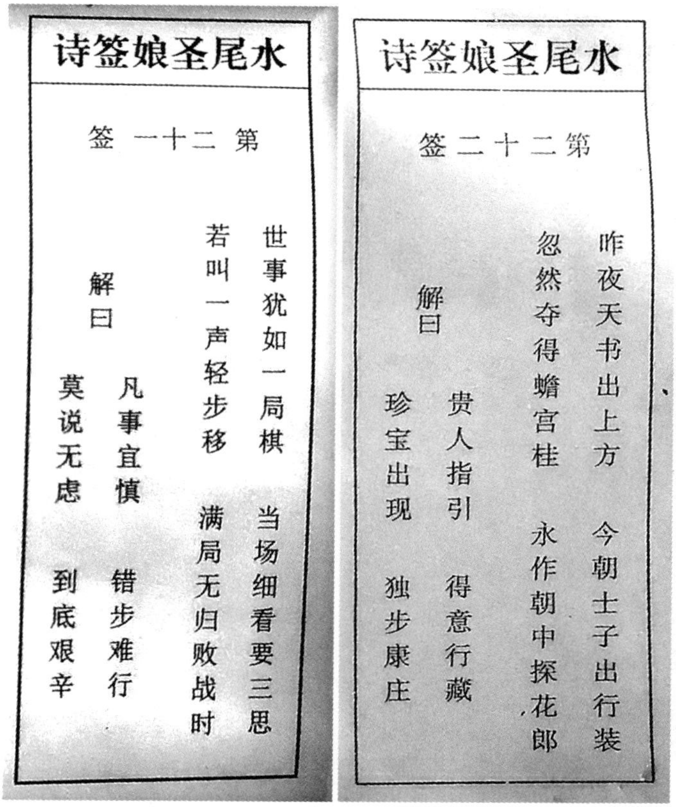

193.

水尾圣娘签诗

第二十四签

朝来携杖披星去　夜至挑云带月归

虽是劳人情事倦　此心那得几人知

解曰　谋望贵人少　病重不须斟

六甲婚姻险　利步不利寻

水尾圣娘签诗

第二十三签

红满稍头绿满枝　一园春色最得宜

幸天不放春归去　日日携酒花下期

解曰　花莲春茂　人乐忧游

逢时速进　万事可求

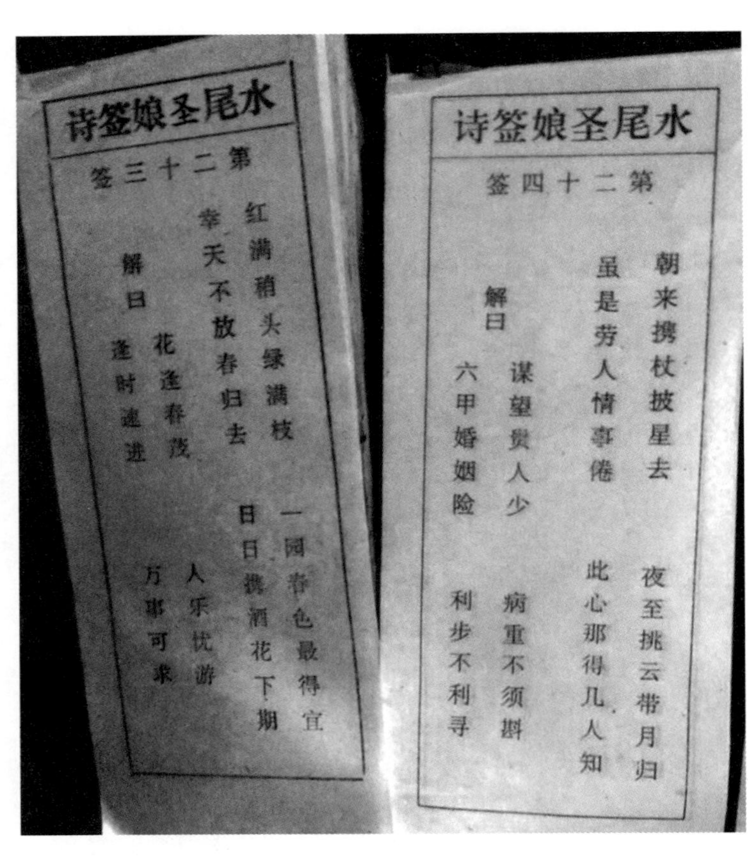

194.

水尾圣娘签诗

第二十六签

从来晚节最芬芳　独喜萧条晚景香

莫说失期空度日　素心犹如傲水霜

解曰　只宜守旧　不宜妄步

若强出头　实命不由

水尾圣娘签诗

第二十五签

掏水忽然月在手　弄花染得指尖香

谁人会得其中意　惟有阿侬识更长

解曰　喜事难逢　虽吉亦凶

正直守旧　不必争锋

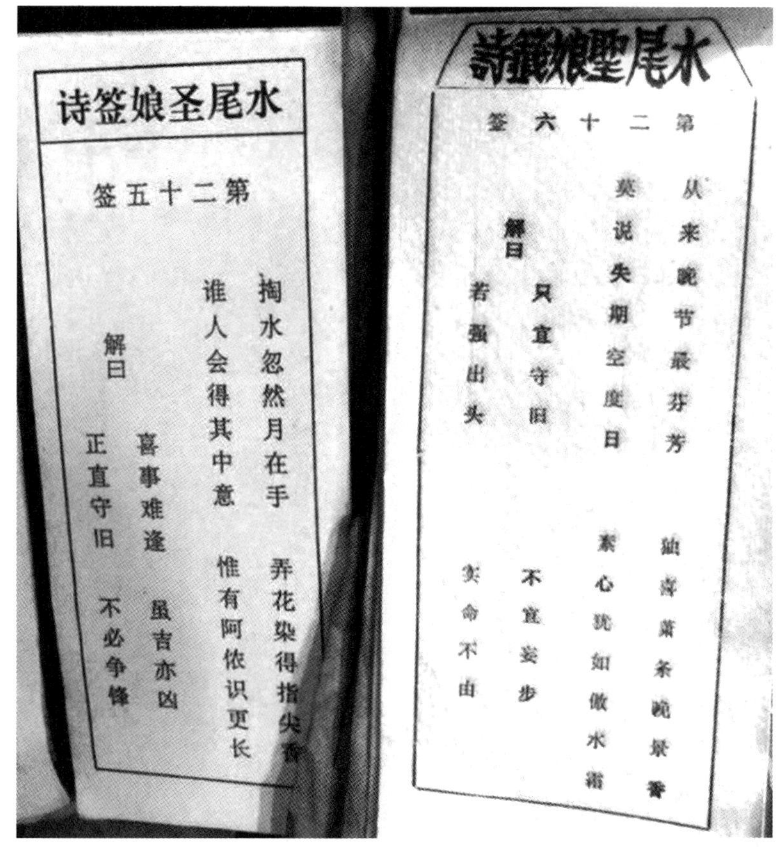

195.

水尾圣娘签诗

第二十八签

十载潜修辅佐君　诗书不负世间人

风云聚会今朝遇　自是文章可立身

解曰　困苦几多年　风光在眼前

贵人来指引　凡事得周全

水尾圣娘签诗

第二十七签

临崖走马观风月　破浪乘舟访海渚

虽是眼前和遂意　终遭危险害身时

解曰　莫道吉无凶　须防暗箭逢

劝君休妄想　动作总归空

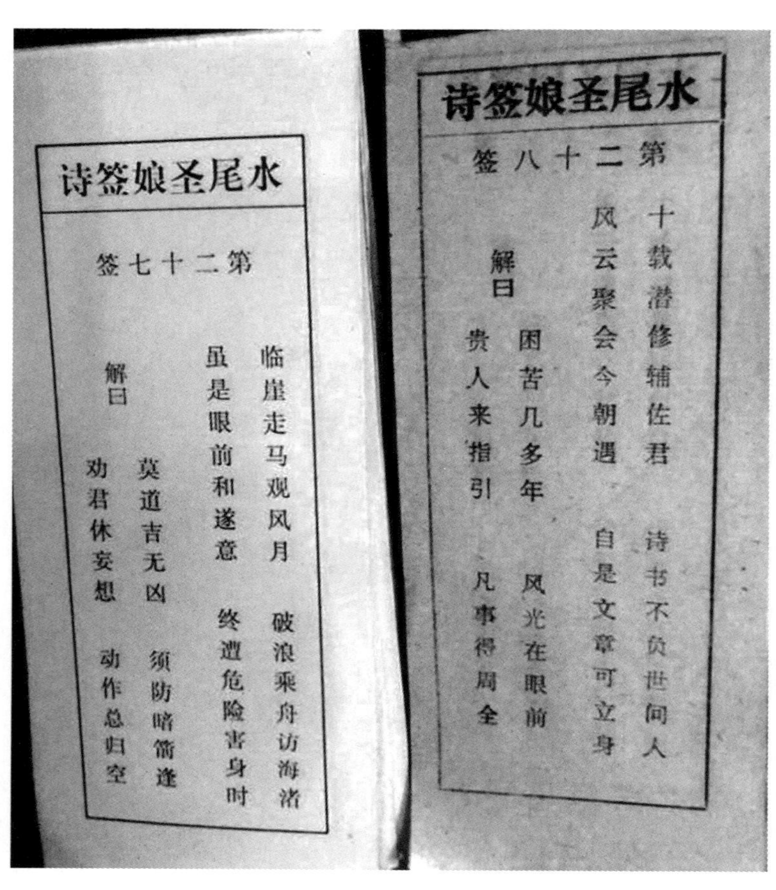
水尾圣娘签诗
第二十七签
临崖走马观风月　破浪乘舟访海渚
虽是眼前和遂意　终遭危险害身时
解曰　莫道吉无凶　须防暗箭逢
劝君休妄想　动作总归空
水尾圣娘签诗
第二十八签
十载潜修辅佐君　诗书不负世间人
风云聚会今朝遇　自是文章可立身
解曰　困苦几多年　风光在眼前
贵人来指引　凡事得周全

196.

水尾圣娘签诗

第三十签

宝贝深藏璞玉中　时人不必问西东

良工日日来雕琢　声价时增万倍重

解曰　谋为总有益　要费劳心力

若不怕艰辛　成就荣华极

水尾圣娘签诗

第二十九签

从来福禄前生定　放下身心不用忙

等待云收和雨歌　月明花发满园香

解曰　妄想费心几　谋为君自知

退守家庭内　且候命运时

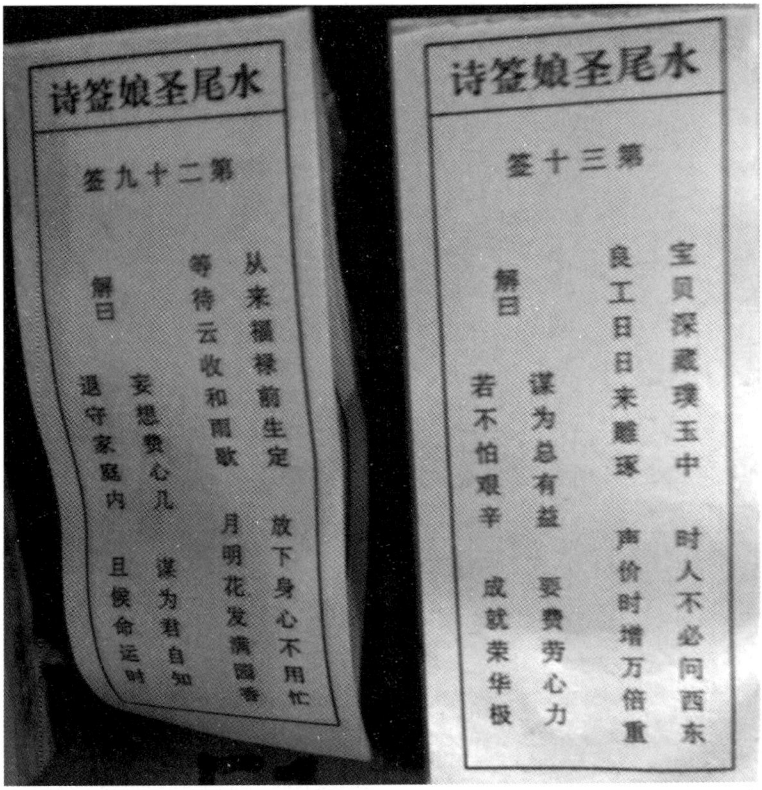

197.

水尾圣娘签诗

第三十二签

强出头来做甚事　今朝烦脑自相当

不如放下求安静　庶免旁人说短长

解曰　百事不得　万事难测

枉费心机　半途有窒

水尾圣娘签诗

第三十一签

才出门来遇雪霜　不凄凉处也凄凉

前途满目阴阴蔽　绥步停空待太阳

解曰　门外多荆棘　移步防忧刺

闲户家内坐　免损心头血

198.

水尾圣娘签诗

第三十四签

有地莫栽无子花　有绳休缚好繁花

劝君留步须关眼　一步差移浪里沙

解曰　说与君知儆　谋为要思量

好事对棋局　错步难得胜

水尾圣娘签诗

第三十三签

九子连登世所稀　一门福禄也称奇

多因上祖曾修德　故显儿孙立凤池

解曰　凡事谋为好　福禄随时来

只因运泰来　贵人扶助早

199.

水尾圣娘签诗

第三十六签

遁迹山林数十秋　不图名利自潜修

任他官拜封侯相　蓑笠纶竿只避愁

解曰　富贵荣华　总眼前花

随缘度日　切勿相挎

水尾圣娘签诗

第三十五签

秋江一派水澄清　捞月波心事渺溟

休要劳心又劳力　不如守旧待时成

解曰　枉费心机　谋为总痴

不如默坐　安稳便宜

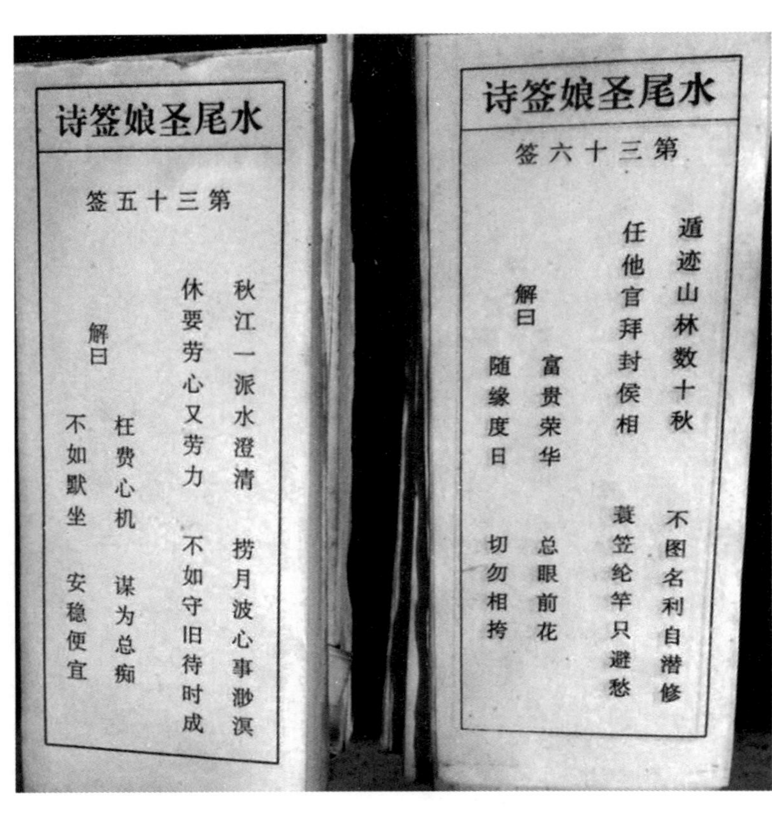

200.

水尾圣娘签诗

第三十八签

报君世事如局棋　且看何人下着先

炮响一声车马动　将军决战要当前

解曰　营为我占先　着力猛加鞭

自有贵人引　凡事得周全

水尾圣娘签诗

第三十七签

须水行舟处处通　士农工商任西东

欣心自有欣心事　更得神功助好风

解曰　谋望亨通　须答神功

贵人即到　福禄重重

201.

水尾圣娘签诗

第四十签

一片田园不种花　只栽禾麦与栽麻

天际云露频滋润　盈得仓箱百倍加

解曰　明说君知　踏着实地

贵人指引　福禄喜臻

水尾圣娘签诗

第三十九签

两人对酌好商量　万事求谋大吉昌

若踏槐黄称壮士　菊花开放至梅花

解曰　春夏多劳碌　世事且不睦

待到秋冬景　进禄与财富

202.

水尾圣娘签诗

第四十二签

劝君守旧漫劳心　万事从天莫强求

欲进前程途又远　水中捞月月还沉

解曰　谋为未到　作事徒劳

　　　要攀丹桂　手短天高

水尾圣娘签诗

第四十一签

重重险阻重重险　今日安然恐又危

早向佛前还旧愿　高枕安眠听金鸡

解曰　旧愿早塞　福渐将来

　　　受尽辛苦　洗却前灾

203.

水尾圣娘签诗

第四十三签

不计年华不计秋　江湖漂荡自优游

东西南北虽无碍　又恐渔人下钓钩

解曰　顺行舟好　须防风到

莫说无虑　到底徒劳

水尾圣娘签诗

第四十四签

宝镜尘埋又复磨　今朝还胜旧时多

长鸣东鲁三千里　光灼西秦八百波

解曰　祸去福来　凶中却吉

利在东西　不利南北

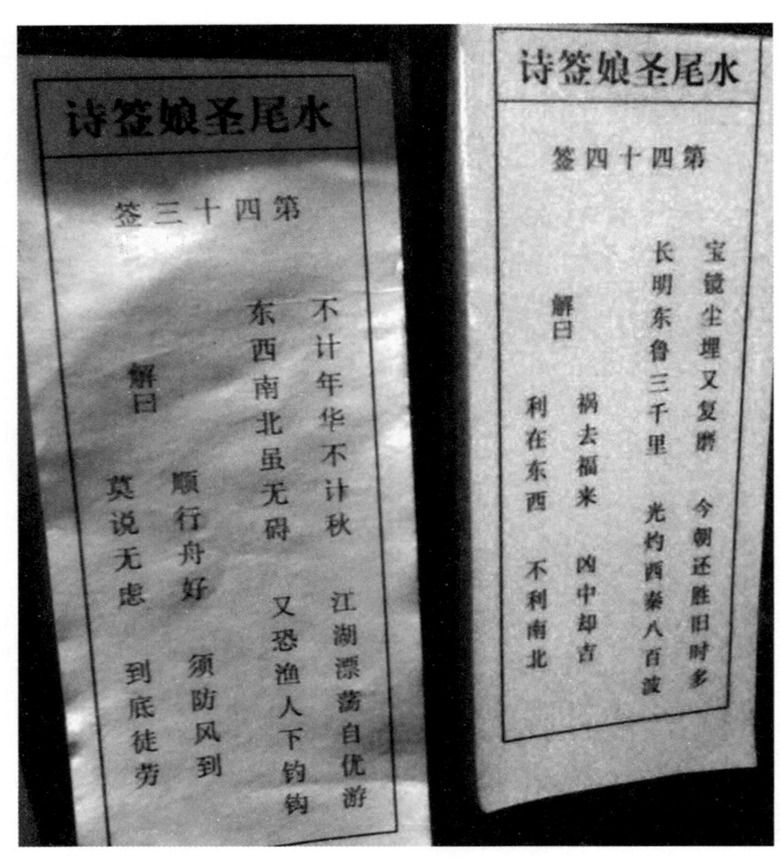

204.

水尾圣娘签诗

第四十六签

怎么你又肯前来　昨夜分明有怪哉

心又不诚身不洁　临门官鬼破钱财

解曰　你心不诚　作事戏惊

但来问我　忏悔光明

水尾圣娘签诗

第四十五签

曹瞒当年夸巧机　横江把酒笑嘻嘻

东风一赠周郎计　赤壁鏖兵患不离

解曰　莫喜目前利　须忧后途迷

东南君莫待　西北得咸宜

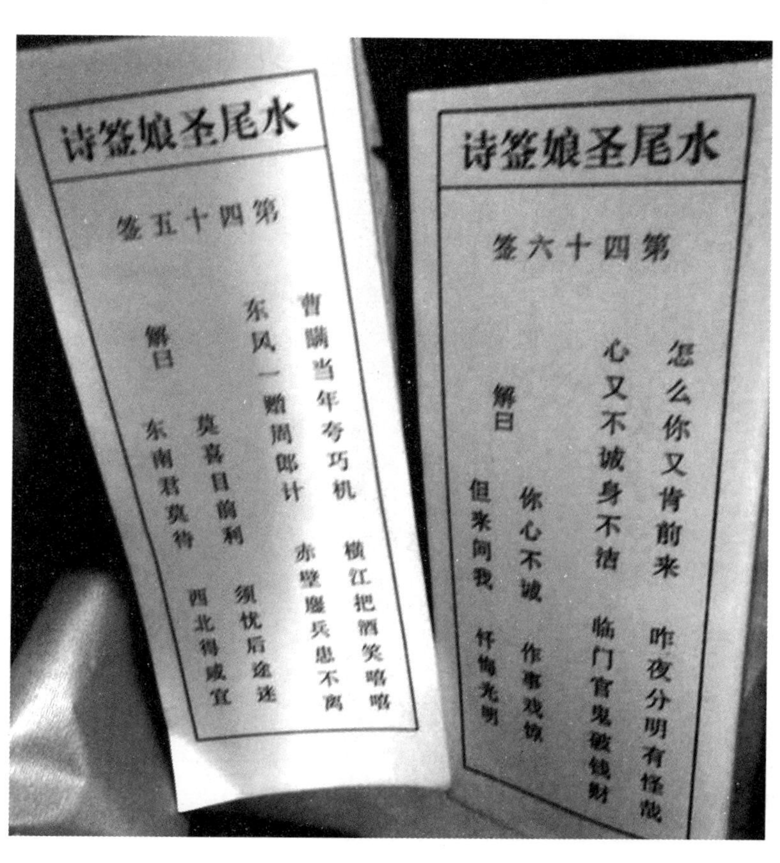

205.

水尾圣娘签诗

第四十八签

君来判问吉和凶　人在高山峻岭中

鸿雁不传天外信　除非燕子报春风

解曰　命运逢时　凡事得宜

守株待兔　报与君知

水尾圣娘签诗

第四十七签

金鸡独立报君知　买卖求财正得宜

六甲生男婚姻就　行人就到病痊期

解曰　西方有美人　营谋得宝珍

万事皆如意　换旧再更新

206.

水尾圣娘签诗

第五十签

守分平生世所钦　清闲无事过光阴
班衣戏彩趋庭里　忠孝双亲播古今
解曰　劝君莫出行　喜事须谨慎
若要谋利益　守分方安稳

水尾圣娘签诗

第四十九签

刻舟求剑枉用心　认得真来又未真
此日分明失了去　重来留恋海边寻
解曰　痴心妄想　心无主张
劳而无功　得失须防

207.

水尾圣娘签诗

第五十一签

千年古树老无枝　忽遇春来发新芽
昨夜不知今日事　枝头满处又开花
解曰　换旧更新　屈而能伸
　　　谋为有利　指日腾云

水尾圣娘签诗

第五十签

守分平生世所钦　清闲无事过光阴
班衣戏彩趋庭里　忠孝双亲播古今
解曰　劝君莫出行　喜事须谨慎
　　　若要谋利益　守分方安稳

208.

水尾圣娘签诗

第五十三签

行人饥渴向何求　偶遇甘泉总无忧
且得手中存一艺　五湖四海任君游

解曰　谋为宜急　宜推独得
莫漏根由　先凶后吉

水尾圣娘签诗

第五十二签

独路难行独路难　一重山过一重山
艰辛阅历知多少　路坦从今任往还

解曰　先凶后吉　作事有益
莫怕艰辛　登山有室

209.

水尾圣娘签诗

第五十五签

志气昂昂赴考场　知君满腹好文章

试官若是亲临考　定取声明四海扬

解曰　虽有谋为　还须待贵

若得指引　任君施为

水尾圣娘签诗

第五十四签

问卜金钱点点单　纯阳一去少阴还

六冲遁出乾坤泰　求嗣男婚事事谐

解曰　眼下灾危　后何施为

妇人有子　男儿利济

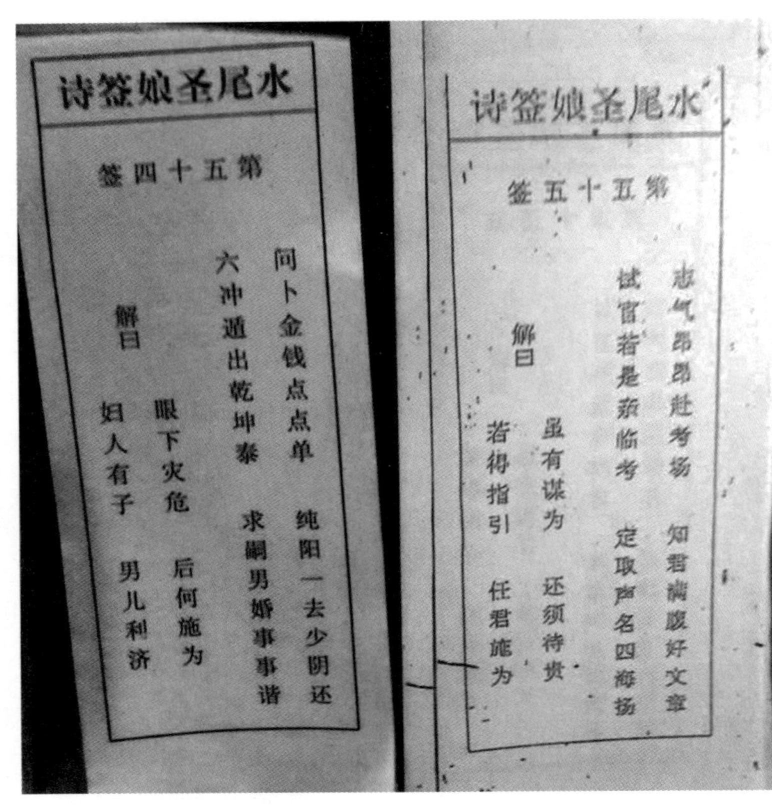

水尾圣娘签诗

第五十五签

志气昂昂赴考场　知君满腹好文章

试官若是亲临考　定取声名四海扬

解曰　虽有谋为　还须待贵

若得指引　任君施为

水尾圣娘签诗

第五十四签

问卜金钱点点单　纯阳一去少阴还

六冲遁出乾坤泰　求嗣男婚事事谐

解曰　眼下灾危　后何施为

妇人有子　男儿利济

210.

水尾圣娘签诗

第五十七签

青山绿水永存留　看尽炎凉几万秋

兴废存亡何必问　那个繁华得到头

解曰　凡事久远　穷通定数

忧虑闲问　守分得祥

水尾圣娘签诗

第五十六签

是是非非人爱结　是非原是是非人

劝君莫听谗言语　只恐冤仇自惹身

解曰　亢星不良　至此灾殃

有凶无吉　作福祷禳

211.

水尾圣娘签诗

第五十九签

朱雀临门事事乖　恐防口舌破钱财

若是白虎腾蛇动　六畜人丁惹祸灾

解曰　坏坏坏　空空空

若不信　只见败

水尾圣娘签诗

第五十八签

皓魄中天分外明　八方云静水无烟

文成武就朝金阙　男婚女嫁乐果然

解曰　月朗中天　云静碧空

名成利就　万事享通

212.

水尾圣娘签诗

第六十一签

淹流湖海几万年　失意转成得意无

昨夜神入来报喜　今朝紫浩降从天

解曰　久旱逢甘雨　他乡遇故知

洞房花烛夜　金榜挂名时

水尾圣娘签诗

第六十签

昨夜梦中得宝珍　今朝觉醒枉徒然

痴心妄想虚中实　守旧从命靠着天

解曰　谋为似有功　到底总归空

任便思量计　用要待天从

213.

水尾圣娘签诗

第六十三签

忍耐江边八十秋　思纶漫展下钓钩

潜修养得通天志　扶帝兴邦会拜候

解曰　前事不利　即今可知

　　　东南亦至　西北亦宜

水尾圣娘签诗

第六十二签

说是三千及六千　百般谋计枉徒然

坚心早向修行路　一日清闲一日仙

解曰　忍耐为人　何必留心

　　　安时守分　切勿妄寻

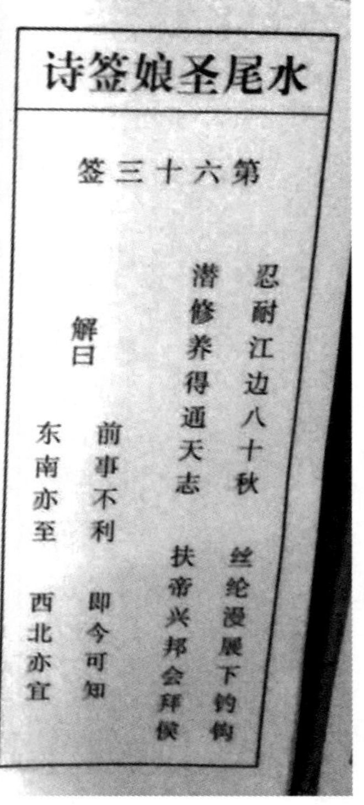

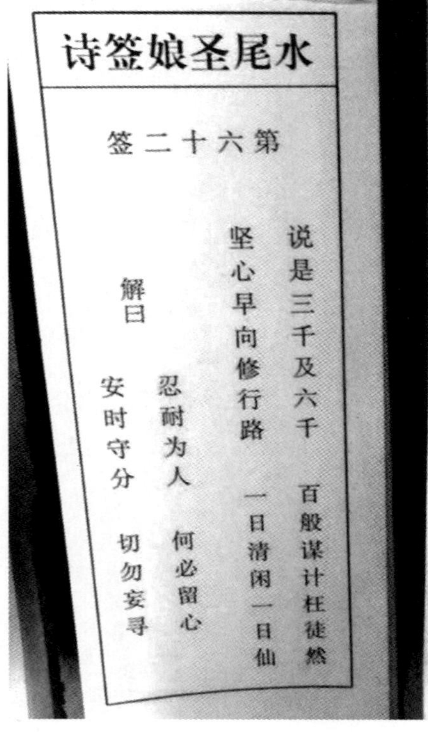

214.

水尾圣娘签诗

第六十五签

为人一世存良心　日日清闲过光阴
只要转回心头想　不必强求鸡飞墙
解曰　无要愚思　欠看世上
　　　方可安稳　再三思量

水尾圣娘签诗

第六十四签

伸脚惊防踏租稷　凝眸灿烂两仪明
九州万国皆归服　一统江山定太平
解曰　山河已定　天地生成
　　　不须疑虑　自有分明

第 四 章

马来西亚水尾圣娘庙宇考察图片

（一）雪兰莪适耕庄水尾圣娘庙

1. 雪兰莪适耕庄水尾圣娘庙・正门

2. 雪兰莪适耕庄水尾圣娘庙·自左至右分别为冼夫人、水尾圣娘、天后

3. 雪兰莪适耕庄水尾圣娘庙·神椅

4. 雪兰莪适耕庄水尾圣娘庙・神恩庇佑匾

5. 雪兰莪适耕庄水尾圣娘庙・威灵显赫匾

6. 雪兰莪适耕庄水尾圣娘庙·法主公等其他神祇

7. 雪兰莪适耕庄水尾圣娘庙·麻绳、眼镜蛇头等多种闾山派法器

（二）槟城海南会馆天后宫

1. 槟城海南会馆天后宫　正门

2. 槟城海南会馆天后宫　水尾圣娘神龛

3. 槟城海南会馆天后宫

4. 槟城海南会馆天后宫 清朝光绪五年信众先给天后的铜钟

（三）登嘉楼州瓜拉登嘉楼天后宫

1. 登嘉楼州瓜拉登嘉楼天后宫 · 主殿内景

2. 登嘉楼州瓜拉登嘉楼天后宫 · 水尾圣娘神牌

3. 登嘉楼州瓜拉登嘉楼天后宫·主神龛·水尾圣娘－左

（四）吉打海南会馆

1. 吉打海南会馆·主楼

2. 吉打海南会馆・神殿・自左至右依次为水尾圣娘、天后、观音

（五）吉胆岛昭应庙天后宫

1. 吉胆岛昭应庙天后宫・外观

2. 吉胆岛昭应庙天后宫·水尾圣娘神像

3. 吉胆岛昭应庙天后宫·神灵庇佑匾 1978 年

4. 吉胆岛昭应庙天后宫·庇佑南邦匾

5. 吉胆岛昭应庙天后宫·感深德泽 1973 年

6. 吉胆岛昭应庙天后宫・恩深再造匾 1974 年

（六）吉隆坡乐圣岭天后宫

1. 吉隆坡乐圣岭天后宫・外观

2. 吉隆坡乐圣岭天后宫·水尾圣娘神像

（七）吉隆坡增江崇真堂与天后宫

1. 吉隆坡增江崇真堂与天后宫·正门

2. 吉隆坡增江崇真堂与天后宫·中间为天后，左边为水尾圣娘

3. 吉隆坡增江崇真堂与天后宫·献给水尾圣娘的保我安宁匾

（八）登嘉楼州甘马挽海南会馆

1. 彭亨州甘马挽海南会馆

甘马挽海南会馆
水尾圣娘宝诞宴

（甘马挽13日讯）甘马挽海南会馆日前在本坡华社礼堂所举办的水尾圣娘千秋宝诞庆宴。

不但获得本坡各籍贯人士的参与，就连印裔人士也出席，同欢共庆，充分显示一个大马精神。

该馆主席，林明忠当晚于会场向约400名与会者简介水尾圣娘节日的由来。

他说，清末年代，一名生活拮据的水尾村渔夫，因对从海中所捞上的一块木头，所给他带来的渔获。

为表示感恩，便根据梦境中的女神像，把木头雕刻成水尾圣娘神像，置于庙中供村人供奉祭拜。

他完成雕刻水尾圣娘神像的日期，刚好落在农历十月十五，故每年该日便成为水尾圣娘千秋宝诞日。

林氏感谢善信林道光、林有光、林树东、林树裕、翁书贤及严明凤，捐效羔羊，作为晚宴的佳肴。他也感谢该馆理事的齐心合力，使盛会成功的举办。

除了各籍贯善信，印裔同胞也出席，共同欢庆水尾圣娘千秋宝诞。左五为主席林明忠。

甘馬挽海南會館
神誕晚宴400人出席

（甘马挽11日讯）甘马挽海南会馆于昨晚在甘马挽华社礼堂举办水尾圣娘千秋宝诞晚宴。

该馆主席林明忠致词时表示，一个社团，是需要理事会成员的合作及有牺牲的精神，且需要会员的配合，才会把它搞好。他感谢该馆的理事们协助，会员及善信踊跃出席，使晚宴成功举办。

林氏也在席上感谢该馆理事、会员及善信报效羔羊为晚宴其中一道佳肴，他们分别是：林道刚、林有光、林树东、林树裕、翁书贤及严明凤。

该晚宴约有400人出席参与。

甘马挽海南会馆主席林明忠（左五）与来宾们合照。

2. 彭亨州甘马挽海南会馆·庆祝水尾圣娘千秋宝诞活动

（九）柔佛东甲海南会馆

1. 柔佛东甲海南会馆 · 主楼

2. 柔佛东甲海南会馆 · 神龛

3. 柔佛东甲海南会馆・敕封南天闪电雷火感应水尾圣娘　神牌

第 五 章

其他国家水尾圣娘庙宇
考察图片

（一） 新加坡后港水尾圣娘庙

1. 新加坡后港水尾圣娘庙 · 正殿

来自“新加坡庙宇列表”网

2. 新加坡后港水尾圣娘庙・自左至右依次为百零八兄弟、水尾圣娘、温州侯王

来自“新加坡庙宇列表”网

（二）新加坡寅吉村水尾圣娘庙

1. 新加坡寅吉村水尾圣娘庙・正面

来自“新加坡庙宇列表”网

2. 新加坡寅吉村水尾圣娘庙·主殿

来自“新加坡庙宇列表”网

（三）泰国合艾海南会馆及水尾圣娘庙

1. 泰国合艾海南会馆及水尾圣娘庙·主楼

2. 泰国合艾海南会馆及水尾圣娘庙・内景

3. 泰国合艾海南会馆及水尾圣娘庙・水尾圣娘神龛

4. 泰国合艾海南会馆及水尾圣娘庙·神牌

5. 泰国合艾海南会馆及水尾圣娘庙·神轿

（四）越南西贡琼府会馆

1. 越南西贡琼府会馆 · 正门　平兆龙提供

2. 越南西贡琼府会馆 · 主建筑　平兆龙提供

3. 越南西贡琼府会馆·水尾圣娘神龛，其右侧为百八兄弟神位，平兆龙提供

后　　记

水尾圣娘信仰是海南岛颇具特色的民间信仰，其发源于海南并在海外广为流传，被称为“海南神”或“南海神”。

目前学术界有关水尾圣娘信仰研究的成果较少，尤其是对其海外传播及其发展的研究更显薄弱。因此，我们编写这本有关水尾圣娘信仰研究和资料汇编，目的是推动水尾圣娘信仰研究的深入发展，并借此求教于方家。

我们对水尾圣娘信仰的关注和田野考察始于2011年的东南亚学术交流，近十年陆续在东南亚和海南岛进行实地调研。在各地考察期间，得到众多热心人士的帮助，在此特别感谢下列人士：

马来亚大学中文系祝家丰博士。

马来西亚德教联合总会副总会长戴荣强先生。

马来西亚适耕庄德教会紫沛阁纪祥国阁长。

马来西亚拉曼大学吴明珠博士。

马来西亚新纪元大学学院安焕然教授。

泰国合艾德教会紫南阁原阁长陈成然。

海南省定安县教育局廖之东主任。

原郑州大学中文系本科生、现马来西亚拉曼大学硕士研究生郑翔鹏同学。

海南省文昌实验高级中学历史教师王澍认真、细致校对碑刻，并参与了其中论文的撰写工作。暨南大学国际关系学院/华侨华人研究院2018级硕士研究生黄思婷同学负责将碑刻和灵签转录为文字并初步校对，2019级硕士研究生常樟平负责照片编辑并参与碑刻和灵签文字校对。暨南大学国际关系学院/华侨华人研究院邓应文老师帮助解读相关越南文献，暨南大学古籍所2020级博士生平兆龙提供越南水尾圣娘庙宇的照片。在此一并致谢！

深感荣幸的是，包括本书在内的2018年国家社科基金重大项目《中国民间信仰海外传播图谱与功能研究》的四部阶段性成果，都能够在中国社会科学出版社出版，在此要特别感谢宋燕鹏编审的协助筹划和认真编校！

本书出现的错漏之处，理当由编著者负责。

石沧金　邢寒冬

2021年6月28日